Bescherelle

La grammaire
pour tous

Nicolas Laurent
Bénédicte Delaunay

© Hatier - Paris 2019 ISBN : 978-2-401-052369 ISSN : 0990 3771

Achevé d'imprimer par Pollina à Luçon - France - 13172
Dépôt légal n° 05236-9/03 - Avril 2021

Avant-propos

Une description claire, complète et actualisée du français

Avec cette nouvelle édition du *Bescherelle Grammaire*, nous avons souhaité vous proposer une description **claire, complète** et **actualisée** de la langue française.

• L'ouvrage analyse les notions fondamentales de grammaire et les illustre à l'aide de nombreux exemples commentés. Il explique avec méthode et dans un langage simple, compréhensible de tous, le fonctionnement d'un mot, d'une phrase ou d'un texte.

• Dans un esprit de synthèse, il rassemble les **acquis de la grammaire traditionnelle** et les **apports de la grammaire moderne**. Il reprend et redéfinit les termes habituels (« pronom », « sujet », « complément d'objet », etc.), mais il renouvelle aussi l'analyse d'un certain nombre de constructions à l'aide de termes plus récents et plus exacts. Le *Bescherelle Grammaire* offre ainsi tous les éléments nécessaires à une compréhension juste et à une pratique éclairée de la langue.

• Les rectifications orthographiques proposées par le Conseil supérieur de la langue française en 1990 sont mentionnées au fil de l'ouvrage, en fonction des points abordés.

Une grammaire pratique

• Le *Bescherelle Grammaire* répond aux questions que chacun peut se poser quand il souhaite parler ou écrire correctement. Les difficultés sont nombreuses : l'accord du verbe et du participe passé, l'utilisation des pronoms, les emplois du subjonctif, etc. Sur ces problèmes, et sur bien d'autres, le lecteur trouvera des **mises au point efficaces**.

• Deux rubriques, en particulier, ont été spécialement conçues pour mettre en valeur des conseils pratiques. Elles sont présentes dans tout l'ouvrage :

– « **Pour mieux écrire** » corrige une faute fréquemment commise, améliore une construction maladroite ou précise une règle d'accord ;

– « **L'oral et l'écrit** » rappelle que certaines expressions, tolérées à l'oral, ne sont pas toujours acceptées à l'écrit.

• Par ailleurs, sous le titre « **Grammaire et style** », figurent des extraits de romans, de textes de théâtre ou de poésie montrant l'usage qu'un écrivain peut faire de la notion de grammaire étudiée.

Une organisation simple

• Les trente-neuf chapitres du *Bescherelle Grammaire* sont répartis dans huit parties :

NOTIONS DE BASE
LES PRINCIPALES FONCTIONS DANS LA PHRASE
LE NOM ET LE GROUPE NOMINAL
LE VERBE ET LE GROUPE VERBAL
LES AUTRES MOTS ET GROUPES DE MOTS
LA PHRASE
LA PHRASE COMPLEXE ET LES PROPOSITIONS SUBORDONNÉES
TEXTE ET DISCOURS

À la fin, un index regroupe toutes les notions présentées dans l'ouvrage.

• Chaque chapitre est consacré à une notion grammaticale en particulier. Il est divisé en paragraphes courts qui exposent, chacun, un aspect de la notion. Tous les **paragraphes** sont **numérotés**, et les renvois présents dans l'ouvrage et dans l'index final permettent de retrouver facilement le paragraphe recherché.

Un ouvrage pour tous

• Les **élèves** et les **étudiants** trouveront dans le *Bescherelle Grammaire* un guide sûr pour se familiariser, tout au long de leur scolarité, avec les principes de la langue française.

• Les **parents** pourront prendre connaissance des différentes notions enseignées aujourd'hui à leurs enfants en cours de français, à l'école élémentaire, au collège et au lycée.

• Les enseignants et **tous ceux qui s'intéressent à la langue** auront à leur disposition un ouvrage tenant compte des apports récents de la grammaire moderne.

NICOLAS LAURENT et BÉNÉDICTE DELAUNAY

Sommaire

NOTIONS DE BASE

Le mot

La phrase

L'énoncé

Texte et discours

LES PRINCIPALES FONCTIONS DANS LA PHRASE

La fonction sujet

Le groupe verbal

Les compléments circonstanciels

LE NOM ET LE GROUPE NOMINAL

La structure du groupe nominal

Le nom

Phrase à présentatif, phrase nominale, mot-phrase, interjection, apostrophe

LA PHRASE COMPLEXE ET LES PROPOSITIONS SUBORDONNÉES

La phrase complexe

La proposition subordonnée complétive

La proposition subordonnée relative

La proposition subordonnée circonstancielle

TEXTE ET DISCOURS

La cohésion du texte

L'énonciation et ses marques

Le discours rapporté

INDEX DES NOTIONS

NOTIONS DE BASE

Le mot

Les astronautes ont réussi leur première sortie spatiale.

Communiquer quelque chose au moyen du langage revient toujours à sélectionner des mots et à les combiner selon certaines règles. Le mot constitue ainsi, avec le groupe de mots et la phrase, l'une des grandes unités de la grammaire traditionnelle.

QU'EST-CE QU'UN MOT ?

1 La combinaison d'une forme et d'un sens

• Le mot est, à l'écrit, une suite de lettres (ou une seule lettre) comprise entre deux espaces blancs.

Elle porte une jolie robe dans des tons lilas.
Cette phrase comporte neuf mots.

• Un mot associe une forme et un sens. Le mot *robe*, par exemple, met en relation :

– une **forme** : la suite des lettres ***r-o-b-e*** ou, à l'oral, la suite des sons correspondant à cette suite de lettres ;
– un **sens** : vêtement féminin d'une seule pièce. Une forme telle que ⊖ *bloublou* n'a pas de sens. Que signifierait : ⊖ *Elle porte un joli bloublou dans des tons lilas ?* ⊖ *Bloublou* n'est donc pas un mot.

• Le mot figure dans un dictionnaire de langue car celui-ci regroupe et définit l'ensemble des expressions disponibles, déjà construites, d'une langue donnée.

2 Les neuf catégories de mots

On a l'habitude de répartir les mots dans neuf catégories : nom, déterminant, adjectif, pronom, verbe, adverbe, préposition, conjonction et interjection. L'appartenance à l'une de ces catégories définit la **nature** du mot.

⊕ **Les parties du discours**
Les catégories de mots sont également appelées parties du discours ou classes grammaticales.

• Le **nom** permet de désigner un être ou une chose. En général, il est précédé d'un déterminant et forme avec ce mot un groupe nominal.

une robe, le chat

• Le **déterminant** forme avec le nom un groupe nominal.

une robe, le chat

• L'**adjectif** dépend toujours d'un élément de la phrase, en général un nom. Il exprime une propriété de l'être ou de la chose désignés par le groupe nominal.

une jolie robe, le chat noir

• Le **pronom** est le plus souvent l'équivalent d'un groupe nominal.

Ces remparts offrent une vue magnifique sur la vieille ville.

Ils offrent une vue magnifique sur la vieille ville.

Le pronom *ils* remplace le groupe nominal *ces remparts*.

• Le **verbe** est le pivot de la phrase. Il permet de dire quelque chose à propos du sujet.

Leurs voisins ont déménagé.

• L'**adverbe** sert souvent à modifier le sens d'un verbe.

Nous avons marché rapidement à travers la forêt.

• La **préposition** est à la fois un **mot de liaison** qui relie deux éléments et un **mot de subordination**. La préposition introduit en général un nom ou un groupe nominal et le rattache à un autre élément de la phrase ou à la phrase entière.

Le train de Paris a encore du retard.

La préposition *de* permet de relier et de subordonner le nom propre *Paris* au nom commun *train*. Ainsi, *de Paris* est un complément du nom *train*.

• La **conjonction** est, comme la préposition, un mot de liaison qui relie deux éléments :

– la **conjonction de subordination** relie et subordonne une proposition à une autre proposition, dite principale ;

Je vous informe que nous avons trouvé un locataire pour notre appartement.

– la **conjonction de coordination** relie des éléments qui ont le même statut : phrases, propositions, groupes de mots ou mots ayant la même fonction dans la phrase.

Elle a choisi un fraisier et des macarons pour son anniversaire.

La conjonction de coordination *et* relie deux groupes nominaux, *un fraisier* et *des macarons*, qui sont tous deux COD du même verbe *a choisi*.

• L'**interjection** constitue une phrase à elle seule.

Chut ! Aïe !

On se reportera aux chapitres consacrés aux différentes catégories de mots.

⊕ La subordination

La subordination est la relation établie, dans le cadre de la phrase, entre des éléments qui ont des fonctions différentes et dont l'un dépend de l'autre.

3 Qu'est-ce qu'une locution ?

- On appelle locution une suite de mots qui fonctionne en bloc comme un mot.

En général, il ne se trompe pas.

Généralement, il ne se trompe pas.

La suite de mots *en général* est une locution car il s'agit d'une expression figée, préconstruite, enregistrée par les dictionnaires, et qui relève de l'une des neuf catégories de mots, à savoir l'adverbe : *en général* correspond à *généralement*.

- Puisqu'il existe neuf catégories de mots, il existe neuf natures différentes de locutions.

LOCUTION	EXEMPLE	LA LOCUTION CORRESPOND À...
Locution nominale (ou nom composé)	*le qu'en-dira-t-on ?*	un nom : *la réputation*
Locution déterminative	*trop de difficultés*	un déterminant : *des difficultés*
Locution adjective	*Elle est de bonne humeur*	un adjectif : *Elle est joyeuse.*
Locution pronominale	*Les autres préfèrent attendre.*	un pronom : *Ils préfèrent attendre.*
Locution verbale	*Il a pris une veste.*	un verbe : *Il a échoué.*
Locution adverbiale	*En général, il ne se trompe pas.*	un adverbe : *Généralement, il ne se trompe pas.*
Locution prépositionnelle	*Ce fleuve disparaît au-dessous du château.*	une préposition : *Ce fleuve disparaît sous le château.*
Locution conjonctive	*Vous réussirez votre gâteau à condition que vous suiviez la recette.*	une conjonction (de subordination) : *Vous réussirez votre gâteau si vous suivez la recette.*
Locution interjective	*Eh bien ! Tout beau !*	une interjection : *Eh ! Oh !*

DIFFÉRENTS TYPES DE MOTS

4 Les mots variables et les mots invariables

- Les noms, les déterminants, les adjectifs, les pronoms et les verbes sont des **mots variables**. Les formes de ces mots varient, selon le cas, en fonction du genre, du nombre, de la personne grammaticale, etc. Le dictionnaire ne retient en général qu'une forme unique pour le nom, l'adjectif et le verbe.

• Les adverbes, les prépositions, les conjonctions et les interjections sont des **mots invariables**. La question de l'accord ne se pose pas pour ces mots.

Pierre joue sagement dans le salon.

Les enfants jouent sagement dans le salon.

Le pluriel est marqué, dans la seconde phrase, par l'article défini *les*, le nom *enfants* et le verbe *jouent*, qui sont des mots variables, mais *sagement*, qui est un mot invariable, ne change pas de forme.

5 Les mots lexicaux et les mots grammaticaux

• Les **mots lexicaux** comprennent les noms, les adjectifs, les verbes et certains adverbes *(courageusement, intelligemment...)*. Ces mots ont un sens précis et c'est grâce à eux que l'on peut décrire le monde qui nous entoure avec exactitude. Le vocabulaire d'une langue se renouvelle constamment par l'ajout ou par la disparition de mots de ce type.

• Les **mots grammaticaux** comprennent les déterminants, les pronoms, les prépositions, les conjonctions et certains adverbes dits « grammaticaux » *(trop, très, non...)*. Ces mots ont un sens beaucoup moins précis. Ils interviennent en particulier dans la construction de la phrase.

⊕ Les néologismes
Un mot de création récente et qui, pour cette raison, ne figure dans aucun dictionnaire, est un néologisme : la *flexicurité*, *la bravitude*... Beaucoup de néologismes entrent dans l'usage et deviennent alors des mots « ordinaires » : *ordinateur*, *courriel*, *cuisiniste*...

REMARQUES

1. Un mot lexical peut devenir un mot grammatical.

   Marie a un livre d'art.

   Le verbe *avoir* est lexical car il signifie « possède ».

   Marie a acheté un livre d'art.

   Le verbe *avoir* est grammatical car il sert à conjuguer, en tant que verbe auxiliaire, le verbe *acheter*.

2. Un mot grammatical peut, plus rarement, devenir un mot lexical.

   le pour et le contre

   Les prépositions *pour* et *contre* fonctionnent comme des noms.

L'ESSENTIEL

• Un **mot** appartient à l'une des neuf catégories suivantes : nom, déterminant, adjectif, pronom, verbe, adverbe, préposition, conjonction ou interjection. Un mot est séparé à l'écrit par des blancs, mais la **locution** est une suite de mots qui fonctionne, en bloc, comme un mot.

• On distingue les mots **variables** (noms, déterminants, adjectifs, pronoms et verbes) des mots **invariables** (adverbes, prépositions, conjonctions et interjections). Les **mots lexicaux** (noms, adjectifs, verbes, adverbes) ont un sens plus précis que les **mots grammaticaux** (déterminants, pronoms, prépositions, conjonctions, adverbes grammaticaux).

La phrase

La guêpe maçonne se construit un nid en forme de tube avec de la terre.
⊖ *Guêpe maçonne se construit un nid en forme de.*
⊖ *Nid en forme de tube avec.*

Pour communiquer, nous utilisons des mots que nous combinons pour former des phrases. Mais, des trois exemples, seul le premier correspond à une phrase.

QU'EST-CE QU'UNE PHRASE ?

Pour définir la phrase, les grammairiens partent d'une phrase **simple** ordinaire constituée d'une seule **proposition** → 17.

Le voisin danse.
La compagnie aérienne a annulé un vol.

6 La phrase dit quelque chose à propos d'un sujet

- La phrase relie un **sujet** et un **prédicat**, c'est-à-dire ce qui est dit à propos de ce sujet.

- Le sujet est souvent un **groupe nominal** organisé autour d'un nom. Le prédicat est en général un **groupe verbal** organisé autour d'un verbe conjugué.

  La compagnie aérienne a annulé un vol.
  Le groupe nominal *la compagnie aérienne* est sujet du verbe et le groupe verbal *a annulé un vol* représente le prédicat. On dit en effet de *la compagnie aérienne* qu'elle *a annulé un vol*.

- C'est parce que la phrase relie un sujet et un prédicat qu'elle possède un **sens complet**.

REMARQUES

1. On distingue quatre types de phrases : déclarative, interrogative, injonctive et exclamative → 304-323.
2. On peut rencontrer des phrases non verbales dans lesquelles le prédicat n'est pas un groupe verbal → 343-345.
   Ce tableau, vraiment extraordinaire !

7 La phrase est un ensemble de mots autonome

- La phrase constitue un ensemble de mots autonome.

  Marianne s'est offert un téléphone portable.

  Cette phrase, correctement construite, « tient toute seule ». Elle ne dépend d'aucun autre ensemble de mots.

8 La phrase est un ensemble de mots délimité à l'écrit et à l'oral

- Une phrase est délimitée, à l'écrit, par une majuscule et par un signe de ponctuation forte (point, point d'exclamation, point d'interrogation). À l'oral, une phrase est marquée par deux pauses importantes et possède une intonation particulière qui dépend, pour une part, de son type.

  Sais-tu s'il fera beau demain ?

  L'intonation de cette phrase interrogative est montante.

  Les vainqueurs seront désignés par un jury officiel et par le public.

  L'intonation de cette phrase déclarative est montante, puis descendante.

GRAMMAIRE ET STYLE

Poésie et ponctuation

La poésie moderne se caractérise souvent par l'abandon de la ponctuation.

[...] *si tu t'imagines*
fillette fillette
si tu t'imagines
xa va xa va xa
va durer toujours
la saison des za
la saison des za
saison des amours
ce que tu te goures
fillette fillette
ce que tu te goures [...]

Raymond Queneau, « Si tu t'imagines », *L'Instant fatal*, © Éditions Gallimard.

Cette strophe est constituée d'une seule phrase exclamative, mais le poète a pris la liberté de ne pas marquer, à l'écrit, la fin de la phrase par un point d'exclamation, de même qu'il a supprimé toutes les virgules. Le poème, ainsi, trouve son unité dans les répétitions et dans le rythme, et le lecteur a le sentiment d'entendre une chanson. (Ce texte de Queneau a été interprété par la chanteuse Juliette Gréco.)

L'ORGANISATION EN GROUPES DE MOTS

Dans la phrase, les mots s'organisent en groupes de mots exerçant une fonction précise (sujet, COD, COI, attribut, etc.).

9 Le groupe nominal et le groupe verbal

- Les deux groupes de mots les plus importants sont :
– le **groupe nominal** (GN), organisé autour d'un nom → 51-56 ;
– le **groupe verbal** (GV), organisé autour d'un verbe → 33-35.

- Ces deux groupes de mots suffisent pour construire une phrase.

Les voyageurs *attendent l'avion suivant.*
GN (sujet) GV (prédicat)

10 La structure d'un groupe de mots : le noyau et ses expansions

- Chacun des groupes de mots est organisé autour d'un mot principal qu'on appelle son **noyau**.

Les voyageurs attendent l'avion suivant.
Le noyau du groupe nominal *les voyageurs* est le nom *voyageurs*.
Le noyau du groupe verbal *attendent l'avion suivant* est le verbe *attendent*.

- Un groupe de mots contient souvent d'autres mots ou groupes de mots qui constituent l'**expansion** du noyau.

Les voyageurs attendent l'avion suivant.
Le noyau *voyageurs* n'a pas de complément : il est donc sans expansion.
Le verbe *attendent* a pour complément le groupe nominal *l'avion suivant* (qui est COD). L'expansion du verbe est donc constituée par ce groupe nominal.
On repère par ailleurs, à l'intérieur de ce groupe nominal, l'adjectif *suivant*, qui constitue l'expansion du nom *avion*.

11 Les principaux groupes de mots

- Il existe différentes **natures** de groupes de mots.

GROUPE DE MOTS	EXEMPLE	NOYAU DU GROUPE DE MOTS
Groupe nominal	*Notre équipe a remporté la victoire.*	un nom : *équipe, victoire.*
Groupe verbal	*La Lune tourne autour de la Terre.*	un verbe : *tourne.*
Groupe pronominal	*Toutes les grandes villes ont leur parc, mais celui de Lyon est exceptionnel.*	un pronom : *celui.*

Groupe adjectival	*Je suis content de te revoir.*	un adjectif : *content.*
Groupe adverbial	*Elle l'a reçu très gentiment.*	un adverbe : *gentiment.*
Groupe prépositionnel	*J'ai envoyé un SMS à Lola.*	une préposition : *à.*

On se reportera, pour un examen précis, aux chapitres consacrés aux différentes catégories de mots.

12 La fonction d'un groupe de mots

• Le groupe de mots possède une **fonction** dans la phrase : sujet, COD, etc. Un même groupe de mots peut avoir différentes fonctions.

Sa fille aime préparer des confitures.
Le groupe nominal *sa fille* est sujet.

Il gâte trop sa fille.
Le GN *sa fille* est COD.

Marie est sa fille.
Le GN *sa fille* est attribut du sujet.

• Inversement, une même fonction peut être remplie par des groupes de mots de diverses natures.

Il a trouvé ce veston à Londres.
La fonction COD est exercée par le GN *ce veston.*

Il l'a trouvé à Londres.
La fonction COD est exercée par le pronom *l'.*

• La fonction du groupe verbal est d'être le **prédicat** de la phrase.

COMMENT REPÉRER LES GROUPES DE MOTS DANS UNE PHRASE ?

N'importe quelle suite de mots ne constitue pas un groupe de mots.

Les négociations sur le climat avancent lentement.
Cette phrase fait apparaître au moins deux groupes de mots : *les négociations sur le climat* et *avancent lentement.* Mais *négociations sur* ou *climat avancent* ne sont pas des groupes de mots.

Pour repérer les groupes de mots dans une phrase, on a recours à différents tests.

13 Le test de substitution

• On peut remplacer un groupe de mots par un mot unique. Dans la phrase *Le gorille vole les cacahuètes des chimpanzés*, on peut remplacer :

– le groupe nominal *le gorille* par *il* ;
Il vole les cacahuètes des chimpanzés.

– le groupe verbal *vole les cacahuètes des chimpanzés* par *mange* ;
Le gorille mange.

– le groupe nominal *les cacahuètes des chimpanzés* par *les.*
Le gorille les vole.

14 Le test d'addition

• On peut généralement coordonner un groupe de mots à un autre.
Sa fille regarde trop la télévision.
Sa fille et son fils regardent trop la télévision et sont fatigués le matin.
La seconde phrase coordonne deux groupes nominaux sujets et deux groupes verbaux.

15 Le test de déplacement

• Certains groupes de mots peuvent être déplacés en bloc dans la phrase. C'est le cas, en général, du groupe de mots qui a une fonction de complément circonstanciel.
Hier soir, le gorille du zoo a volé les cacahuètes des chimpanzés.
Le gorille du zoo, hier soir, a volé les cacahuètes des chimpanzés.
Le gorille du zoo a volé les cacahuètes des chimpanzés hier soir.

• Tous les groupes de mots, cependant, ne peuvent pas être déplacés.
Sa fille regarde trop la télévision.
Aucun groupe de mots ne peut être déplacé dans cette phrase.

16 Le test d'effacement

• Certains groupes de mots peuvent être supprimés dans la phrase. C'est le cas, en général, du groupe de mots qui a une fonction de complément circonstanciel.
Il a annoncé sa candidature ce dimanche-là, peu après vingt heures, au cours d'une allocution télévisée.
Il a annoncé sa candidature.

PHRASE SIMPLE ET PHRASE COMPLEXE

17 La phrase simple

• La phrase simple comporte **une seule proposition**, composée d'un sujet et d'un prédicat. Elle correspond au modèle grammatical de base.

La compagnie aérienne a annulé un vol.
Il s'agit d'une phrase simple car elle comporte une seule proposition.

18 La phrase complexe

La phrase complexe comporte **au moins deux propositions**, ce qui implique en général qu'elle présente plusieurs verbes conjugués.
Il existe deux types de phrases complexes.

Les propositions juxtaposées ou coordonnées

• La phrase complexe peut **juxtaposer** ou **coordonner** plusieurs propositions conservant une certaine autonomie → 355-357.

Marie est allée au cinéma, Pierre est chez des amis.
La phrase complexe juxtapose deux propositions, *Marie est allée au cinéma* et *Pierre est chez des amis*.

Marie est allée au cinéma et Pierre est chez des amis.
La phrase complexe coordonne, à l'aide de la conjonction de coordination *et*, les deux propositions.

Les propositions subordonnées

• Une proposition peut aussi être **subordonnée** à une autre proposition, dite **principale**, dans laquelle elle joue le rôle de sujet ou de complément (COD, COI, complément circonstanciel…) → 358-359.

Le contrôleur annonce que le train aura une heure de retard.
La proposition *que le train aura une heure de retard* est COD du verbe *annonce*.

⊕ La sous-phrase
Certains grammairiens préfèrent le terme de sous-phrase à celui de proposition, puisque la proposition correspond à une structure de phrase composée d'un sujet et d'un prédicat.

L'ESSENTIEL

• La **phrase simple** relie en général un sujet et un groupe verbal prédicat. Les mots qui s'y succèdent sont organisés en **groupes de mots** sujet, COD, COI, etc. Divers tests permettent d'identifier correctement ces groupes de mots : substitution, addition, déplacement, effacement.

• La **phrase complexe** fait apparaître au moins deux structures de phrase, ou **propositions**.

L'énoncé

Un ami suisse m'a envoyé des chocolats la semaine dernière.

Cette suite de mots constitue, sur le plan grammatical, une phrase. Cette phrase devient un énoncé dès qu'elle est concrètement dite ou écrite par quelqu'un.

QU'EST-CE QU'UN ÉNONCÉ ?

19 L'énoncé est une phrase utilisée par un locuteur

• La **phrase** est une **notion grammaticale** abstraite que l'on utilise pour décrire la manière dont les mots s'organisent en groupes de mots sujet, COD, COI, etc.

• L'**énoncé** représente une **phrase**, écrite ou orale, adressée par quelqu'un à quelqu'un d'autre dans un cadre spatio-temporel précis.

Tu as encore oublié de fermer la porte.

Cette phrase peut être analysée comme la combinaison d'un pronom sujet, *tu*, et d'un groupe verbal prédicat, *as encore oublié de fermer la porte*. Mais elle peut aussi être utilisée dans une situation particulière pour communiquer une information à quelqu'un ou pour le faire agir. Il s'agit alors d'un énoncé.

À la différence de la phrase, un énoncé est toujours un événement unique.

Comment allez-vous ?

Bonjour !

Nous utilisons souvent les mêmes phrases dans nos échanges quotidiens mais, ce faisant, nous produisons à chaque fois des énoncés différents : la personne à qui nous nous adressons n'est pas toujours la même, et le lieu et le moment de l'énonciation changent constamment.

• On appelle **énonciation** l'acte individuel consistant à produire un énoncé, et **situation d'énonciation** la situation concrète dans laquelle cet énoncé est produit. Cette situation comprend :

– deux **personnes** : celui qui parle, appelé le **locuteur**, et celui à qui le locuteur parle, qui est le **destinataire** (également appelé allocutaire) ;
– le **moment** ;
– le **lieu** de l'énonciation.

• On parle généralement d'énoncé à propos d'une phrase, mais certains grammairiens considèrent qu'un énoncé peut couvrir plusieurs phrases dès lors qu'elles sont associées à un acte d'énonciation unique.

REMARQUE
Il est fréquent qu'un énoncé comporte des expressions renvoyant à la situation d'énonciation dans laquelle il est produit (*je*, *ici*, *maintenant*, etc.). Pour l'étude des marques de l'énonciation → 410-415.

20 L'énoncé a un sens en situation

• La **signification** de la phrase dépend de la signification des mots qui sont utilisés et de la manière dont ils sont combinés.

• Le **sens** de l'énoncé, lui, est souvent plus riche et plus complexe car il fait intervenir aussi les caractéristiques de la situation d'énonciation (les intentions du locuteur, les relations qui existent entre ce locuteur et son destinataire, etc.).

Cette sculpture est un chef-d'œuvre !
La signification de cette phrase dépend de celle des mots lexicaux et grammaticaux qui la composent et de la manière dont ils se combinent en groupes de mots.
La phrase signifie simplement que *cette sculpture est un chef-d'œuvre*.
Cette phrase utilisée par un locuteur peut aussi suggérer ironiquement, par exemple, que cette sculpture n'est pas du tout réussie. Le sens de l'énoncé ne se réduit pas alors à la signification de la phrase correspondante.

GRAMMAIRE ET STYLE

De nombreuses figures de style portent sur l'énonciation

• La **prétérition** consiste à dire qu'on ne dit pas ce qu'on dit pourtant.

Je ne dirai pas, ici, combien nous avons dû lutter pour faire valoir nos droits.

• La **prosopopée** joue sur l'identité du locuteur. C'est un discours fictif tenu par un individu mort, un animal, une plante, un objet…

Une fleur / Qui s'éveillait me dit : c'est l'étoile ma sœur.

VICTOR HUGO, « Stella », *Les Châtiments*.

• L'**apostrophe oratoire**, elle, joue sur l'identité du destinataire. Elle traite un individu absent ou une abstraction, un objet… comme un destinataire réel et présent.

Ô temps, suspends ton vol, et vous, heures propices !
Suspendez votre cours.

ALPHONSE DE LAMARTINE, « Le Lac », *Méditations poétiques*.

THÈME ET PROPOS

21 Que signifient les termes *thème* et *propos* ?

• Un énoncé peut être considéré sous l'angle de l'information qu'il délivre. De ce point de vue, on distingue deux parties :
– le **thème**, qui regroupe les données connues ;
– le **propos** (ou rhème), qui regroupe les données nouvelles.

22 Le thème et le propos dans l'énoncé

Pour déterminer le thème et le propos, il faut avant tout tenir compte de la situation d'énonciation.

• Le thème et le propos coïncident parfois avec le sujet et le prédicat →6.

Le président se rendra au Japon le mois prochain.

L'énoncé peut répondre à la question : *Que fera le président ?* Dans ce cas, le groupe nominal sujet *le président* représente le thème et le groupe verbal *se rendra au Japon le mois prochain* le propos.

• Cependant, il est fréquent que le propos corresponde à une partie seulement du prédicat, voire au sujet.

Le président se rendra au Japon le mois prochain.

Cet énoncé est ambigu car il peut répondre, explicitement ou implicitement, à plusieurs questions :
– *Quand le président se rendra-t-il au Japon ?* Dans ce cas, le thème est représenté par *le président se rendra au Japon* et le propos par *le mois prochain*, qui est un élément du prédicat. L'énoncé signifie que le président se rendra au Japon le mois prochain, et non demain par exemple.
– *Qui se rendra au Japon le mois prochain ?* Le sujet seul représente alors le propos, et ce statut peut être marqué à l'oral par un accent : *Le **président** se rendra au Japon le mois prochain.*

L'ESSENTIEL

• Un **énoncé** est une phrase utilisée par un locuteur dans une **situation d'énonciation** précise. Il possède un **sens** qui dépend de cette situation d'énonciation.
• On appelle **propos** l'information nouvelle et **thème** l'information connue.

Texte et discours

Le vieux soldat était maigre et sec. Son front, volontairement caché sous les cheveux de sa perruque lisse, lui donnait quelque chose de mystérieux. Ses yeux paraissaient couverts d'une taie transparente : vous eussiez dit de la nacre sale dont les reflets bleuâtres chatoyaient à la lueur des bougies.

HONORÉ DE BALZAC, *Le Colonel Chabert.*

Chacune des phrases de ce portrait décrit une partie du même personnage : *son front, ses yeux.* Ces expressions ne peuvent se comprendre que dans le cadre du texte : elles sont reliées au groupe nominal initial *Le vieux soldat.*

QU'EST-CE QU'UN TEXTE ?

23 De la grammaire de phrase à la grammaire de texte

• La grammaire traditionnelle a pour cadre la phrase. Elle examine le fonctionnement des mots et des groupes de mots, identifie leur nature et leur fonction, établit des règles d'accord, etc. Il s'agit d'une **grammaire de phrase** qui se limite à l'étude de la phrase.

• La **grammaire de texte** va au-delà des limites imposées par la grammaire traditionnelle et examine la manière dont les phrases se succèdent dans un texte.

Quinze jours plus tard, la lutte s'engageait entre Robineau et le Bonheur des dames. *Elle fut célèbre, elle occupa un instant tout le marché parisien. Robineau, usant des armes de son adversaire, avait fait de la publicité dans les journaux. En outre, il soignait son étalage, entassait à ses vitrines des piles énormes de la fameuse soie, l'annonçait par de grandes pancartes blanches, où se détachait en chiffres géants le prix de cinq francs cinquante.*

ÉMILE ZOLA, *Au Bonheur des dames.*

Plusieurs phénomènes ne peuvent être décrits que si l'on prend en compte le texte dans son ensemble :
– le pronom personnel *elle* reprend un élément mentionné dans la phrase précédente, le groupe nominal *la lutte* ;
– le pronom *il* renvoie, lui aussi, à une expression de la phrase qui précède, le nom propre *Robineau*. Il s'agit de pronoms **anaphoriques** → 402 ;
– la locution adverbiale *en outre* sert à relier deux phrases. On l'appelle un **connecteur** → 405.

24 Le texte, un ensemble organisé de phrases

• Un **texte** est un ensemble organisé de phrases qui possède une unité. Les phrases ne sont pas simplement ajoutées l'une après l'autre. Elles sont reliées entre elles par divers procédés : les progressions thématiques, les anaphores et les connecteurs, que l'on appelle des marques de **cohésion** → 394-409.

QU'EST-CE QU'UN DISCOURS ?

25 Langue et discours

• La **langue** est un ensemble de mots et de règles de grammaire dont dispose tout locuteur pour communiquer avec autrui. Les locuteurs d'une société donnée ont tous besoin d'une langue commune pour se parler les uns aux autres : sans cette langue, les énoncés n'auraient aucun sens.

• Le **discours** résulte de l'utilisation de cette langue par un locuteur en particulier. Il consiste en un **énoncé** ou en une suite d'**énoncés** : il représente un **usage individuel** de la langue, par lequel un individu exprime sa pensée.

26 Du texte au discours

• Le texte est un ensemble de phrases. Mais il peut aussi être envisagé comme un **discours**, c'est-à-dire comme un ensemble d'énoncés produit par un locuteur en particulier.

• L'**analyse de discours** étudie les traces, dans un texte, de la situation d'énonciation qui l'a produit. Elle renouvelle, comme la grammaire de texte, la grammaire traditionnelle.

REMARQUE
L'analyse de discours croise la grammaire et la sociologie car elle examine la manière dont chaque discours est influencé par la société (les habitudes, les mentalités, l'idéologie, etc.).

• Les **marques de l'énonciation** sont les **déictiques**, les **termes subjectifs**, les **modalisateurs** et le **type de phrase** utilisé → 410-415.

L'ESSENTIEL

• Un **texte** est un ensemble organisé de phrases qui possède une unité. Il peut aussi être envisagé comme un **discours**, c'est-à-dire comme un ensemble d'énoncés produit par un locuteur.

LES PRINCIPALES FONCTIONS DANS LA PHRASE

La fonction sujet

Les coureurs cyclistes pédalent, les spectateurs applaudissent, les journalistes commentent.

Les coureurs cyclistes, les spectateurs et *les journalistes* accomplissent des actions. Chaque groupe nominal est sujet d'un verbe.

QU'EST-CE QU'UN SUJET ?

27 Le rôle du sujet dans la phrase

- Le **sujet** est une fonction → 12. Il dépend toujours du verbe.

Cette artiste expose chaque année dans notre galerie.

Cette artiste est sujet du verbe *expose.*

- La phrase dit quelque chose à propos du sujet. Cette information s'appelle le **prédicat** → 6.

Cette artiste (sujet) *expose chaque année dans notre galerie.* (prédicat)

La phrase dit, à propos de *cette artiste*, qu'elle *expose chaque année dans notre galerie.*

REMARQUE

La grammaire traditionnelle définit souvent le sujet comme celui qui fait l'action, qui subit l'action ou qui est dans l'état exprimé par le verbe. Cette définition est réductrice. Le sujet peut en effet remplir d'autres rôles : il peut être la cause, le lieu, l'instrument, le bénéficiaire de l'action, etc.

Ces ciseaux coupent très bien.

Il faut comprendre qu'on coupe très bien *avec ces ciseaux* : le sujet désigne l'instrument de l'action.

Le mur se fissure.

Il faut comprendre que des fissures apparaissent *sur le mur* : le sujet désigne le lieu de l'action.

28 Comment identifier les caractéristiques du sujet ?

Le sujet présente trois caractéristiques principales.

- Le sujet est, avec le groupe verbal, un élément **indispensable à la construction** d'une phrase. Il ne peut donc pas être supprimé.

Ta grand-mère t'accompagnera à la gare.

La phrase ⊖ *t'accompagnera à la gare* n'aurait aucun sens.

• Le sujet donne son **nombre**, sa **personne** et parfois son **genre** au verbe, noyau du groupe verbal.

Tes grands-parents t'accompagneront à la gare. Je ne viendrai pas.

Ta grand-mère est déjà arrivée.

accompagneront est à la troisième personne du pluriel, *viendrai* à la première personne du singulier, *arrivée* est au féminin singulier.

Sur l'accord du verbe avec le sujet → 186-198.

• Pour reconnaître le sujet, on peut l'isoler au moyen du présentatif ***c'est... qui***.

C'est ta grand-mère qui t'accompagnera à la gare.

29 La nature du sujet

• Un sujet peut avoir l'une des natures suivantes.

NATURE DU SUJET	EXEMPLE
Nom ou groupe nominal	*Mon frère a passé le brevet de secouriste.*
Pronom ou groupe pronominal	*Il a passé le brevet de secouriste.*
Infinitif ou groupe infinitif	*Avoir le brevet de secouriste peut s'avérer très utile.*
Subordonnée conjonctive	*Qu'il ait un brevet de secouriste me rassure beaucoup.*
Subordonnée relative substantive → 378-379	*Qui n'a pas son brevet de secouriste ferait bien de le passer.*

REMARQUE

Le pronom impersonnel *il* est toujours sujet.

Il est arrivé une catastrophe.

Dans cette phrase, la grammaire traditionnelle considère cependant que *il* est un « sujet apparent » et que *une catastrophe* est le « sujet réel ». Dans la mesure où le sujet *il* transmet ses marques de personne, de nombre et éventuellement de genre au verbe, il vaut mieux considérer que *il* est le sujet du verbe et que *une catastrophe* est la **séquence** du verbe impersonnel → 337.

LA PLACE DU SUJET

30 Le sujet placé avant le groupe verbal

• Le sujet est généralement placé **avant le groupe verbal** auquel il se rattache.

La municipalité construit de nouveaux logements sociaux.

La municipalité est le sujet ; *construit de nouveaux logements sociaux* est le groupe verbal.

• Le sujet, parfois, est séparé du verbe par d'autres éléments mobiles dans la phrase (compléments circonstanciels, adverbes, etc.).

La municipalité, pour répondre à la demande, construit de nouveaux logements sociaux.

Le sujet *(La municipalité)* est séparé du groupe verbal *(construit de nouveaux logements sociaux)* par le complément circonstanciel *(pour répondre à la demande).*

L'ORAL ET L'ÉCRIT *Il n'a rien compris au film, Timothée.*

À l'oral, un mot ou un groupe de mots peut être détaché et repris (ou annoncé) par un pronom sujet. Il s'agit alors d'une dislocation →340.

Timothée, il n'a rien compris au film.

31 Le sujet inversé

• Le sujet est parfois placé **après le verbe**. On parle alors de sujet inversé. On distingue :

– l'**inversion simple**, nominale ou pronominale (avec *je, tu, il, elle, on, nous, vous, ils, elles* ou *ce*) : *Quand part le train ? Viens-tu ?*

– l'**inversion complexe**, nominale ou pronominale (avec un autre pronom que *je, tu,* etc.). Le sujet reste placé avant le verbe mais il est repris après le verbe par un pronom : *Ton père vient-il ? Le tien viendra-t-il ?*

Le sujet inversé dans les interrogations →311, 312

• Dans l'**interrogation directe**, le sujet est souvent inversé.

Es-tu perdu ? Où habitent tes parents ?

Mais le sujet n'est pas inversé lorsque la question porte sur le sujet.

Qui vient te chercher ?

POUR MIEUX ÉCRIRE **Il ne faut pas oublier le trait d'union dans un sujet inversé.**

• Le trait d'union entre le verbe et le pronom placé après lui est obligatoire : *Viens-tu ?*

• À la troisième personne du singulier, on intercale un *t* après *a, e* ou *c* devant *il, elle* ou *on* pour éviter l'hiatus. Il faut placer un trait d'union de part et d'autre du *t* : *Viendra-t-il ? A-t-il lu le livre ?*

REMARQUE

Les locutions *est-ce que, qu'est-ce que, à qui est-ce que...* annulent l'inversion du sujet.

Cet enfant est-il perdu ? → *Est-ce que cet enfant est perdu ?*

Que fais-tu ? → *Qu'est-ce que tu fais ?*

L'ORAL ET L'ÉCRIT *Es-tu perdu ? Tu es perdu ?*

À l'oral, on ne pratique pas toujours l'inversion du sujet, l'intonation suffisant à indiquer qu'il s'agit d'une interrogation.
On dira souvent *Tu es perdu ?* Mais on écrira :

Es-tu perdu ? ou *Est-ce que tu es perdu ?*

- Dans l'**interrogation indirecte**, l'inversion n'est possible que pour un autre sujet que *je, tu, il, elle, on, nous*... ou *ce*, lorsque l'interrogation est partielle, c'est-à-dire lorsqu'on ne peut pas répondre par *oui* ou par *non* → 367.

Je me demande où ses parents habitent.

Je me demande où habitent ses parents.

Elle est obligatoire avec *quel* ou *qui* attributs.

Je ne sais pas quel est son point de vue.

Les autres constructions à sujet inversé

Selon le type de construction, l'inversion du sujet est obligatoire ou seulement possible.

- L'inversion est **obligatoire** dans les propositions incises.

Cet acteur, dit-il, est tout à fait comique.

- L'inversion est **possible** dans les cas suivants.

INVERSION POSSIBLE DU SUJET	EXEMPLE
Avec certains adverbes en tête de phrase	*Bientôt viendra le succès.*
Avec certains compléments circonstanciels en tête de phrase	*En coulisse se préparent les acteurs.*
Avec un verbe intransitif du type *survient, entre, reste* en tête de phrase	*Entre la vedette.*
Dans une phrase de structure attributive	*Immense est son talent.*
Dans une phrase exclamative	*Est-il drôle ! Cet acteur est-il drôle !*

Dans une subordonnée relative avec un pronom relatif complément	*Les grimaces que fait cet acteur sont hilarantes.*
Dans une subordonnée circonstancielle : – de temps – de but – de comparaison	 *Dès que paraît cet acteur, la salle rit.* *Il fait tout pour que naisse le rire.* *La salle rit de bon cœur, comme rient les enfants.*

REMARQUE
Lorsque l'exclamation commence par un mot exclamatif, l'inversion n'est pas toujours possible. On dira éventuellement : *Combien de fois nous a-t-il fait rire !*
Mais on ne dira pas ⊖ *Comme nous a-t-il fait rire !*

L'ORAL ET L'ÉCRIT ⊖ *Peut-être il a oublié notre rendez-vous.*

Avec certains adverbes en tête de phrase, l'inversion est fortement recommandée à l'écrit. C'est notamment le cas de *sans doute*, *à peine*, *peut-être*, *tout au plus*, *et encore*, *ainsi* et *aussi*.
Il faut écrire : *Peut-être a-t-il oublié notre rendez-vous.*

POUR MIEUX ÉCRIRE **Il faut penser à inverser le sujet quand il est long.**

Lorsque le sujet est une énumération, par exemple, on peut parfois placer en tête de phrase un adverbe ou un GN complément circonstanciel et inverser le sujet. Le style est ainsi plus élégant.

Dans une belle pagaille se mêlaient des bus, des voitures, des vélos, des motos, des scooters.
Cette phrase est plus élégante que : *Des bus, des voitures, des vélos, des motos, des scooters se mêlaient dans une belle pagaille.*

32 L'ellipse du sujet

• L'ellipse du sujet est **obligatoire** :
– dans une phrase injonctive ;

Envoyez-moi votre CV.
Le sujet *vous* est implicite.

– avec l'infinitif délibératif → 131.

Que dire à mon employeur ?
Il faut comprendre : *Que puis-je dire à mon employeur ?* Le sujet *je* est implicite.

- L'ellipse du sujet est **possible** :

– lorsque plusieurs verbes ont le même sujet ;

Son patron se figea, blêmit, rougit et se mit soudain en colère.
Le sujet est le même pour les quatre verbes. Il n'est énoncé qu'une fois.

– lorsque l'on veut adopter un style télégraphique.

A voté.
Il faut comprendre : *Il / Elle a voté.*

Doit être plus attentif en classe.
Il faut comprendre : *Cet élève doit être plus attentif en classe.*

GRAMMAIRE ET STYLE

L'anaphore du sujet

L'anaphore du sujet consiste à le répéter en tête de plusieurs propositions successives, de manière à souligner sa présence.

Et Dieu vit que la lumière était bonne ; et Dieu sépara la lumière des ténèbres ; Dieu appela la lumière Jour, et les ténèbres Nuit.

La Bible, trad. Crampon, Genèse, I, 3-5.

L'anaphore du sujet permet de souligner la toute-puissance du Créateur.

L'ORAL ET L'ÉCRIT ⊖ *Faut pas rêver. Y a du monde.*

La langue orale a tendance à faire l'ellipse du sujet impersonnel. Mais une telle ellipse se trouve également dans certaines tournures archaïques qui ne relèvent pas d'une langue relâchée.

Peu me chaut.

L'ESSENTIEL

- Le sujet présente plusieurs caractéristiques essentielles. Il se rattache au **prédicat** et il ne peut pas être supprimé. Il donne au verbe ses marques de **nombre**, de **personne** et parfois de **genre**.
- Il peut être encadré au moyen du présentatif ***c'est... qui***. Il est le plus souvent placé **avant** le groupe verbal.

34 Le groupe verbal

J'ai écrit une longue lettre à ma sœur.

Les compléments *une longue lettre* et *à ma sœur* sont indissociables du verbe *ai écrit*. *Ai écrit une longue lettre à ma sœur* forme un groupe de mots organisés autour d'un verbe : un groupe verbal.

QU'EST-CE QU'UN GROUPE VERBAL ?

33 Le rôle du groupe verbal dans la phrase

- Le groupe verbal est indispensable à la construction de la phrase.
- Le groupe verbal permet de dire quelque chose à propos du sujet : il joue le rôle de **prédicat** dans la phrase → 6.

L'assistante *a réservé nos billets d'avion.*
sujet — groupe verbal

34 La structure d'un groupe verbal

Le groupe verbal peut être plus ou moins étendu.

- Il peut se réduire à un **verbe**.

La porte grince.
sujet — groupe verbal

- Au verbe peuvent s'ajouter :

– un (ou des) **complément(s) essentiel(s)**, c'est-à-dire des compléments (COD, COI...) appelés par le sens du verbe et qui, en général, ne peuvent être ni supprimés ni déplacés ;

Tu rédigeras un compte rendu de la réunion.
Le groupe verbal est formé du verbe *rédigeras* et du complément essentiel COD *un compte rendu de la réunion*.

– un (ou des) **attribut(s)**, c'est-à-dire des compléments qui expriment une caractéristique du sujet ou du COD ;

Elle semble fatiguée.
Le groupe verbal est formé du verbe *semble* et de l'attribut du sujet *fatiguée*.

– certains **compléments circonstanciels** indispensables au sens de la phrase → 39-40.

Les réponses sont attendues avant le 15 mars.
Avant le 15 mars est un complément circonstanciel de temps. Mais il ne peut pas être supprimé facilement car il apporte une information importante. Le complément circonstanciel fait ici partie du groupe verbal.

• Pour les compléments circonstanciels appartenant au groupe verbal → 40.

35 Comment identifier le groupe verbal ?

• Pour déterminer quels groupes de mots entrent dans le groupe verbal, il faut s'appuyer sur :
– des **critères syntaxiques** : les **compléments essentiels** du verbe sont, le plus souvent, nécessaires pour que la phrase soit bien construite ;

Ce livre appartient à Camille.
Le groupe prépositionnel *à Camille* est un complément essentiel : on ne peut pas dire ⊖ *Ce livre appartient*. C'est un complément d'objet indirect appartenant au groupe verbal.

– des **critères de sens** : les groupes de mots qui font partie du groupe verbal apportent des informations importantes ;

Vous enverrez le colis demain.
L'information apportée par l'adverbe *demain* est importante : c'est demain, et non aujourd'hui qu'il faut envoyer le colis. L'adverbe fait donc partie du groupe verbal.

– des **critères de place et de ponctuation** : en général, les compléments qui font partie du groupe verbal ne sont pas très loin du verbe et ils ne sont pas en construction détachée.

L'année dernière, les loyers ont augmenté de 2 %.
Le complément circonstanciel *l'année dernière* est loin du verbe et il est en construction détachée. Il ne fait pas partie du groupe verbal. C'est un **complément de phrase** qui porte sur toute la phrase → 40.

COMPLÉMENTS ESSENTIELS ET ATTRIBUTS

36 Le complément d'objet

On distingue trois types de compléments d'objet.

• Le **complément d'objet direct** (COD) se construit directement après le verbe, sans préposition.

Il boit un jus d'orange.

• Le **complément d'objet indirect** (COI) se construit indirectement après le verbe, à l'aide d'une préposition.

Je m'attendais à sa réaction.

• Le **complément d'objet second** (COS) est un complément d'objet indirect employé avec un COD.

Il a montré sa blessure à un médecin.
COD COS

Pour une présentation détaillée des compléments d'objet → 216-224.

37 L'attribut

Parmi les attributs, on distingue l'attribut du sujet de l'attribut du COD.

• L'**attribut du sujet** se construit notamment avec le verbe *être* ou un verbe d'état.

Cet hôtel est immense. Cet hôtel semble immense.

• L'**attribut du COD** se construit notamment avec des verbes qui expriment un jugement, une transformation ou une dénomination. Il entretient avec le COD le rapport que l'attribut du sujet entretient avec le sujet.

Je trouve cet hôtel immense.
COD attribut du COD

Il faut comprendre : *Je trouve que cet hôtel est immense.*

Pour une présentation détaillée des attributs → 226-231.

38 Les autres compléments essentiels

• Il existe des compléments essentiels qui ne sont ni des compléments d'objet directs, ni des compléments d'objet indirects :

– le **complément de mesure** → 233-235 ;

Cette valise pèse une tonne !

– le **complément essentiel de lieu** → 236-238 ;

Il se rend souvent à l'étranger.

La phrase ⊖ *il se rend souvent* n'a pas un sens complet : *à l'étranger* n'est pas un complément circonstanciel de lieu, mais un complément essentiel de lieu.

– la **séquence** ou le **complément d'un verbe impersonnel** → 336-337.

Il se produit des phénomènes étranges.

REMARQUE

Le complément d'agent est un complément particulier → 334.

L'ESSENTIEL

• Le groupe verbal peut être un **verbe seul**. Il peut aussi être formé d'un **verbe** associé à un (ou des) **complément(s) essentiel(s)**, à un (ou des) **attribut(s)** du sujet ou du COD ou à un (ou plusieurs) **complément(s) circonstanciel(s)** importants du point de vue du sens.

Les compléments circonstanciels

Lundi soir à 23 h, un camion s'est renversé au kilomètre 189 de l'autoroute A13.

Cette phrase nous apprend qu'un accident a eu lieu et elle en précise les circonstances (le moment et le lieu) : *lundi soir à 23 h, au kilomètre 189 de l'autoroute A13* sont des compléments circonstanciels.

QU'EST-CE QU'UN COMPLÉMENT CIRCONSTANCIEL ?

39 Le rôle du complément circonstanciel

- Le complément circonstanciel (CC) **introduit une circonstance**, c'est-à-dire qu'il précise un élément du cadre dans lequel se situe le fait rapporté.

Hier, dans le métro, Valentin a perdu son portefeuille.
Dans cette phrase, *hier* indique quand a eu lieu la perte du portefeuille (CC de temps) ; *dans le métro* indique où a eu lieu la perte du portefeuille (CC de lieu).

40 Les caractéristiques du complément circonstanciel

- Le complément circonstanciel permet de construire une **phrase étendue**.

Valentin (sujet) *a perdu son portefeuille.* (GV) phrase minimale

Hier, (CC) *dans le métro,* (CC) *Valentin* (sujet) *a perdu son portefeuille.* (GV) phrase étendue

- Le complément circonstanciel est en général **facultatif** et **mobile**.

Il a rencontré la femme de sa vie grâce à Internet.
On peut dire : *Il a rencontré la femme de sa vie.*

Grâce à Internet, il a rencontré la femme de sa vie.
On peut aussi déplacer le complément *grâce à Internet.*

• L'interprétation du complément circonstanciel dépend souvent de sa place dans la phrase.

Il a rencontré la femme de sa vie grâce à Internet.
La phrase met en valeur le complément circonstanciel (c'est *grâce à Internet*, et pas au travail, par exemple, qu'il a rencontré la femme de sa vie). Le complément circonstanciel est important du point de vue du sens et il fait donc partie du groupe verbal.

Grâce à Internet, il a rencontré la femme de sa vie.
Le complément circonstanciel n'est plus un élément du groupe verbal. Il apporte simplement une précision sur l'ensemble de la phrase. C'est un **complément de phrase**.

• Certains compléments circonstanciels sont étroitement liés au verbe et sont beaucoup moins mobiles.

Il a fait sa demande par correspondance.
Le complément circonstanciel *par correspondance* fait partie du groupe verbal.

41 La nature du complément circonstanciel

• Le complément circonstanciel peut avoir différentes natures : groupe prépositionnel, nom ou groupe nominal, adverbe, gérondif, subordonnée conjonctive, subordonnée participiale.
Pour une présentation détaillée des natures du complément circonstanciel → 42-50.
Pour une présentation détaillée des subordonnées circonstancielles → 380-391.

LES DIFFÉRENTS COMPLÉMENTS CIRCONSTANCIELS

42 Les principaux compléments circonstanciels

• Le complément circonstanciel peut exprimer toutes sortes de circonstances. On retient principalement les suivantes.

CIRCONSTANCE	EXEMPLE
Le temps	*L'ascenseur est tombé en panne hier.*
Le lieu	*À Paris, les décorations de Noël sont déjà installées.*
Le moyen	*Nous monterons en téléphérique.*
La manière	*Ne riez pas bêtement.*
L'accompagnement	*Elle se promène avec son chien.*
La cause	*Le match a été annulé en raison des intempéries.*
La conséquence	*Il est si myope qu'il ne parvient pas à lire les panneaux.*

Le but	*Nous sommes partis tôt pour éviter les embouteillages.*
La concession	*Il est encore vif malgré son grand âge.*
L'opposition	*Loin d'être satisfaisant, c'est parfaitement injuste.*
La condition	*Avec un peu de chance, nous arriverons avant lui.*
La comparaison	*Elle est heureuse comme un poisson dans l'eau.*

REMARQUE

Cette classification a des limites, notamment parce que certains compléments circonstanciels n'entrent dans aucune des catégories généralement retenues.

Pour moi, il est coupable.

Pour moi est un complément circonstanciel qui indique le point de vue au regard duquel il est coupable.

43 Le complément circonstanciel de temps

Le sens du complément circonstanciel de temps

Le complément circonstanciel de temps peut indiquer :

- la **date**, c'est-à-dire le moment où se déroule l'action ;

  Nous partirons à midi.

REMARQUE

Quand le moment de l'action est défini par rapport au moment d'une autre action, on parle de **date relative**.

Il faut partir avant l'orage.

- la **durée**, c'est-à-dire le temps qui s'écoule pendant que se déroule l'action.

  Nous avons marché pendant trois heures.

REMARQUE

Le complément circonstanciel de temps est parfois difficile à différencier du complément circonstanciel de moyen. C'est notamment le cas lorsqu'il indique la durée nécessaire à l'accomplissement d'une action.

Ils sont arrivés au sommet en cinq heures.

Ils ont eu besoin de cinq heures pour arriver jusqu'au sommet (moyen) et l'escalade a duré cinq heures (temps).

La nature du complément circonstanciel de temps

- Le complément circonstanciel de temps peut avoir les natures suivantes.

NATURE DU CC DE TEMPS	EXEMPLE
Groupe prépositionnel	*Nous reviendrons à la tombée de la nuit.* *Nous mangerons avant de partir.*
Nom ou groupe nominal	*Nous reviendrons mardi.*
Adverbe	*Nous reviendrons bientôt.*

Gérondif	*En me rendant à la piscine, j'ai rencontré ton frère.*
Subordonnée conjonctive	*Alors que je me rendais à la piscine, j'ai rencontré ton frère.*
Subordonnée participiale	*Nous emménagerons une fois les travaux achevés.*

Les prépositions introduisant un groupe prépositionnel complément circonstanciel de temps

- Le groupe prépositionnel complément circonstanciel de temps se construit avec les prépositions et locutions prépositionnelles suivantes.

SENS	PRÉPOSITIONS ET LOCUTIONS PRÉPOSITIONNELLES
Date	*à, dès, à la fin de, après, au début de, au milieu de, avant, avant de, dans, jusqu'à, lors de, pendant, à partir de, sous, autour de, aux alentours de, aux environs de, non loin de, près de, sur, vers...*
Durée	*durant, en, pendant, depuis, pour, au long de, tout au long de...*

44 Le complément circonstanciel de lieu

Le sens du complément circonstanciel de lieu

- Le complément circonstanciel de lieu précise l'endroit où se déroule l'action :
  Il lit le journal au bord de la piscine.
- Il exprime parfois une direction, un mouvement :
  D'ici, on aperçoit les sommets des montagnes.
- Attention : beaucoup de compléments ne sont pas des compléments circonstanciels mais des **compléments essentiels** de lieu.(→237).
  Il se rend à Lyon chaque semaine.

La nature du complément circonstanciel de lieu

- Le complément circonstanciel de lieu peut avoir les natures suivantes.

NATURE DU CC DE LIEU	EXEMPLE
Groupe prépositionnel	*Ils ont pique-niqué au bord du lac.* *Ils ont pique-niqué chez nous.*
Groupe nominal	*Il travaille rue Paul-Bert*
Adverbe	*Ils ont pique-niqué ici.*
Subordonnée relative substantive → 378	*Vous pique-niquerez où vous voudrez.*

Les prépositions introduisant un groupe prépositionnel complément circonstanciel de lieu

• Selon son sens, le groupe prépositionnel complément circonstanciel de lieu se construit avec les prépositions et locutions prépositionnelles suivantes.

SENS	PRÉPOSITIONS ET LOCUTIONS PRÉPOSITIONNELLES
Position	*à, dans, en, sur, sous, derrière, devant, chez, contre, à côté de, à droite de, à gauche de, à l'avant de/à l'arrière de, à proximité de, au bas de, au centre de, au-dedans de/au-dehors de, au-dessus de/au-dessous de, auprès de, aux abords de, en face de...*
Direction	*jusqu'à, en direction de, vers...*
Origine	*de, depuis, de derrière, de devant, dès, de dessus, de dessous...*
Passage	*à travers, au travers de, par, via, par-dessus, par-dessous, par-devant, par-derrière...*

45 Les compléments circonstanciels de moyen, de manière et d'accompagnement

Comment distinguer les trois sens : moyen, manière et accompagnement ?

1. *Il jardine avec de bons outils.*
2. *Il jardine avec plaisir.*
3. *Il jardine avec ses enfants.*

• La préposition *avec* permet de construire trois compléments qui ont des sens proches, mais qu'il faut distinguer. *Les bons outils, le plaisir* et *les enfants* facilitent tous la tâche du jardinier, mais :

– les bons outils rendent la réalisation de l'action possible : *avec de bons outils* est un complément circonstanciel de **moyen** ;

– le plaisir indique l'état d'esprit dans lequel l'action est accomplie : *avec plaisir e*st un complément circonstanciel de **manière** ;

– les enfants accomplissent l'action en même temps que le jardinier : *avec ses enfants* est un complément circonstanciel d'**accompagnement**.

REMARQUE

La frontière entre ces compléments n'est pas toujours nette.

Il a répondu avec beaucoup de finesse.

La finesse est ce qui lui a permis de trouver une réponse adaptée : CC de moyen.
La finesse a aussi donné une tonalité particulière à sa réponse : CC de manière.

La nature des compléments circonstanciels de moyen, de manière et d'accompagnement

- Les compléments circonstanciels de moyen, de manière et d'accompagnement peuvent avoir les natures suivantes.

NATURE DU CC	EXEMPLE
Groupe prépositionnel	Moyen : *J'ai ouvert la porte avec la clef.* Manière : *J'ai ouvert la porte avec empressement.* Accompagnement : *Je suis entrée avec les voisins.*
Adverbe	Manière : *Il a délicatement entrouvert la porte.*
Gérondif	Moyen : *J'ai ouvert la porte en forçant la serrure.* Manière : *Il m'a ouvert en souriant.*

Les prépositions introduisant des groupes prépositionnels CC de moyen, de manière ou d'accompagnement

COMPLÉMENT CIRCONSTANCIEL	PRÉPOSITIONS ET LOCUTIONS PRÉPOSITIONNELLES
Moyen	*à, avec, par, à l'aide de, au moyen de, grâce à, moyennant...*
Manière	*avec, de (rire de bon cœur), en (parler en connaisseur)...*
Accompagnement	*avec, en compagnie de...*

46 Les compléments circonstanciels de cause et de conséquence

Comment distinguer les deux sens : cause et conséquence ?

1. *Il a tellement crié qu'il n'a plus de voix.*
2. *Il n'a plus de voix parce qu'il a beaucoup crié.*

- Le fait de crier et le fait de n'avoir plus de voix entretiennent un rapport de cause à effet : le cri est la cause de la perte de la voix ; la perte de la voix est la conséquence du cri.

1. Le complément circonstanciel *qu'il n'a plus de voix* indique l'effet : c'est un complément circonstanciel de **conséquence**.
2. Le complément circonstanciel *parce qu'il a beaucoup crié* indique la cause : c'est un complément circonstanciel de **cause**.

La nature des compléments circonstanciels de cause et de conséquence

- Le complément circonstanciel de cause peut avoir les natures suivantes.

NATURE DU CC DE CAUSE	EXEMPLE
Groupe prépositionnel	*En raison du danger, il se met à courir.*
Subordonnée conjonctive	*Il court parce qu'il a peur.*
Subordonnée participiale	*La police étant à ses trousses, il court.*
Gérondif	*En voyant la police à ses trousses, il s'est mis à courir.*

- Le groupe prépositionnel complément circonstanciel de cause se construit avec les prépositions et locutions prépositionnelles : *à (à ses mots, il se fâcha), pour, à cause de, en raison de*, etc.

- Le complément circonstanciel de conséquence peut avoir les natures suivantes.

NATURE DU CC DE CONSÉQUENCE	EXEMPLE
Subordonnée conjonctive	*Il est si gourmand qu'il ne sait pas se limiter.*
Groupe prépositionnel	*Il mange à en être malade.*

- Le groupe prépositionnel complément circonstanciel de conséquence est toujours composé d'un infinitif ou d'un groupe infinitif. Il se construit avec les prépositions et locutions prépositionnelles : *à, au point de*, etc.

REMARQUE

Le groupe prépositionnel de conséquence se rencontre notamment après un adjectif attribut du sujet.

Il est maigre à faire peur.

Il faut comprendre : *il est tellement maigre qu'il fait peur.*

47 Le complément circonstanciel de but

Le sens du complément circonstanciel de but

- Le complément circonstanciel de but indique l'**objectif**, la **finalité** recherchée, l'intention de l'action.

Les portes du théâtre se sont ouvertes tôt pour laisser entrer les spectateurs.

REMARQUE

La frontière entre le complément circonstanciel de but et le complément circonstanciel de conséquence est parfois mince.

Elle se comporte de façon à décourager les meilleures volontés.

On peut comprendre : *elle se comporte d'une façon telle qu'elle décourage les meilleures volontés.* Elle ne cherche pas à les décourager, elle ignore les incidences de son comportement : il s'agit d'une conséquence.

Mais on peut également comprendre : *elle se comporte de cette manière afin de décourager les meilleures volontés.* Elle cherche à les décourager, elle est parfaitement consciente des incidences de son comportement : il s'agit d'un but.

La nature du complément circonstanciel de but

• Le complément circonstanciel de but peut avoir les natures suivantes.

NATURE DU CC DE BUT	EXEMPLE
Groupe prépositionnel	*La gare sera réaménagée pour le confort des usagers.* *La gare sera réaménagée pour mieux accueillir les usagers.*
Subordonnée conjonctive	*Nous réaménageons la gare pour que les usagers s'y repèrent plus facilement.*

• Le groupe prépositionnel complément circonstanciel de but se construit avec les prépositions et locutions prépositionnelles : *pour, afin de, de façon à, en vue de,* etc.

48 Les compléments circonstanciels d'opposition et de concession

Comment distinguer les deux sens : opposition et concession ?

• Le complément circonstanciel d'**opposition** met en opposition deux faits.

Loin d'être en difficulté financière, il est certainement le plus riche d'entre nous.

Loin d'être en difficultés financières souligne le contraste entre une pauvreté supposée et une richesse effective. C'est un complément circonstanciel d'opposition.

• Le complément circonstanciel de **concession** n'oppose pas deux faits mais indique qu'un fait n'a pas eu la conséquence attendue.

Nous avons dansé toute la nuit malgré la fatigue.

Normalement, à cause de la fatigue, nous aurions dû être incapables de danser toute la nuit. *Malgré la fatigue* indique que la fatigue n'a pas eu la conséquence attendue : c'est un complément circonstanciel de concession.

La nature du complément circonstanciel d'opposition

• Le complément circonstanciel d'opposition peut avoir les natures suivantes.

NATURE DU CC D'OPPOSITION	EXEMPLE
Groupe prépositionnel	*Au lieu de pleurer, il s'est mis à rire.*
Subordonnée conjonctive	*Alors qu'il aurait dû pleurer, il s'est mis à rire.*

• Le groupe prépositionnel complément circonstanciel d'opposition se construit avec les locutions prépositionnelles : *loin de, au lieu de.*

La nature du complément circonstanciel de concession

- Le complément circonstanciel de concession peut avoir les natures suivantes.

NATURE DU CC DE CONCESSION	EXEMPLE
Groupe prépositionnel	*Ils sont sortis en mer malgré l'avis de tempête.*
Subordonnée conjonctive	*Ils sont sortis en mer alors qu'un avis de tempête avait été lancé.*
Subordonnée relative → 377	*Qui que vous soyez, passez votre chemin !*
Gérondif	*Tout en faisant confiance au skipper, je craignais la tempête.*

- Le groupe prépositionnel complément circonstanciel de concession se construit avec les prépositions et locutions prépositionnelles : *malgré, en dépit de, nonobstant, indépendamment de...*

49 Le complément circonstanciel de condition

Le sens du complément circonstanciel de condition

- Le complément circonstanciel de condition exprime un **fait dont la réalisation est nécessaire** pour que l'action ait lieu.

  Si nous passons par l'Auvergne, nous vous rendrons visite.

La nature du complément circonstanciel de condition

- Le complément circonstanciel de condition peut avoir les natures suivantes.

NATURE DU CC DE CONDITION	EXEMPLE
Groupe prépositionnel	*En cas d'urgence, appelez-moi.*
Subordonnée conjonctive	*S'il y a urgence, appelez-moi.*
Subordonnée participiale	*Les inscriptions closes, il nous faudrait renoncer.*
Gérondif	*En prenant l'avion, nous gagnerions du temps.*

- Le groupe prépositionnel complément circonstanciel de condition se construit avec les locutions prépositionnelles : *en cas de, à condition de, à moins de...*

50 Le complément circonstanciel de comparaison

Le sens du complément circonstanciel de comparaison

• Le complément circonstanciel de comparaison introduit une **analogie** entre deux éléments.

Arrête de sauter comme un kangourou !

Comme un kangourou introduit une analogie entre le destinataire de cette phrase, qui ne cesse de sauter, et l'animal réputé pour ses bonds. C'est un complément circonstanciel de comparaison.

La nature du complément circonstanciel de comparaison

• Le complément circonstanciel de comparaison peut avoir les natures suivantes.

NATURE DU CC DE COMPARAISON	EXEMPLE
Groupe prépositionnel	*Écoutez attentivement, à l'exemple de vos aînés.*
Subordonnée conjonctive	*Écoutez attentivement, comme l'ont fait vos aînés.*

• Le groupe prépositionnel complément circonstanciel de comparaison se construit avec les prépositions et locutions prépositionnelles : *à l'exemple de, à la manière de, à l'instar de, à la façon de...*

L'ESSENTIEL

• Le complément circonstanciel apporte une **précision sur une circonstance** du fait rapporté : le **temps**, le **lieu**, le **moyen**, la **manière**, l'**accompagnement**, la **cause**, la **conséquence**, le **but**, la **concession**, l'**opposition**, la **condition**, la **comparaison**.
• En général, il est facultatif et mobile.
• Il peut avoir différentes natures : **groupe prépositionnel**, **adverbe**, **gérondif**, **subordonnée** conjonctive, participiale ou relative.

LE NOM ET LE GROUPE NOMINAL

La structure du groupe nominal

Ici, on sert à toute heure des galettes de sarrasin, des crêpes de froment et des glaces.

Trois groupes nominaux désignent ce qu'on peut commander dans le restaurant : *des galettes de sarrasin, des crêpes de froment* et *des glaces.*

QU'EST-CE QU'UN GROUPE NOMINAL ?

51 Le groupe nominal est organisé autour d'un nom

• Le groupe nominal est un groupe de mots qui a pour mot principal, ou **noyau**, un **nom**, en général précédé d'un déterminant.

L'expert a diagnostiqué une panne.

On repère dans cette phrase deux groupes nominaux, *l'expert*, formé du nom *expert* et de l'article défini *l'*, et *une panne*, formé du nom *panne* et de l'article indéfini *une.*

• Dans le groupe nominal, le nom transmet ses marques de genre et de nombre au déterminant et à l'adjectif.

une effrayante tempête, ces tartes très réussies

REMARQUE

Le groupe nominal est, avec le groupe verbal, le groupe de mots le plus employé. D'une part, la combinaison d'un groupe nominal et d'un groupe verbal permet de construire une phrase. D'autre part, c'est grâce au groupe nominal que nous pouvons désigner une personne ou une chose : *l'expert, une maison, la beauté.*

52 Le groupe nominal a une fonction dans la phrase

• Comme tous les groupes de mots, le groupe nominal a une fonction dans la phrase. Il peut être en particulier :

– sujet ;

La tempête a tout ravagé.

– complément d'objet direct ;

Elle a dévoré toutes les cerises.

– attribut du sujet ;

Louis a été son professeur de trompette.

– attribut du complément d'objet direct ;

Dans le jargon du métier, on appelle cette coiffure « la choucroute ».

– complément circonstanciel construit sans préposition, facultatif et mobile ;

Son chien a aboyé la nuit dernière. La nuit dernière, son chien a aboyé.

– apposition.

Cette exposition commémore la vie de Louis Armstrong, le roi du jazz.

• Souvent, le groupe nominal fait partie d'un **groupe prépositionnel**, c'est-à-dire d'un groupe de mots construit à partir d'une préposition.

Il est interdit de pique-niquer sur les pelouses.

Le groupe nominal *les pelouses* est complément de la préposition *sur*. La préposition *sur* constitue le noyau du groupe prépositionnel *sur les pelouses*, dont le groupe nominal *les pelouses* fait partie. Ce groupe prépositionnel est complément circonstanciel de lieu du verbe *pique-niquer*.

REMARQUE

La grammaire traditionnelle parle souvent de « groupe nominal prépositionnel » à propos d'un groupe nominal précédé d'une préposition : *sur les pelouses*, *avec les enfants*.
Cette analyse doit être remise en cause car le groupe nominal *les pelouses* est le complément de la préposition, qui constitue le noyau du groupe. La suite de mots *sur les pelouses* n'est donc pas un « groupe nominal prépositionnel », mais un **groupe prépositionnel**. À l'appui de cette analyse vient le fait que le groupe prépositionnel tout entier peut être remplacé par un mot unique (test de substitution → 13).

Il est interdit de pique-niquer sur les pelouses. → Il est interdit de pique-niquer ici.

GROUPE NOMINAL MINIMAL ET GROUPE NOMINAL ÉTENDU

53 Le groupe nominal minimal

• Le groupe nominal minimal est formé d'un **déterminant** et d'un **nom**. Ce nom constitue le **noyau** du groupe.

Le serveur a enfin apporté le café.

Cette phrase comporte deux groupes nominaux minimaux, *le serveur* et *le café*. Les noms *serveur* et *café* sont les noyaux de ces groupes de mots.

Le déterminant et le nom noyau sont les constituants fondamentaux du groupe nominal.

• Le groupe nominal peut cependant être réduit à un nom sans déterminant. C'est le cas, souvent, du **nom propre**, mais aussi, parfois, du nom commun.

Jacques a été élu maire.

Le nom propre *Jacques* est employé sans déterminant de même que le nom commun *maire*.

54 Le groupe nominal étendu

• Le groupe nominal étendu comporte des mots et des groupes de mots autres que le déterminant et le nom. Ces mots et groupes de mots complètent le nom et constituent son **expansion** → 95-97.

Nous avons repeint cet été les murs de la chambre.
Le groupe nominal *les murs de la chambre* est un groupe nominal étendu car il comporte une expansion, le groupe prépositionnel *de la chambre*, qui est complément du nom noyau *murs*.

• À la différence de ce qui se produit avec le déterminant et le nom noyau, la phrase reste bien construite et garde un sens si l'on supprime l'expansion d'un nom.

Nous avons repeint cet été les murs.
Il est possible de supprimer l'expansion du nom noyau *murs (de la chambre)*. La phrase est moins précise mais elle est grammaticalement correcte.

• L'expansion du nom peut être :

– un adjectif ou un groupe adjectival en fonction d'épithète, placé après ou avant le nom ;

un chapeau tyrolien – une décision difficile à prendre
une très belle place

– un groupe prépositionnel en fonction de complément du nom ;

les murs de la chambre – une cuillère en argent

– une proposition subordonnée relative ;

des cerises qui sont trop mûres – le jeu vidéo auquel j'ai joué

– une proposition subordonnée conjonctive.

cette idée que tout va mal – le désir qu'il vienne

• Un groupe nominal peut comporter plusieurs expansions.

Ils ont adopté un joli petit chat roux.
Le groupe nominal dont le noyau est le nom *chat* comporte trois adjectifs épithètes : *joli*, *petit* et *roux*.

POUR MIEUX S'EXPRIMER **L'ordre des expansions dans la phrase.**

Lorsqu'un groupe nominal comporte plusieurs expansions qui ne sont pas de même nature, ces expansions suivent l'ordre : adjectif épithète + complément du nom + proposition subordonnée relative.

Sais-tu où se trouvent les babouches roses de Gabrielle que nous avons achetées au Maroc ?
Le groupe nominal dont le noyau est le nom *babouches* a pour expansions : l'adjectif *roses*, le groupe prépositionnel *de Gabrielle* et la proposition subordonnée relative *que nous avons achetées au Maroc*. On ne peut pas dire ⊖ *les babouches de Gabrielle que nous avons achetées au Maroc roses.*

Pour les diverses expansions du nom → 98-99.

55 Tableau récapitulatif des différents groupes nominaux

	DÉT.	NOM	EXPANSIONS DU NOM			
			adjectif ou groupe adjectival	*groupe prépositionnel*	*proposition subordonnée relative*	*proposition subordonnée conjonctive*
Groupe nominal minimal	*le*	*serveur* nom commun				
		Gabrielle nom propre sans déterminant				
		maire nom commun sans déterminant				
Groupe nominal étendu	*un*	*chapeau*	*tyrolien*			
	les	*murs*		*de la chambre*		
	des	*cerises*			*qui sont trop mûres*	
	cette	*idée*				*que tout va mal*
	les	*babouches*	*roses*	*de Gabrielle*	*que nous avons achetées au Maroc*	

56 Cas particulier : l'expansion détachée

- Une expansion peut suivre ou précéder un groupe nominal en position **détachée**. Cette position détachée se manifeste à l'écrit par une ou deux virgules (ou par deux points), à l'oral par une ou deux pauses.

  <u>Arrivé à Paris</u>, notre héros se rendit d'abord au musée du Louvre.
  Le groupe nominal *notre héros* est précédé par le groupe *Arrivé à Paris*. Ce groupe est détaché à l'écrit par une virgule.

  Le cuisinier, <u>un Breton de Quimper</u>, prépare toutes sortes de crêpes.
  Le groupe nominal *Le cuisinier* est suivi d'un autre groupe nominal, *un Breton de Quimper*. Ce groupe est détaché à l'écrit par deux virgules.

Ces mots et groupes de mots détachés sont en fait des expansions, non pas du nom seul, mais du groupe nominal tout entier.

Pour les expansions du groupe nominal en position détachée → 105.

GRAMMAIRE ET STYLE

Les expansions du nom dans les descriptions

Les expansions du nom sont fréquentes dans les descriptions, car elles permettent de désigner certaines caractéristiques de la personne ou de la chose représentée. La description qui ouvre le roman de Bernardin de Saint-Pierre, *Paul et Virginie*, comporte ainsi beaucoup de groupes nominaux étendus.

> *Sur le côté oriental de la montagne qui s'élève derrière le Port Louis de l'Île de France* [île Maurice], *on voit, dans un terrain jadis cultivé, les ruines de deux petites cabanes. Elles sont situées presque au milieu d'un bassin formé par de grands rochers, qui n'a qu'une seule ouverture tournée au nord. On aperçoit à gauche la montagne appelée le Morne de la Découverte, d'où l'on signale les vaisseaux qui abordent dans l'île, et au bas de cette montagne la ville nommée le Port Louis ; à droite, le chemin qui mène du Port Louis au quartier des Pamplemousses ; ensuite l'église de ce nom, qui s'élève avec ses avenues de bambous au milieu d'une grande plaine ; et plus loin une forêt qui s'étend jusqu'aux extrémités de l'île.*

Diverses expansions nominales apportent des informations sur le lieu décrit :
- des adjectifs : *le côté oriental* ; *deux petites cabanes*...
- des compléments du nom : *le côté oriental de la montagne* ; *l'église de ce nom*...
- des propositions subordonnées relatives : *la montagne qui s'élève derrière le Port Louis de l'Île de France* ; *le chemin qui mène du Port Louis au quartier des Pamplemousses*.

On repère aussi des propositions subordonnées relatives en position détachée : *la montagne appelée le Morne de la Découverte, d'où l'on signale les vaisseaux qui abordent dans l'île* ; *l'église de ce nom, qui s'élève avec ses avenues de bambous au milieu d'une grande plaine*.

L'ESSENTIEL

- Le **groupe nominal** a pour **noyau** un **nom** et il exerce une fonction dans la phrase.
- Le groupe nominal **minimal** comporte uniquement un déterminant et un nom ou se réduit au nom seul. Le groupe nominal **étendu** comporte d'autres mots et groupes de mots, qui forment l'**expansion** du nom ou du groupe nominal lui-même.

Le nom

Les marins sont arrivés hier à Ajaccio sous un soleil radieux.

Dans cette phrase, trois groupes nominaux désignent successivement *les marins*, *Ajaccio* et *un soleil radieux*. Chacun de ces groupes nominaux est formé à partir d'un nom commun *(marins, soleil)* ou d'un nom propre *(Ajaccio)*.

QU'EST-CE QU'UN NOM ?

57 Le nom permet de désigner une personne ou une chose

• Les noms permettent de désigner les personnes *(Jacques, voisin, ouvrier, président)*, les êtres vivants *(chien, fourmi)* et les choses : pays, régions, réalités naturelles *(Ajaccio, mer)*, objets *(tournevis)*, sentiments *(amour, amitié)*, états *(fatigue, maladie)*, relations logiques *(cause, opposition)*, etc. Tout ce à quoi nous pensons peut être désigné par un nom.

• On distingue deux types de noms :
– les **noms propres** : *Jacques, Corse, Ajaccio, « Le Chêne et le Roseau »* ;
– les **noms communs** : *voisin, île, ville, fable.*

58 Le nom est le noyau d'un groupe nominal

• Employé dans une phrase, le nom constitue le **noyau** d'un **groupe nominal** qui peut avoir différentes fonctions. Le groupe nominal est :
– **minimal** s'il comporte uniquement un déterminant et un nom ou s'il se réduit au nom seul ;
– **étendu** s'il comporte d'autres mots et groupes de mots qui forment l'**expansion** du nom → 95-99.

Mon voisin prépare une délicieuse paella.

Le premier groupe nominal, *mon voisin*, est un groupe nominal minimal composé du déterminant possessif *mon* et du nom *voisin*. Il est sujet du verbe *prépare*. Le second groupe nominal, *une délicieuse paella*, est un groupe nominal étendu comportant, outre l'article indéfini *une* et le nom *paella*, l'adjectif épithète *délicieuse*, qui est une expansion de ce nom. Le groupe nominal est COD de *prépare*.

59 Le nom possède un genre et il est variable en nombre

- Le nom possède par lui-même un **genre** : *rôti* est toujours de genre masculin, *omelette* de genre féminin.
- Le nom varie en **nombre** : *un rôti, des rôtis.*

POUR MIEUX ÉCRIRE **Il faut faire attention au changement de genre au pluriel.**

Trois noms sont masculins au singulier et féminins au pluriel :
– **délice** *(Quelles délices !)* ;
– **orgue**, masculin quand il désigne un instrument unique *(Il n'y a plus d'orgues anciens dans cette région)* mais féminin quand il désigne les orgues d'un lieu *(Les orgues de l'église Saint-Nicolas ont été terminées en 1598)* ;
– **amour** dans un niveau de langue soutenu *(les amours anciennes)*.

REMARQUES

1. Les noms propres n'ont pas toujours un genre fixe et ne varient pas toujours en nombre. → 68-69
2. Dans le cadre du groupe nominal, le nom transmet ses caractéristiques de nombre et de genre à l'adjectif et au déterminant : *ces rôtis trop cuits ; cette délicieuse omelette.*

LE NOM COMMUN

60 Qu'est-ce qu'un nom commun ?

- Un **nom commun** a un sens général. Il s'applique à des personnes et à des choses qui possèdent des caractéristiques communes. Le nom *boulanger* peut servir à désigner n'importe quel boulanger, c'est-à-dire, selon la définition du nom, un homme qui fait et qui vend du pain. Le nom *maison* évoque n'importe quelle habitation humaine.
- Seul un **groupe nominal** peut désigner, dans la phrase, une personne ou une chose en particulier : *ce boulanger ; mon boulanger ; le boulanger de Marie ; le boulanger qui ferme le dimanche.*

REMARQUE

Le groupe nominal désigne parfois tous les êtres ou toutes les choses possédant les caractéristiques du nom. Le déterminant est alors en emploi générique → 70.

Le chien est le meilleur ami de l'homme.

61 Les différents types de noms communs

On distingue différents types de noms communs.

Les noms animés et les noms inanimés

• Les **noms animés** désignent des personnes, des êtres mythologiques, des animaux, etc. Un nom animé peut être utilisé pour répondre à une question en *qui*.

De qui parlez-vous ? De la chanteuse. (nom animé)

• Les **noms inanimés** désignent des choses, des états, etc. Un nom inanimé peut être utilisé pour répondre à une question en *que* ou en *quoi*.

De quoi parlez-vous ? De sa coiffure. (nom inanimé)

Les noms comptables et les noms massifs

• Les **noms comptables** désignent des personnes et des choses que l'on peut compter : *chanteuse, nuage, armoire*.

• Les **noms massifs** désignent des choses continues que l'on ne peut pas compter : *sable, eau*. Pour désigner une partie de ces choses, on a recours non à l'article indéfini *un(e)*, mais à l'article partitif *du, de la* : *du sable, de l'eau*.

REMARQUE

Un nom comptable peut avoir des emplois non comptables.

Ils ont mangé du veau (de la viande de veau).

Inversement, un nom non comptable peut avoir des emplois comptables.

Ils ont acheté plusieurs vins (plusieurs espèces de vin).

Les noms concrets et les noms abstraits

• Les **noms concrets** désignent des personnes et des choses qu'on peut percevoir par les sens : *chanteuse, nuage, sable, farine*.

• Les **noms abstraits** désignent des sentiments, des idées qui ne sont pas perçues par les sens ou bien des actions, des comportements, des manières d'être ou d'agir : *sincérité, orgueil, analyse, cause*.

LE GENRE DES NOMS COMMUNS

62 Le genre des noms animés

La règle générale

• Le genre des noms animés correspond en général à une distinction de sexe.

un homme / une femme ; un garçon / une fille ; un cerf / une biche

Les règles particulières

• De nombreux noms masculins *(modèle, otage, auteur)* et noms féminins *(personne, créature, vedette)* peuvent désigner des personnes des deux sexes.

POUR MIEUX ÉCRIRE **Attention à accorder avec le genre du nom.**

Il faut bien faire l'accord avec le genre du nom et non selon le sexe de la personne dont on parle.

Elle est aujourd'hui le successeur supposé de son père à la tête de l'entreprise.

Supposé s'accorde avec *successeur.*

Le groupe nominal comportant le nom *personne* doit être remplacé par un pronom féminin quel que soit le sexe de la personne ou des personnes désignée(s).

Les autorités ont rapatrié le jeune homme et ont autorisé cette personne à rentrer chez elle.

• Certains noms animés qui se terminent par un *-e* muet peuvent être masculins ou féminins. La distinction de genre est marquée par le déterminant et, éventuellement, par l'adjectif.

un concierge / une concierge

un élève consciencieux / une élève consciencieuse

• Certains noms possèdent deux formes différentes, une pour le masculin, une autre pour le féminin. La forme féminine se distingue :

– par la présence d'un *-e*, sur le modèle de l'adjectif ; cet ajout d'un *-e* entraîne parfois d'autres modifications : redoublement de la consonne finale, modification de cette consonne, etc. ;

un cousin / une cousine ; un lion / une lionne ;

un boulanger / une boulangère ; un loup / une louve

– par la présence d'un suffixe (par exemple *-esse*) ;

un maître / une maîtresse ; un tigre / une tigresse

– par la variation en genre d'un suffixe.

un vendeur / une vendeuse ; un inspecteur / une inspectrice

• On obtient le féminin de certains noms animés en ajoutant *femme.*

une femme médecin ; une femme ingénieur

• Les noms de certains animaux sont suivis de *mâle* ou de *femelle.*

une panthère mâle / un guépard femelle

REMARQUE

La place de la femme ayant beaucoup changé dans la société, des noms de métier, de profession et de fonction qui étaient à l'origine masculins ont acquis aujourd'hui le genre féminin. Cette féminisation du nom peut être marquée :

– par le déterminant et, éventuellement, par l'adjectif, si le nom se termine par un *-e* muet : *le ministre / la ministre* ; *le juge parisien / la juge parisienne* ;

– par un *-e* final ajouté au nom : *écrivaine, magistrate, soldate* ;

– par la forme féminine du suffixe : *sculpteur / sculptrice.*

63 Le genre des noms inanimés

- Le genre des noms inanimés est **arbitraire**, c'est-à-dire qu'il est indépendant des caractéristiques des choses désignées.
  le fauteuil / la chaise ; un vélo / une bicyclette ; le gâteau / la tarte

LE NOMBRE DES NOMS COMMUNS

Seuls les **noms comptables** ou les noms employés ainsi peuvent recevoir le pluriel : *des chanteuses, des armoires. Plusieurs vins* est le pluriel du nom *vin* employé comme nom comptable, car le groupe nominal désigne plusieurs espèces de vin qu'on peut compter.

64 Les marques du pluriel du nom

La règle générale

- Le pluriel se forme en ajoutant un *-s* : *des armoires.*

Les règles particulières

NOM QUI SE TERMINE...	FORMATION DU PLURIEL	EXEMPLES	EXCEPTIONS
– par *-s* – par *-x* – par *-z*	Le nom ne change pas.	*un pois / des pois* *le prix / les prix* *un nez / des nez*	
– par *-ou*	On ajoute *-s*.	*un clou / des clous*	Sauf *bijou, caillou, chou, genou, hibou, joujou, pou, ripou* (familier) qui prennent un *-x* : *un bijou / des bijoux.*
– par *-eu* – par *-œu* – par *-au* – par *-eau*	On ajoute *-x*.	*un feu / des feux* *un vœu / des vœux* *un tuyau / des tuyaux* *un seau / des seaux*	Sauf *bleu, pneu* : *un pneu / des pneus.* Sauf *landau* : *un landau / des landaus.*
– par *-al*	Le nom fait son pluriel en *-aux*.	*un bocal / des bocaux*	Sauf *bal, carnaval, chacal, festival, récital, régal* : *un bal / des bals.*
– par *-ail*	On ajoute *-s*.	*un chandail / des chandails*	Sauf *bail, corail, émail, soupirail, travail, vantail, vitrail* qui font leur pluriel en *-aux* : *un vitrail / des vitraux.*

POUR MIEUX ÉCRIRE ***Tenaille* ou *tenailles* ?**

De nombreux noms peuvent être au singulier ou au pluriel selon qu'on considère l'objet globalement ou les éléments qui le constituent.

des tenailles / une tenaille

des moustaches / une moustache

les escaliers / l'escalier

En particulier, les noms désignant des vêtements recouvrant tout ou partie des jambes peuvent recevoir le singulier et le pluriel. Mais pour certains mots, l'usage du singulier l'a définitivement emporté et dire *mes pantalons* pour *mon pantalon* est perçu comme familier.

⊕ Trois noms particuliers

Œil a pour pluriel *yeux* (mais *œils* dans *œils-de-bœuf*).
Ciel devient *cieux* (mais *ciels* dans *ciels de lit*).
Aïeul donne *aïeux* quand il renvoie aux ancêtres et *aïeul(e)s* quand il renvoie aux grands-parents.

65 Le pluriel des noms composés

• On appelle **nom composé** un nom dans lequel on peut reconnaître au moins deux mots. Un nom composé peut s'écrire en un seul mot.

madame : ma + dame ; bonhomme : bon + homme ; bonjour : bon + jour ; portemanteau : porte, du verbe *porter + manteau*

Mais, le plus souvent, les éléments sont soudés par un trait d'union ou séparés.

croque-monsieur, poule mouillée, pomme de terre

• Le pluriel des noms composés constitue sans doute la plus grande difficulté de l'orthographe française.

Les noms composés qui s'écrivent en un seul mot

• Ils forment leur pluriel comme les autres noms.

un bonjour / des bonjours ; un portemanteau / des portemanteaux

POUR MIEUX ÉCRIRE **Attention au pluriel de *monsieur, madame, mademoiselle, bonhomme* et *gentilhomme*.**

Ces noms composés comportent un déterminant ou un adjectif qui varie également en nombre.

monsieur / messieurs ; madame / mesdames ; mademoiselle / mesdemoiselles ; bonhomme / bonshommes ; gentilhomme / gentilshommes

Les autres noms composés

• Dans ces noms, seuls le nom et l'adjectif peuvent varier en nombre.

des poules mouillées

- Les autres mots restent invariables.
  des avant-scènes (préposition + nom)
  des tire-bouchons (verbe + nom)
  des passe-partout (verbe + adverbe)
  des qu'en-dira-t-on (phrase)

- Il faut tenir compte, par ailleurs, des relations qui existent entre les éléments du nom composé.

FORMATION DU MOT COMPOSÉ	FORMATION DU PLURIEL	EXEMPLES
Nom + nom	Les deux noms varient s'ils peuvent désigner tous deux la même personne ou la même chose.	*des portes-fenêtres* (des portes qui sont aussi des fenêtres) *des députés-maires* (des députés qui sont aussi des maires)
	Le deuxième nom est invariable s'il ne désigne pas la même personne ou la même chose.	*des pauses-café* (les pauses ne sont pas des cafés, mais des pauses pendant lesquelles on prend le café) *des timbres-poste* (des timbres pour la poste) *des bébés-éprouvette*
Nom + préposition + nom	**Avec trait d'union** Le premier nom varie s'il s'applique à la personne ou à la chose désignée.	*des arcs-en-ciel* (des arcs qui sont dans le ciel) *des eaux-de-vie*
	Le premier nom est invariable s'il ne s'applique pas à la personne ou à la chose désignée.	*des tête-à-tête* (des conversations sans témoins et non des têtes !) *des coq-à-l'âne* *des pied-à-terre*
	Sans trait d'union Le premier nom varie.	*des pommes de terre* *des chemins de fer* *des coups d'œil*
	Le deuxième nom peut varier également si le sens l'exige (l'usage est en fait hésitant).	*des pattes de mouche* ou *des pattes de mouches* *des toiles d'araignée* ou *des toiles d'araignées*
Nom + adjectif	Le plus souvent, le nom et l'adjectif varient.	*des coffres-forts ; des basses-cours ; des sages-femmes*
	Le nom est invariable s'il ne s'applique pas à la personne ou à la chose désignée.	*des petits-beurre* (les gâteaux ne sont pas des beurres, mais sont faits à partir de beurre)

Verbe + nom	Le verbe est invariable et le nom reste invariable ou se met au pluriel, selon le sens.	*un chasse-neige / des chasse-neige* (ils enlèvent *de la neige*) mais *un tire-bouchon / des tire-bouchons* (on retire plusieurs bouchons)
	Certains noms sont toujours au pluriel en raison du sens et ne changent donc pas de forme.	*un porte-avions / des porte-avions* *un sèche-cheveux / des sèche-cheveux*
Adverbe + nom ou préposition + nom	Le nom varie en général.	*des arrière-boutiques* (*arrière* est un adverbe) ; *des haut-parleurs* (des appareils qui permettent de parler haut : *haut* est un adjectif transformé en adverbe) ; *des à-coups ; des sans-culottes*
Segment de phrase, phrase...	Le nom composé entier est invariable.	*des va-et-vient ; des ouï-dire ; des laissez-passer ; des on-dit*

N. ORTH La réforme de 1990 autorise à écrire les noms composés du type *lave-vaisselle* comme des noms simples, au singulier et au pluriel : *un lave-vaisselle / des lave-vaisselles* (avec *-s*) ; *un porte-avion* (sans *-s*) / *des porte-avions* ; *un sèche-cheveu* (sans *-x*) / *des sèche-cheveux*. Elle autorise également à écrire *des après-midis* (avec un *-s*), jusque-là invariable, comme *des après-dîners*.

66 Le pluriel des noms empruntés à d'autres langues

• Certains noms étrangers conservent leur pluriel dans la langue soignée.
un minimum / des minima ; un scénario / des scénarii

Le pluriel français est toutefois possible dans l'usage courant.

N. ORTH Le pluriel français est même recommandé par la réforme de 1990 : *des minimum**s**, des scénario**s***.

LE NOM PROPRE

67 Qu'est-ce qu'un nom propre ?

• Le nom propre est **porté** par une personne ou par une chose en particulier (pays, région, ville, rivière, œuvre d'art...) et il est **utilisé** pour désigner précisément cette personne ou cette chose.

James Blunt donne un concert à Quimper.
Le musicien s'appelle *James Blunt* et la ville où celui-ci donne son concert s'appelle *Quimper.* Le locuteur utilise ces deux noms propres pour désigner le musicien et la ville.

• Le nom propre est fréquemment employé car il permet d'évoquer quelqu'un ou quelque chose sans le détour du groupe nominal. Il est plus rapide de dire *Zola* que de dire *le grand romancier français du* XIX*e siècle, chef de file du naturalisme.*

• Le nom propre s'écrit avec une majuscule.
Jacques, La Rochelle, France, L'Assommoir (roman de Zola).

POUR MIEUX ÉCRIRE Attention aux minuscules des noms propres.

Ne reçoivent pas la majuscule, en particulier :
– l'article ou la préposition dans les surnoms ;
Pierre le Grand, Jean sans Peur
– la particule nobiliaire *de* ;
Alfred de Musset
– les noms communs présents dans les noms propres de rues, d'avenues, de places, de ponts, etc.
l'avenue Ledru-Rollin, la place Alésia, le pont Alexandre III
le ministère des Affaires étrangères, la mer Méditerranée

• Le nom propre, quand il est employé normalement, n'a pas de déterminant *(James Blunt, Quimper)* ou bien il fait apparaître l'article défini *(La Rochelle, la Seine).* Mais il peut aussi, dans certains **emplois dits modifiés** →94, être précédé de toutes sortes de déterminants et recevoir des expansions.
des Picasso(s) (des tableaux de Picasso) *; ma Lola*
le Paris des années 1930

68 Le genre des noms propres

• Le genre des **noms de personnes** correspond à leur sexe.
Martine est arrivée hier.

• Le genre des **noms de lieux** (ou **toponymes**) est arbitraire, même si le genre féminin tend à dominer pour les noms terminés par un *-e* muet.
la France, la Provence, la Seine ; mais *le Mexique, le Maine, le Rhône*
Quand un nom de pays est formé à partir d'un nom commun, il garde le genre de ce nom.
le Royaume-Uni

• Les noms de villes qui comportent un article féminin sont toujours **féminins**.
La Rochelle est merveilleuse !

• Le **masculin** s'impose en revanche :

– quand on désigne un quartier ou une partie de la ville à l'aide des adjectifs *vieux, nouveau* ou *grand* ;

les rues à arcades du vieux La Rochelle ; le nouveau Montpellier

– quand le nom est précédé de *tout* ;

Tout La Rochelle est saisi d'allégresse.

– quand le nom désigne, non la ville, mais une équipe sportive ou une institution.

Bruxelles battu à domicile face à Cagliari.

• Les noms de châteaux, de grottes, d'églises... ont, le plus souvent, le genre du nom commun correspondant.

Versailles (le château de Versailles) *est ouvert à tous.*

Aujourd'hui, Lascaux (la grotte de Lascaux) *est sauvée.*

69 Le nombre des noms propres

• Certains noms propres de lieux sont toujours au pluriel car ils désignent des réalités géographiques composées de plusieurs éléments.

les États-Unis, les Seychelles

• Les noms propres de personnes ne prennent pas le pluriel quand ils désignent des personnes portant le même nom.

Il y a trois Robert à l'école.

Les noms de dynasties font exception et reçoivent la marque du pluriel.

les Condés, les Capets

• Un nom propre peut être employé avec un sens figuré et ne pas désigner la personne ou la chose qui le porte. Dans ce cas, on est libre de mettre le nom propre au pluriel.

des Voltaire(s), des Zola(s) (des écrivains qui, comme Voltaire ou Zola, interviennent dans la société pour défendre certains idéaux).

Les groupes nominaux *trois Robert, les Condés, des Zola(s)...* comportent des noms propres modifiés.

L'ESSENTIEL

• Le **nom** permet de désigner les personnes et les choses et il figure dans une phrase comme noyau d'un **groupe nominal**. Il possède un genre et il est variable en nombre.

• Le **nom commun** a un sens général, à la différence du **nom propre** qui identifie précisément une personne ou une chose. On distingue différents types de noms communs : noms animés et inanimés, noms comptables et massifs, noms concrets et abstraits.

Les déterminants du nom

Ned a gravi la montagne dans des conditions difficiles.

Le nom propre *Ned* est employé seul, mais pas les noms communs *montagne* et *conditions*, qui sont précédés d'un déterminant : *la*, *des*. En effet, on ne peut pas dire ou écrire : ⊖ *Ned a gravi montagne dans conditions difficiles.*

QU'EST-CE QU'UN DÉTERMINANT ?

70 Le déterminant forme avec le nom un groupe nominal

• Le déterminant précède un nom pour former avec lui un groupe nominal →58.

chat → un chat ; tempête → la tempête

ordinateur → mon ordinateur ; cacahuète → deux cacahuètes

La fonction d'un déterminant, comme son nom l'indique, est de **déterminer** le nom.

• Le déterminant est **nécessaire au nom commun** pour que celui-ci puisse être employé dans une phrase. Il ne peut pas être supprimé.

La tempête est très violente.

Le nom *tempête* a besoin d'un déterminant (ici l'article défini *la*) pour fonctionner dans la phrase. C'est donc le groupe nominal tout entier *la tempête*, et non le nom seul *tempête*, qui est sujet du verbe *est*.

• Le déterminant **précise le sens du nom**.

mon ordinateur (*mon* permet de renvoyer à un ordinateur précis)

deux cacahuètes (*deux* indique le nombre de cacahuètes)

Il peut aussi être en **emploi générique** →74, 76. Dans ce cas, le groupe nominal désigne toutes les personnes ou toutes les choses possédant les caractéristiques du nom.

Les singes aiment les cacahuètes.

Le groupe nominal *les singes* renvoie à tous les singes. L'article défini *les* est en emploi générique. Le groupe nominal *les cacahuètes* peut être analysé de la même manière.

71 Le déterminant est variable en genre et en nombre

• Le déterminant s'accorde en genre et en nombre avec le nom.

nuage *le nuage* (accord en genre), *les nuages* (accord en nombre)
tempête *cette tempête* (accord en genre), *ces tempêtes* (accord en nombre)

72 Les deux types de déterminants

• On distingue d'une part les **articles** :
– **indéfini** : *une colombe* ;
– **défini** : *la tempête* ;
– **partitif** : *du beurre.*

• On distingue d'autre part les autres **déterminants** :
– **démonstratif** : *cette table* ;
– **possessif** : *mon chat* ;
– **numéral cardinal** : *quatre dauphins* ;
– **indéfini** : *quelques dollars* ;
– **interrogatif** : *quel film ?* ;
– **exclamatif** : *quel film !* ;
– **relatif** : *lequel capital.*

• L'article constitue le **déterminant de base**. On l'utilise quand il n'est pas nécessaire d'avoir recours à un autre déterminant. Les autres déterminants apportent une indication supplémentaire.

REMARQUE

La grammaire traditionnelle utilise la notion d'*adjectif* pour tous les déterminants autres que l'article et parle d'*adjectif démonstratif*, d'*adjectif possessif*, etc. Cette analyse ne convient guère car un déterminant n'a pas le même rôle qu'un adjectif :
– dans le groupe nominal *mon chat gris*, l'adjectif *gris* peut être supprimé, mais pas le déterminant possessif *mon* ;
– la phrase *Le chat est gris* est correcte, mais pas ⊖ *Le chat est mon.*

• Les **articles**, les **déterminants démonstratifs** et les **déterminants possessifs** ne peuvent pas se combiner entre eux. On ne peut pas dire ou écrire ⊖ *le ce livre* ou ⊖ *ce mon chat.*

• Ces déterminants peuvent cependant se combiner avec les déterminants numéraux cardinaux ou avec certains déterminants indéfinis.

les quatre dauphins
Article défini *les* + déterminant numéral cardinal *quatre.*

ces quelques livres
Déterminant démonstratif *ces* + déterminant indéfini *quelques.*

L'ARTICLE INDÉFINI

73 Les formes de l'article indéfini

• Au singulier, l'article indéfini est ***un*** pour le masculin, ***une*** pour le féminin : *un logiciel, une imprimante.*
Au pluriel, on a la forme unique ***des*** : *des logiciels, des imprimantes.*

• L'article pluriel *des* est parfois remplacé par ***de*** quand le nom est précédé d'un adjectif épithète.

J'ai vu des maisons magnifiques. J'ai vu de magnifiques maisons.

La forme **s'élide** devant une voyelle ou un *h* muet (on parle d'**élision de l'article**).

Il a d'admirables projets.

• Dans une phrase négative, l'article indéfini est souvent ***de*** (ou ***d'***, par élision).

Il a acheté un logiciel. Il n'a pas acheté de logiciel.

POUR MIEUX ÉCRIRE Faut-il utiliser le singulier ou le pluriel après *de* ?

Le nom est souvent au singulier dans une phrase négative, mais il peut être au pluriel si l'on considère que, dans la phrase positive correspondante, il serait au pluriel.

Jacques n'a pas acheté de pomme ou *Jacques n'a pas acheté de pommes.*
Jacques aurait pu acheter *une pomme* ou *des pommes.*

D'autres phrases imposent en revanche le singulier parce que le nom serait obligatoirement au singulier dans la phrase positive.

Jacques n'a pas acheté de nouvelle voiture.
Si Jacques avait fait cet achat, il n'aurait acheté qu'*une* voiture : on doit écrire *nouvelle voiture* au singulier.

74 Les emplois de l'article indéfini

• L'article indéfini s'emploie pour désigner une personne ou une chose que **l'interlocuteur n'est pas capable d'identifier**.

J'ai acheté hier un livre magnifique.
Le locuteur sait bien évidemment quel livre il a acheté mais l'interlocuteur l'ignore. C'est donc l'article indéfini qui est employé.

• Dans certains emplois, le locuteur n'est pas plus capable que son interlocuteur d'identifier la personne ou la chose désignée par le groupe nominal.

J'aimerais trouver un stage de quelques mois dans un pays étranger.
Le stage et le pays étranger ne sont connus ni de l'interlocuteur, ni du locuteur.

• Quand le groupe nominal est attribut, l'article indéfini permet, inversement, de classer une personne ou une chose bien connue dans une catégorie.

Marie est une excellente violoniste.

L'article indéfini est employé pour classer Marie, que le locuteur et l'interlocuteur connaissent tous deux, dans la catégorie des excellentes violonistes.

• L'article indéfini peut aussi renvoyer à toutes les personnes ou à toutes les choses possédant les caractéristiques du nom. C'est ce qu'on appelle l'emploi **générique** de l'article.

Un éléphant vit en moyenne soixante ans.

Le groupe nominal *un éléphant* renvoie à tous les éléphants. L'article indéfini est en emploi générique.

L'ARTICLE DÉFINI

75 Les formes de l'article défini

• Au singulier, l'article défini est ***le*** pour le masculin, ***la*** pour le féminin : *le fauve, la colombe.*

La forme **s'élide** devant une voyelle ou un *h* muet : *l'émotion, l'hôtel.*

Au pluriel, on a la forme unique ***les*** : *les fauves, les émotions.*

• Les formes *le* et *les* **se contractent** avec les prépositions *à* et *de* :

– *à + le* → ***au*** : *parler au voisin* ;

– *à + les* → ***aux*** : *parler aux voisins* ;

– *de + le* → ***du*** : *parler du film* ;

– *de + les* → **des** : *parler des films.*

Les formes *au, aux, du, des* sont des **articles définis contractés**.

⊕ La forme *ès*

La forme *ès* est un ancien article contracté représentant *en + les*. On la rencontre en particulier dans les titres universitaires avec des noms au pluriel : *docteur ès sciences, ès lettres*. L'emploi avec un nom singulier est abusif : ⊖ *les experts ès politique.*

76 Les emplois de l'article défini

• L'article défini s'emploie pour désigner une personne ou une chose que **l'interlocuteur peut facilement identifier**.

Il était une fois un singe et un crabe. Un jour, le crabe trouva dans l'herbe une boulette de riz. Le singe, envieux de la chance du crabe, voulait aussi trouver quelque chose et examinant le sol, découvrit une graine de kaki.

Début d'un conte traditionnel japonais : *Le Singe et le Crabe.*

Les deuxième et troisième phrases utilisent l'article défini pour désigner le crabe et le singe car ces deux animaux sont connus de l'interlocuteur : ils ont été présentés dans la première phrase grâce à l'article indéfini : *un singe, un crabe.*

Nous avons pris la route qui passe par Rennes.

L'article défini est utilisé car l'interlocuteur peut identifier la route qui a été prise à partir de la précision apportée par la proposition subordonnée relative *qui passe par Rennes.*

Peux-tu fermer la fenêtre ?

L'interlocuteur peut identifier la fenêtre qu'il faut fermer car elle fait partie de la situation d'énonciation. L'article défini est en emploi déictique → 412.

• L'article défini, comme l'article indéfini, peut renvoyer à toutes les personnes ou à toutes les choses possédant les caractéristiques du nom. Dans ce cas, l'article est utilisé en emploi **générique**.

On n'attrape pas les mouches avec du vinaigre.

L'ARTICLE PARTITIF

77 Les formes de l'article partitif

• Au singulier, l'article partitif est ***du*** pour le masculin, ***de la*** pour le féminin.

du sable, de la farine

La forme **s'élide** devant une voyelle ou un *h* muet.

Boire de l'alcool, mettre de l'huile.

Au pluriel, on a la forme unique ***des***.

des épinards, des rillettes

• L'article pluriel *des* est parfois remplacé par ***de*** (ou ***d'***, par élision), quand le nom est précédé d'un adjectif épithète.

des épinards délicieux, de délicieux épinards

• Dans une phrase négative, l'article partitif est souvent ***de*** (ou ***d'***, par élision).

Il a acheté des épinards. Il n'a pas acheté d'épinards.

78 Les emplois de l'article partitif

• L'article partitif s'emploie devant un **nom massif** → 61 pour désigner une quantité indéfinie.

du vin, de la farine, des rillettes

Certains noms abstraits sont massifs et peuvent recevoir l'article partitif.

Avoir du courage.

• Il peut parfois être utilisé en emploi générique.

Boire du thé désaltère en été.

79 Tableau récapitulatif des articles

	SINGULIER		PLURIEL
	MASCULIN	FÉMININ	
Articles indéfinis	un (de, d')	une (de, d')	des (de, d')
Articles définis Articles définis contractés	le, l' au du	la, l' (à la, à l' de la, de l' : pas de forme contractée)	les aux des
Articles partitifs	du (de, d')	de la, de l' (de, d')	des (de, d')

REMARQUES

1. Il ne faut pas confondre l'article défini contracté *du* et l'article partitif *du*.
   Le réalisateur parle du tournage. (article défini contracté)
   Elle boit du thé le matin. (article partitif)
2. Il ne faut pas confondre l'article défini contracté *des* et l'article indéfini ou partitif *des*.
   Il se souvient des vacances passées en Bretagne. (article défini contracté)
   Le chanteur a annulé des concerts cet été. (article indéfini)
3. Il ne faut pas confondre l'article partitif *de la* (ou *de l'*) et la succession : préposition *de* + article défini *la* (ou *l'*).
   Ma voisine mange de la salade tous les soirs. (article partitif)
   L'entreprise s'occupe de la commercialisation du logiciel. (préposition *de* + article défini *la*)

LE DÉTERMINANT DÉMONSTRATIF

80 Les formes du déterminant démonstratif

On distingue les formes simples et les formes composées.

Les formes simples

	SINGULIER		PLURIEL
Masculin	*devant une consonne* ce	*devant une voyelle* cet	ces
Féminin	cette		

- Au singulier, *ce* est remplacé par *cet* devant une voyelle ou un *h* muet.
  ce printemps mais *cet été, cet hiver*

Les formes composées

- Elles sont composées avec les particules adverbiales *-ci* et *-là*.
  ce printemps-ci, ces livres-là

81 Les emplois du déterminant démonstratif

Le déterminant démonstratif a deux emplois principaux.

- Il peut renvoyer à une personne ou à une chose qui est présente dans la situation d'énonciation →410 et que l'on montre. Il a alors une valeur **déictique** →412.

  Prends ces bottes.
  Le locuteur demande à l'interlocuteur de prendre les bottes qu'il lui montre.

- Le déterminant démonstratif peut aussi rappeler (ou, plus rarement, annoncer) une personne ou une chose désignée dans le texte. Il a alors une valeur **représentante** →83.

  Tony a acheté un costume à Milan. Ce costume lui va bien.
  Le groupe nominal *ce costume* renvoie au groupe nominal précédent : *un costume*.

- Les **formes composées** *ce...-ci, cette...-là*, etc. ajoutent une indication portée par la particule adverbiale *-ci* ou *-là*. Le démonstratif en *-ci* renvoie à l'élément le plus proche dans la réalité ou dans le texte et le démonstratif en *-là* renvoie à l'élément le plus éloigné dans la réalité ou dans le texte.

  Je préfère ce costume-ci, mais ce costume-là est moins cher.
  Le vêtement que désigne le groupe nominal *ce costume-ci* est plus proche du locuteur que celui qui est désigné par le groupe nominal *ce costume-là*. Les deux déterminants démonstratifs composés *ce...-ci / ce...-là* sont déictiques.

  Ils sont allés à Vérone après avoir visité Milan. Cette ville-là leur a paru beaucoup plus belle que cette ville-ci.
  Le premier groupe nominal, *cette ville-là*, renvoie à Vérone, tandis que *cette ville-ci* renvoie à Milan. Les déterminants démonstratifs composés ont une valeur représentante.

LE DÉTERMINANT POSSESSIF

82 Les formes du déterminant possessif

- Le déterminant possessif est variable, comme les autres déterminants, en genre *(mon invité / ma maison)* et en nombre *(mon invité / mes invités)*, mais il est aussi variable en personne *(mon / ton / son / notre / votre / leur invité)*.

		SINGULIER			PLURIEL
		MASCULIN	FÉMININ		
			devant une consonne	*devant une voyelle*	
Personnes du singulier	1re pers.	mon	ma	mon	mes
	2e pers.	ton	ta	ton	tes
	3e pers.	son	sa	son	ses
Personnes du pluriel	1re pers.		notre		nos
	2e pers.		votre		vos
	3e pers.		leur		leurs

• Le déterminant féminin *ma / ta / sa* devient *mon / ton / son* devant une voyelle ou un *h* muet.

sa flamme mais *son ardeur, son habitude*

POUR MIEUX ÉCRIRE Quand faut-il accorder *leur* ?

• Il ne faut pas faire la confusion entre *leur* pronom personnel et *leur* déterminant possessif. *Leur* est invariable lorsqu'il précède un verbe car il s'agit alors du pronom personnel.

Théo et Léna leur ont rapporté de beaux souvenirs du Pérou.

• *Leur* s'accorde en revanche avec le nom qu'il introduit en tant que déterminant.

Leurs enfants ont rapporté de beaux souvenirs du Pérou.

• Le mot *leur* peut aussi former un pronom possessif. Il est alors précédé de l'article *le / la / les (le leur, la leur, les leurs).*

Les leurs sont allés au Pérou l'année dernière.

REMARQUE

Les adjectifs possessifs *(un mien cousin)* sont étudiés avec les adjectifs → 277.

83 Les emplois du déterminant possessif

• Le déterminant possessif indique que la personne ou la chose désignée par le groupe nominal est mise en relation avec une personne grammaticale : la première personne du singulier *(mon, ma, mes)*, la deuxième personne du singulier *(ton, ta, tes)*, la troisième personne du singulier *(son, sa, ses)*, etc. Le déterminant possessif est, comme le pronom personnel → 247 :

– **déictique**, quand il renvoie au locuteur ou à l'interlocuteur ;
– **représentant**, quand il renvoie à une personne ou à une chose qui vient d'être désignée ou qui va l'être.

Mon téléphone est encore tombé en panne !
Le déterminant possessif *mon* indique que le téléphone appartient au locuteur. Il a donc une valeur déictique, car il ne peut être interprété que dans une situation d'énonciation précise.

Aujourd'hui, Pierre a mis son manteau vert.
Le déterminant possessif *son* indique que le manteau vert est celui de Pierre, qui est déjà mentionné dans la phrase. Il a donc une valeur représentante.

Parfois, le déterminant possessif est **à la fois déictique et représentant**.

Zoé et toi, n'oubliez pas de ranger votre chambre avant de partir.
La chambre est à la fois celle de Zoé (troisième personne) et celle de l'interlocuteur. Le déterminant possessif *votre* est donc à la fois déictique et représentant.

• Le déterminant possessif peut indiquer un rapport de possession : le groupe nominal *mon ordinateur* désigne un ordinateur que possède le locuteur, *ta maison* est la maison qui appartient à l'interlocuteur. Cependant, le déterminant possessif peut exprimer des relations très variées.

Mes invités sont en retard à cause des embouteillages.
Le groupe nominal sujet *mes invités* désigne simplement les personnes que le locuteur a invitées.

Tom a rapporté des coquillages qu'il a trouvés au cours de sa promenade.
Sa promenade désigne l'action que Tom a accomplie et qui lui a permis de trouver des coquillages.

LE DÉTERMINANT NUMÉRAL CARDINAL

84 Les formes du déterminant numéral cardinal

On distingue les formes simples et les formes composées.

Les formes simples

• Les numéraux simples sont : *un, deux, trois, quatre, cinq, six, sept, huit, neuf, dix, onze, douze, treize, quatorze, quinze, seize, vingt, trente, quarante, cinquante, soixante, cent, mille.* Il faut ajouter *septante* (soixante-dix) et *nonante* (quatre-vingt-dix), employés notamment en Belgique et en Suisse, et *huitante*, employé en Suisse.

Les formes composées

• Les numéraux composés sont formés :
– par **addition** : *dix-sept, trente et un* ;
– par **multiplication** : *quatre-vingts, deux cents, trois mille* ;
– par **addition et multiplication** à la fois : *quatre-vingt dix-sept, trois mille trente et un.*

POUR MIEUX ÉCRIRE **Écrire sans faute les déterminants numéraux.**

• *Mille* est toujours invariable car il provient d'un mot latin pluriel *(milia)* : *dix mille manifestants.*

• *Vingt* et *cent* prennent un *-s* quand ils sont multipliés et quand ils ne sont suivis d'aucun autre nombre : *quatre-vingts ans* mais *quatre-vingt-deux ans, deux cents spectateurs* mais *deux cent deux spectateurs.*

• On met un trait d'union entre les nombres inférieurs à cent sauf s'ils sont reliés par la conjonction *et* : *dix-sept, quatre-vingts* mais *trente et un.*

N. ORTH La réforme de 1990 autorise à mettre un trait d'union entre tous les nombres, sauf avant et après *million* et *milliard*, qui ne sont pas des déterminants mais des noms : *dix-mille, trente-et-un* mais *deux millions.*

REMARQUE

Les adjectifs numéraux ordinaux *(le troisième voyage)* sont étudiés avec les adjectifs → 277.

85 Les emplois du déterminant numéral cardinal

• Le déterminant numéral cardinal indique précisément la quantité.

deux chats, trois ordinateurs, douze étages, trente élèves

REMARQUE

Le déterminant *un* peut être déterminant numéral ou article indéfini. Il est un numéral quand il signifie : un seul, et pas deux (ou trois...).

Je n'ai pas très faim, je ne mangerai qu'une tranche de pain beurrée.

Dans les autres cas, c'est l'article indéfini qui est employé.

J'ai pris ce matin un petit déjeuner consistant.

LE DÉTERMINANT INDÉFINI

86 Les formes du déterminant indéfini

On distingue les formes simples et les formes composées.

Les formes simples

• La plupart des indéfinis sont de forme simple : *aucun, nul, certain...*

• Beaucoup de ces formes varient en genre *(aucun ordinateur / aucune imprimante)* mais certaines ne varient pas en nombre :

– *aucun* et *nul* sont toujours au singulier (sauf devant un nom n'existant qu'au pluriel : *aucunes représailles*), de même que *chaque* ;

– *divers* et *différents* sont toujours au pluriel quand ils sont déterminants indéfinis, de même que *plusieurs.*

Les formes composées

- Les indéfinis composés sont principalement formés à partir :
– du mot *quel* : *n'importe quel, je ne sais quel* ;
– d'un adverbe de quantité *(peu, beaucoup, trop...)* suivi du mot *de* : *peu de, beaucoup de, trop de* ;
– d'un nom indiquant une quantité *(foule, tas, nombre...)* : *une foule de produits frais, un tas de questions*.

- Le mot *quel* varie en genre et en nombre.
Il mange à n'importe quelles heures du jour et de la nuit.

- Les indéfinis formés à partir d'un adverbe sont invariables.
On voit beaucoup de voiles au loin. (nom féminin pluriel)

REMARQUES

1. Les mots *nul, certain* (au singulier et au pluriel), *divers, différent, tel, pareil, semblable* sont aussi, souvent, des adjectifs qualificatifs. C'est le cas lorsqu'ils accompagnent un nom déjà pourvu d'un déterminant ou lorsqu'ils sont attributs.
Nul nuage à l'horizon. (déterminant indéfini)
Ce spectacle est nul. (adjectif qualificatif, attribut du sujet *ce spectacle*)
Il rencontrera diverses personnalités. (déterminant indéfini)
Il présentera les diverses sources d'énergie. (adjectif qualificatif, épithète).
2. Les adjectifs indéfinis *même* et *autre* sont étudiés avec les adjectifs → 277.

87 Les emplois du déterminant indéfini

Les déterminants indéfinis ont des sens très variés. On distingue :
– les indéfinis qui indiquent une quantité, plus ou moins précise : *aucun, plusieurs, tout...*
– les autres indéfinis : *tel, pareil, semblable*.

Les déterminants indéfinis indiquant une quantité

- *Aucun, nul* et *pas un* indiquent une **quantité nulle**. Ils sont souvent employés dans une phrase négative.
Aucun invité n'est encore arrivé.

- *N'importe quel* et *je ne sais quel*, ainsi que *quelque* et *certain* au singulier, indiquent une **quantité égale à un**. L'identification de la personne ou de la chose reste imprécise.
N'importe quelle veste fera l'affaire.

- *Quelques* et *certains* au pluriel, *plusieurs, divers, différents, peu de, beaucoup de, la plupart de, un grand nombre de...* indiquent une **quantité imprécise, supérieure à un**.
Plusieurs espèces d'oiseaux sont menacées.
Cet athlète a remporté beaucoup de titres nationaux et internationaux.

REMARQUE

Divers et *différents* soulignent la diversité des personnes ou des choses désignées.

Les invités ont apporté différents cadeaux.

POUR MIEUX ÉCRIRE ***Quelque* devant un déterminant numéral cardinal.**

Quand le mot *quelque* précède un déterminant numéral cardinal et signifie « environ », il s'agit d'un **adverbe** et il est donc, comme tout adverbe, invariable.

L'usine compte aujourd'hui quelque quarante salariés.

- *Tout* et *chaque* indiquent la **quantité totale**.

Le mot *tout* renforce souvent un autre déterminant en ajoutant l'idée de totalité. Il est alors appelé **prédéterminant**.

Il a mangé toute une boîte de chocolats. (la totalité du contenu de la boîte)

Marie a acheté tous les CD de ce chanteur.
(la totalité des CD du chanteur)

Tout suffit parfois à déterminer le nom. Il est alors un simple **déterminant** et il possède une valeur **distributive**, c'est-à-dire que tout en étant au singulier, il renvoie à chaque élément de l'ensemble.

Tout spectateur doit être muni d'un billet pour accéder aux tribunes.
(la totalité des spectateurs)

Le déterminant *chaque* possède aussi une valeur distributive.

Chaque maison de cette résidence dispose d'une piscine.
(la totalité des maisons de cette résidence)

Les autres déterminants indéfinis

- Il s'agit des déterminants *tel, pareil, semblable.*

On trouve dans telle région les vestiges d'une culture originale.
Le locuteur ne précise pas l'identité de la région.

Comment pareil scandale est-il possible ?

LES DÉTERMINANTS INTERROGATIF ET EXCLAMATIF

88 Les formes des déterminants interrogatif et exclamatif

- Le déterminant le plus fréquent est *quel*, variable en genre et en nombre.

Quelle robe avez-vous choisie ? (déterminant interrogatif)

Quels magnifiques acteurs ! (déterminant exclamatif)

REMARQUE

Le mot *quel* peut aussi être attribut dans une phrase ou une proposition interrogative ou exclamative. Il n'est alors pas un déterminant du nom mais un **adjectif interrogatif** ou **exclamatif**.

Quelle est cette robe ?
Quelle ne précède pas le nom *robe* qui est déterminé par *cette* : *quelle* est un adjectif interrogatif, attribut du sujet *cette robe.*

Quelle est ma surprise !
Quelle est adjectif exclamatif, attribut du sujet *ma surprise.*

- Les autres déterminants, *combien de* et *que de*, sont invariables.

Combien de difficultés il a dû vaincre pour réussir !
Que de nuisances en ville ! (nom féminin pluriel)

89 Les emplois des déterminants interrogatif et exclamatif

- Les déterminants interrogatifs et exclamatifs s'emploient dans des phrases interrogatives ou exclamatives.

Combien de livres lisez-vous chaque année ? (déterminant interrogatif)
Quelle chance il a ! (déterminant exclamatif)

- Ces déterminants peuvent souvent introduire des propositions subordonnées.

Ils ne savent pas quels vaccins sont recommandés pour un voyage en Bolivie.
Le déterminant *quel* introduit une proposition subordonnée interrogative indirecte partielle → 367.

Je sais combien de difficultés il a dû vaincre pour réussir !
Le déterminant *combien de* introduit une proposition subordonnée exclamative indirecte → 370.

LE DÉTERMINANT RELATIF

90 Les formes du déterminant relatif

- Le déterminant relatif *lequel* est formé du mot *quel* précédé de l'article défini *le, la* ou *les.*

- Il varie en genre et en nombre et, comme l'article défini, il se contracte avec les prépositions *à* et *de* au masculin singulier et au pluriel → 75 :
à + lequel, lesquels, lesquelles → auquel, auxquels, auxquelles mais *à laquelle* (sans contraction).

91 Les emplois du déterminant relatif

• *Lequel* est le seul déterminant relatif. Il ne s'emploie qu'à l'écrit, en particulier dans la langue administrative ou juridique. Il introduit une proposition subordonnée relative qui reprend un nom déjà utilisé.

Notre assurance garantit le versement d'un capital, lequel capital sera de 5 000 euros quel que soit le montant de l'épargne.

L'ABSENCE DE DÉTERMINANT

Dans certains cas, le groupe nominal se présente sans déterminant.

92 Le nom commun sans déterminant

• Le nom commun peut, parfois, être construit sans déterminant :

– quand il est attribut → 226-227 ;

Sa fille est avocate.

– quand il est apposé → 104-105 ;

En 1898, Émile Zola, auteur de l'article « J'accuse », est condamné.

– quand il est épithète → 98 ;

une guerre éclair

– quand il est employé en apostrophe ;

Garçon, deux cafés !

Chers parents, chers élèves, la rentrée approche à grands pas.

Les deux apostrophes comportent l'adjectif *chers* mais elles ne sont précédées d'aucun déterminant.

– quand il est placé derrière une préposition ;

Il aime se promener sans but.

Sans but est complément circonstanciel du verbe *se promener*.

– quand il se désigne lui-même ;

Chien est de genre masculin

Chien renvoie au nom lui-même.

– dans les locutions verbales → 3 ;

avoir tort ; demander pardon

– dans les énumérations et coordinations ;

Le lait tombe ; adieu veau, vache, cochon, couvée.

JEAN DE LA FONTAINE, *La Laitière et le Pot au lait.*

⊕ L'apostrophe

L'apostrophe est un mot ou un groupe de mots par lequel le locuteur attire l'attention de son interlocuteur en le désignant → 351-353. Divers mots ou groupes de mots peuvent exercer ce rôle :

– un nom propre ;

Marie, le téléphone pour toi !

– un nom sans déterminant ;

Entrez, docteur !

– un groupe nominal avec déterminant ;

Mes chers collègues, c'est un honneur pour moi de vous accueillir à Genève.

– un pronom.

Toi, entre !

⊕ L'autonyme

On appelle autonyme le mot qui se désigne lui-même. L'autonyme peut être un nom, mais aussi un verbe (*courir* est un verbe du troisième groupe), un adjectif (*haut* est le contraire de *bas*), etc.

– dans des expressions figées ;

Il y a anguille sous roche.

Pierre qui roule n'amasse pas mousse.

– dans les inscriptions, pancartes, étiquettes...

maison à vendre

école communale

⊕ Le déterminant zéro

Certains grammairiens préfèrent parler, plutôt que d'absence de déterminant, de déterminant zéro. Cela signifie que, selon eux, il y a bien devant le nom un déterminant, mais que ce déterminant n'est pas exprimé.

93 Le nom propre

- Le nom propre, en général, n'est pas accompagné d'un déterminant.

Éric a pris le train de nuit pour se rendre à Venise.

Aucun déterminant n'est nécessaire pour construire les noms propres *Éric* et *Venise*. Le locuteur et son interlocuteur savent qui est Éric et quelle ville est Venise ; ces noms propres peuvent donc être utilisés « directement ».

- Certains noms propres comportent cependant un article défini.

La Rochelle, Le Corbusier

94 Cas particulier : le nom propre modifié

Qu'est-ce qu'un nom propre modifié ?

- Le nom propre peut s'écarter de son emploi normal et être accompagné de toutes sortes de déterminants et d'expansions. On dit, dans ce cas, que le nom propre est modifié. Il peut alors devenir une sorte de nom commun rassemblant des personnes et des choses sur la base de caractéristiques communes.

Qui sera le Baudelaire du XXIe siècle ?

Le nom propre *Baudelaire* est précédé de l'article défini *le* et reçoit une expansion, le complément du nom *du XXIe siècle*. Ce nom propre modifié signifie : *le plus grand poète du XXIe siècle*.

Les différents noms propres modifiés

- Les noms propres modifiés ont des sens très variés.
- Un nom propre modifié peut regrouper des personnes ou des choses portant le même nom.

Il y a trois Inès dans la classe de ma fille.

- Il peut aussi, avec la même valeur, indiquer qu'on ne connaît que le nom de la personne et qu'on ne peut donc pas l'identifier précisément.

Un Jean-Marie a téléphoné cet après-midi.

• Il peut renvoyer à une image ou à un aspect de la personne ou de la chose désignée.

Le Paris d'aujourd'hui n'est plus le Paris populaire chanté par Piaf ou Aznavour.

Les deux noms propres modifiés *le Paris d'aujourd'hui* et *le Paris populaire chanté par Piaf ou Aznavour* renvoient à deux images opposées de Paris.

• La construction *un* + nom propre (sans expansion) peut suggérer que la personne qui porte ce nom est particulièrement remarquable.

Un de Gaulle aurait agi autrement. (un individu tel que de Gaulle)

Ce type de nom propre modifié est appelé **exemplaire**.

• Le nom propre peut désigner quelqu'un ou quelque chose qui ressemble à la personne ou à la chose portant ce nom.

Ce chirurgien est le Michel-Ange du bistouri.

Ce chirurgien est un vrai Michel-Ange.

Ce chirurgien particulièrement réputé est un génie comme l'était Michel-Ange dans le domaine de la sculpture et de la peinture.

Ce type de nom propre modifié est appelé **antonomase de nom propre**.

• Le nom propre peut désigner, par un raccourci, la chose produite par la personne ou la société qui porte ce nom.

Les Picasso(s) sont devenus très chers.

Le groupe nominal sujet *Les Picasso(s)* désigne les tableaux peints par Picasso.

Nous avons acheté une Renault.

Le nom de l'entreprise est utilisé pour désigner la voiture produite par cette entreprise.

Beaucoup de noms d'aliments sont formés à partir du lieu de leur production.

un camembert, un salers, un rivesaltes

Ce type de nom propre modifié est appelé **métonymique**.

➕ La métonymie

La métonymie est une figure de sens, c'est-à-dire une figure de style qui modifie le sens d'une expression. Elle repose sur différentes relations ou associations :
- contenant / contenu (*boire un verre* = boire le contenu d'un verre) ;
- lieu / objet produit dans ce lieu (*un camembert* = un fromage fabriqué dans le village de Camembert) ;
- cause / effet (*les Picasso(s)* = les tableaux peints par Picasso, dont Picasso est donc la « cause ») ;
- partie / tout (*des voiles* = des bateaux), etc.

L'ESSENTIEL

• Le **déterminant** précède un nom pour former avec lui un **groupe nominal**. On distingue l'**article**, qui est le déterminant de base, des **autres déterminants** (démonstratifs, possessifs, numéraux cardinaux, indéfinis, interrogatifs, exclamatifs, relatifs), qui apportent une indication supplémentaire.

• Certains groupes nominaux se présentent sans déterminant. Inversement, le **nom propre modifié** accepte tous les déterminants du nom commun ordinaire.

Les expansions du nom

Sa tante de New York lui a envoyé la recette du cheese cake.

Dans cette phrase, les groupes nominaux sujet et COD comportent chacun un complément du nom : *de New York* et *du cheese cake*, qui constituent des expansions des noms *tante* et *recette*.

QU'EST-CE QU'UNE EXPANSION DU NOM ?

95 Définition de l'expansion du nom

• On appelle expansion du nom tout mot ou groupe de mots qui complète le nom dans un **groupe nominal étendu** → 54.

Hier, le clown portait un chapeau rouge, une cravate à pois et des chaussures qui le faisaient trébucher à chaque pas.

Le groupe nominal sujet *le clown* est un groupe nominal minimal : il est formé uniquement d'un déterminant et d'un nom et il ne comporte donc aucune expansion.
Les groupes nominaux qui désignent ce qui est porté par le clown sont, eux, des groupes nominaux étendus. Ils contiennent tous une expansion : *rouge, à pois* et *qui le faisaient trébucher à chaque pas*.

96 Les caractéristiques de l'expansion du nom

• Il est toujours possible de supprimer une expansion du nom.

Hier, le clown portait un chapeau, une cravate et des chaussures.

Les expansions *rouge, à pois* et *qui le faisaient trébucher à chaque pas* peuvent être supprimées.

• L'expansion du nom se place après le nom, sauf l'adjectif épithète qui peut parfois le précéder.

une extraordinaire aventure

REMARQUE

Un nom peut être complété par plusieurs expansions.

de grosses chaussures qui le faisaient trébucher à chaque pas.

97 Le rôle des expansions du nom

Les expansions du nom ont un rôle restrictif ou descriptif.

Un rôle restrictif

• Certaines expansions du nom sont nécessaires à l'identification de la personne ou de la chose désignée par le groupe nominal. Elles sont dites **restrictives**.

Le train de 19h54 est en retard.

Le groupe prépositionnel *de 19 h 54*, qui forme l'expansion du nom *train*, est restrictif, car il apporte une information essentielle permettant d'identifier précisément le train qui est en retard.

• La suppression de ces expansions est possible mais l'énoncé qui en résulte n'a pas le même sens ou devient très imprécis.

Le train est en retard.

L'énoncé est rendu imprécis par l'utilisation du groupe nominal minimal *le train*. L'interlocuteur peut demander : *quel train ?*

Un rôle descriptif (ou explicatif)

• D'autres expansions du nom apportent simplement des informations accessoires. Elles ne sont pas nécessaires à l'identification de la personne ou de la chose désignée par le groupe nominal. Elles sont dites **descriptives** (ou **explicatives**).

Où as-tu acheté cette magnifique armoire ?

L'adjectif *magnifique* n'est pas nécessaire à l'identification de l'armoire. Il est purement descriptif.

• L'interlocuteur peut interpréter correctement l'énoncé si l'on supprime une expansion descriptive.

Où as-tu acheté cette armoire ?

L'interlocuteur sait quel objet est désigné par le locuteur.

LES DIFFÉRENTES EXPANSIONS DU NOM

Un nom peut être complété par des expansions de natures différentes.

98 L'adjectif épithète

• Le nom est fréquemment précisé par un **adjectif** ou un **groupe adjectival** qui exerce la fonction d'**épithète** de ce nom.

un homme content de lui

Le groupe adjectival *content de lui* est épithète du nom *homme*.

• L'épithète, comme toutes les expansions, peut être placée après le nom, mais elle peut aussi parfois le précéder. Dans ce cas, elle se met entre le déterminant et le nom.

une douce voix, un remarquable travail

REMARQUE

L'adjectif *feu* (défunt) fait exception et peut précéder le déterminant : *feu son père.*

Pour l'étude de l'adjectif épithète → 278.

• Le **participe présent ou passé** peut aussi jouer le **rôle d'un adjectif** dans un groupe nominal étendu et exercer la fonction épithète.

les salariés travaillant à l'étranger

Le groupe participial est épithète du nom *salariés.*

le jambon acheté à Parme

Le groupe participial est épithète du nom *jambon.*

⊕ Épithète liée et épithète détachée

Les épithètes examinées ici sont toutes des épithètes liées au nom, à la différence des expansions détachées → 106.

Le plus souvent immobiles, ces insectes sont difficiles à percevoir.

Dans cette construction, l'adjectif est épithète détachée ou, selon la terminologie choisie ici, apposé au GN *ces insectes.*

• L'épithète peut aussi être :
– un adverbe employé comme adjectif : *une femme bien* ;
– un nom sans déterminant : *un remède miracle* ;
– une proposition subordonnée relative : *les enfants qui jouent dans la cour* → 100.

99 Le groupe prépositionnel complément du nom

• Le nom peut être suivi d'un **groupe prépositionnel**, c'est-à-dire un groupe de mots construit à partir d'une préposition → 292. Ce groupe prépositionnel exerce la fonction de **complément du nom**.

le bord de la table ; une crème à la pistache

une pastèque sans pépins ; le désir de jouer ; les arènes de Vérone

REMARQUE

Les groupes prépositionnels peuvent être emboîtés les uns dans les autres.

le frère de la voisine de la mère du boulanger

Les prépositions introductrices

• Les prépositions les plus courantes sont *à, de* et *en,* mais le complément du nom peut être introduit par n'importe quelle préposition ou locution prépositionnelle.

un reportage sur le réchauffement climatique

un remède contre le vertige

une température au-dessous de zéro

REMARQUE

Exceptionnellement, le complément du nom peut se présenter sans préposition.

un couscous poulet (un couscous au poulet)

une tarte maison (une tarte préparée à la maison)

Cette construction est fréquente dans la langue commerciale.

le rayon lessives, votre location vacances

Le sens du complément du nom

• Le sens du complément du nom dépend de la préposition introductrice et des mots ou groupes de mots que cette préposition relie :

– l'origine ou la destination : *le train de Brest* (qui vient de Brest ou qui va à Brest) ;

– le temps : *le train de nuit* ;

– l'appartenance : *le téléphone de Zoé* ;

– une caractéristique : *une maison avec deux grands garages* ;

– une qualité : *un homme d'une grande modestie* ;

– la matière : *un verre en plastique*, etc.

REMARQUE

La préposition marquant l'appartenance, en général, est *de*, et non *à*. Il faut donc bien écrire ou dire : *C'est la veste de Michel* et non ⊖ *C'est la veste à Michel.*

• Dans certains cas, le complément du nom désigne celui qui fait l'action indiquée par le nom.

la promenade de Zoé

Le groupe prépositionnel *de Zoé* est complément du nom *promenade*. Il précise qui fait l'action de se promener et correspond donc au sujet du verbe *se promener* *(Zoé se promène)*.

• Le complément du nom peut aussi désigner celui qui a la qualité indiquée par le nom.

la gentillesse de Luc (Luc est gentil.)

• Il peut désigner ce sur quoi porte l'action indiquée par le nom.

la lecture du roman

Le groupe prépositionnel *du roman* est complément du nom *lecture*. Il précise ce qu'on lit, et correspond donc au COD du verbe *lire* (on lit un roman).

• Plus rarement, le complément du nom précise l'identité de la personne ou de la chose désignée.

la ville de Nancy (Nancy est une ville.)

le mois de janvier (Janvier est un mois.)

le royaume de Belgique (La Belgique est un royaume.)

REMARQUE

La grammaire traditionnelle préfère parler, pour ce type de tour, d'« apposition ». Selon elle, dans *la ville de Nancy*, le nom noyau est non pas le premier nom *(ville)*, mais le second, *Nancy*, et *ville* est apposé à *Nancy* comme dans *Nancy, la ville en or*. Il est en fait préférable de réserver le terme d'« apposition » à des constructions détachées → 105.

100 La proposition subordonnée relative adjective

• Le nom peut être suivi d'une **proposition subordonnée relative adjective** introduite par un mot relatif. Cette proposition a le rôle d'un adjectif et elle est donc **épithète** de ce nom.

La voiture qu'ils ont commandée sera livrée en octobre.
Le groupe nominal sujet comporte une proposition subordonnée relative adjective, *qu'ils ont commandée*. Cette proposition est épithète du nom *voiture*.

Pour la proposition subordonnée relative → 375.

101 La proposition subordonnée conjonctive

• Parfois, une **proposition subordonnée conjonctive** → 364 précise le sens du nom. Elle exerce alors la fonction de **complément du nom**.

L'idée qu'il puisse réussir me surprend.
La proposition subordonnée conjonctive *qu'il puisse réussir* est complément du nom *idée*.

Le fait qu'elle soit encore sous contrat la protège du chômage.
La proposition subordonnée *qu'elle soit encore sous contrat* est complément du nom *fait*.

L'ESSENTIEL

• L'**expansion du nom** est un mot ou un groupe de mots qui complète facultativement le nom dans un groupe nominal étendu. Elle est **restrictive** si elle est nécessaire à l'identification de la personne ou de la chose désignée par le groupe nominal, **descriptive** dans le cas contraire.
• On distingue différentes expansions du nom : l'adjectif épithète, le groupe prépositionnel complément du nom, la proposition subordonnée relative adjective et la proposition subordonnée conjonctive.

Les expansions détachées

Le week-end dernier, Paul a présenté son amie, une jeune fille bien sous tous rapports, à sa famille.

Dans cette phrase, le groupe nominal *une jeune fille bien sous tous rapports* précise le groupe nominal précédent, *son amie,* dont il est séparé par une virgule. C'est une expansion détachée de *son amie.*

QU'EST-CE QU'UNE EXPANSION DÉTACHÉE ?

102 Définition de l'expansion détachée

• À la différence de l'expansion du nom « ordinaire » qui est en général **liée** au nom noyau *(le paiement du loyer, un large sourire)*, l'expansion est dite **détachée** quand elle est séparée du groupe nominal par une virgule, par deux points ou, à l'oral, par une pause.

Notre voisin, un plombier expérimenté, a réparé notre chaudière.
Le groupe nominal sujet *notre voisin* reçoit une expansion, le groupe nominal *un plombier expérimenté*. Ce groupe est séparé de *notre voisin* par une virgule.

• Dans le **groupe nominal étendu** ainsi construit, le mot ou le groupe de mots détaché est une expansion, non du nom seul, mais du groupe nominal tout entier : *un plombier expérimenté* dépend, non de *voisin* seul, mais de l'ensemble du groupe nominal *notre voisin.*

REMARQUE
Certains pronoms peuvent aussi recevoir une expansion détachée.
Fatigué, il s'est endormi dans la voiture.

103 Les caractéristiques de l'expansion détachée

• Comme toute expansion, l'expansion détachée peut toujours être supprimée.

Notre voisin a réparé notre chaudière.
La phrase reste grammaticale si on supprime l'expansion *un plombier expérimenté.*

• L'expansion détachée est souvent placée après le groupe nominal mais elle peut parfois le précéder.

Les trois alpinistes, surpris par la nuit, ont alerté les secours.
Surpris par la nuit, les trois alpinistes ont alerté les secours.

Cependant, les propositions subordonnées détachées ne peuvent pas précéder le groupe nominal.

Ce livre, qu'il a écrit en quelques jours, a été son plus grand succès.

Cette phrase ne peut pas être transformée en ⊖ *Qu'il a écrit en quelques jours, ce livre a été son plus grand succès.*

• Les expansions détachées sont toutes **descriptives** (ou **explicatives**), ce qui signifie qu'elles ne sont pas nécessaires à l'identification de la personne ou de la chose désignée par le groupe nominal. Elles donnent simplement une information supplémentaire, rappellent une caractéristique, etc.

Pierre, cet étourdi, a encore oublié ses clefs chez lui.

L'expansion détachée *cet étourdi* n'est pas nécessaire à l'identification de Pierre. Elle est purement descriptive.

104 Une fonction unique : apposition

• Les expansions détachées exercent toutes la même fonction, quelle que soit leur nature : elles sont **apposées** au groupe nominal dont elles dépendent.

GN SUJET	EXPANSIONS DÉTACHÉES	GV
Ce tableau,	*le chef-d'œuvre du peintre,*	
	exceptionnel par sa qualité,	
	…	*est exposé au Louvre.*

Le groupe nominal sujet *ce tableau* peut être complété par diverses expansions détachées : un groupe nominal *(le chef d'œuvre du peintre)*, un adjectif ou un groupe adjectival *(exceptionnel par sa qualité)*, etc. Quelle que soit sa nature, l'expansion est apposée au groupe nominal *Ce tableau.*

REMARQUE

La grammaire traditionnelle réserve le terme d'*apposition* au groupe nominal et préfère parler d'*épithète détachée* à propos de l'adjectif.

LES DIFFÉRENTES EXPANSIONS DÉTACHÉES

105 Le groupe nominal détaché

• L'expansion détachée peut être un groupe nominal.

Cette actrice, l'étoile montante du cinéma, est aussi chanteuse.

Le groupe nominal *l'étoile montante du cinéma* est apposé au groupe nominal *cette actrice.*

On peut toujours expliquer le sens d'une apposition nominale en utilisant le verbe attributif *être.*

Cette actrice, c'est l'étoile montante du cinéma.

Le groupe nominal apposé désigne en effet la même personne ou la même chose que le groupe nominal qu'il complète.

• Le groupe nominal détaché suit toujours le groupe nominal qu'il complète, sauf s'il se présente sans déterminant. Dans ce cas, il peut suivre ou précéder le groupe nominal qu'il complète.

Cette actrice, étoile montante du cinéma, est aussi chanteuse.

Étoile montante du cinéma, cette actrice est aussi chanteuse.

Le groupe nominal *étoile montante du cinéma* peut suivre ou précéder le groupe nominal *cette actrice*.

REMARQUE

Un infinitif, qui joue le rôle d'un nom ou d'un groupe nominal, peut aussi apparaître en position détachée.

Il a une obsession : publier ses poèmes.

106 L'adjectif détaché

• L'expansion détachée peut aussi être un adjectif ou un groupe adjectival.

La foule, enthousiaste, a rempli la place.

L'adjectif *enthousiaste* est apposé au groupe nominal *la foule*.

• L'adjectif apposé, comme toute expansion détachée, concerne le groupe nominal tout entier, alors que l'adjectif épithète complète le nom seul. Cette différence est souvent importante du point de vue du sens.

Les spectateurs, impatients, se sont tus dès que l'artiste est arrivé.

Impatients, les spectateurs se sont tus dès que l'artiste est arrivé.

Dans ces deux phrases, l'adjectif *impatients* est apposé au groupe nominal *les spectateurs*. Il signifie que *tous* les spectateurs sont impatients.

Les spectateurs impatients se sont tus dès que l'artiste est arrivé.

Dans cette phrase, l'adjectif *impatients* est en construction liée et il est épithète du nom *spectateurs*. Il peut signifier que seuls *certains* spectateurs étaient impatients.

• L'adjectif apposé est plus mobile dans la phrase que l'adjectif épithète.

Immobile, Lola attendait dans l'embrasure de la porte.

Lola, immobile, attendait dans l'embrasure de la porte.

Lola attendait, immobile, dans l'embrasure de la porte.

Lola attendait dans l'embrasure de la porte, immobile.

Le même adjectif peut être placé, dans cette phrase, avant le sujet, après le sujet, entre le verbe et le complément circonstanciel de lieu ou en fin de phrase.

• Le participe présent ou passé peut aussi jouer le rôle d'un adjectif dans un groupe nominal étendu et exercer la fonction apposition.

Bloqué par la banquise, le navigateur rebrousse chemin.

Le groupe participial *bloqué par la banquise* est apposé au groupe nominal *le navigateur*.

Luc, voulant la revoir, s'inscrivit au même cours de luth.

Le groupe participial *voulant la revoir* est apposé au nom propre *Luc*.

REMARQUE

Dans *un plat savoureux, peu calorique*, la virgule n'est pas le signe d'une construction détachée, mais d'une juxtaposition de deux adjectifs qui sont tous deux épithètes du nom *plat*. Ces adjectifs pourraient être coordonnés : *un plat savoureux et peu calorique*.

107 Le groupe prépositionnel détaché

- Un groupe prépositionnel peut apparaître en construction détachée.

  Ce mathématicien, d'une grande modestie, a refusé tous les honneurs.

  Le groupe prépositionnel *d'une grande modestie* est apposé au groupe nominal *ce mathématicien*.

Seuls certains groupes prépositionnels, qui ont un sens proche d'un adjectif, sont concernés.

d'une grande modestie (modeste)

d'une rigueur exceptionnelle (très rigoureux)

- Le groupe prépositionnel peut être placé après ou avant le groupe nominal.

  D'une grande modestie, ce mathématicien a refusé tous les honneurs.

108 La proposition subordonnée relative adjective détachée

- Un groupe nominal étendu peut comporter une proposition subordonnée relative adjective détachée.

  La cantatrice, qui est tombée hier dans l'escalier, ne pourra chanter ce soir.

  La proposition subordonnée relative adjective *qui est tombée hier dans l'escalier* est, en construction détachée, apposée au groupe nominal *la cantatrice*.

- La proposition subordonnée relative adjective est toujours placée après le groupe nominal qu'elle complète.

Pour les propositions subordonnées relatives → 375.

109 La proposition subordonnée conjonctive détachée

- Parfois, un groupe nominal peut être précisé par une proposition subordonnée conjonctive détachée.

  Cette idée – que le monde connaîtra encore des crises financières – est partagée par de nombreux économistes.

  Le groupe nominal *cette idée* est complété par la proposition subordonnée conjonctive *que le monde connaîtra encore des crises financières*. La proposition est apposée à ce groupe nominal.

110 Les constructions absolues détachées

• Une construction absolue du type *les mains dans les poches, la tête basse*, peut aussi apparaître en position détachée dans un groupe nominal.

Les mains dans les poches, Jacques est entré en souriant dans la pièce.

La construction absolue *les mains dans les poches* qualifie *Jacques* comme le ferait un adjectif. C'est une apposition à ce nom propre.

⊕ La construction absolue

On appelle construction absolue l'association d'un groupe nominal désignant une partie corporelle ou un vêtement et d'un adjectif, d'un groupe prépositionnel ou d'un participe.

les bras croisés, le béret sur l'oreille.

La construction absolue est une formulation raccourcie.

les mains dans les poches :

les mains étant dans les poches

ou *ayant les mains dans les poches*

GRAMMAIRE ET STYLE

Les expansions détachées

Les expansions détachées permettent d'enrichir la phrase en apportant des précisions sur le sujet du verbe, sur le complément d'objet, etc.

N'étant pas assez riche pour meubler cette cage digne des plombs [prisons] *de Venise, la pauvre femme n'avait jamais pu la louer.*

HONORÉ DE BALZAC, *La Femme sans cœur.*

L'expansion détachée dit quelque chose à propos de *la pauvre femme* qui explique le fait qu'elle n'ait jamais pu louer sa chambre. C'est une sorte de « greffe » ajoutée par l'écrivain.

L'ESSENTIEL

• L'**expansion détachée** est un mot ou un groupe de mots qui complète facultativement un groupe nominal tout entier. Elle en est séparée, à l'écrit, par une virgule ou par deux points.

• On distingue différentes expansions détachées : le groupe nominal, l'adjectif, le groupe prépositionnel, la proposition subordonnée relative, la proposition subordonnée conjonctive et la construction absolue.

LE VERBE ET LE GROUPE VERBAL

Le verbe

Soudain, un éclair déchira le ciel. Le tonnerre gronda. Ils étaient pétrifiés.

Chaque phrase de ce récit relie un sujet et un verbe conjugué : *déchira, gronda, étaient*.

QU'EST-CE QU'UN VERBE ?

111 Le verbe, noyau d'un groupe verbal

- Le verbe est le **pivot** autour duquel s'organise la phrase. C'est à partir du verbe qu'on peut identifier le sujet, le complément d'objet, etc.

Mon oncle a acheté un perroquet.

La phrase est construite autour du verbe *a acheté*. Le groupe nominal qui le précède, *mon oncle*, est sujet, et celui qui le suit, *un perroquet*, est COD.

- Le verbe constitue le **noyau d'un groupe verbal**. Ce groupe verbal représente le **prédicat** de la phrase, c'est-à-dire qu'il dit quelque chose à propos du sujet → 6.

Dans l'exemple donné ci-dessus, le verbe *a acheté* est le noyau d'un groupe verbal composé de ce verbe et du groupe nominal *un perroquet*. Ce groupe verbal nous apprend quelque chose à propos de l'oncle du locuteur, à savoir qu'il a acheté un perroquet. Sa fonction est d'être le prédicat de la phrase.

- Le **groupe verbal** comprend le verbe, ses compléments essentiels (COD, COI, etc.), l'attribut du sujet et du COD, ainsi que les compléments circonstanciels qui constituent un élément important du prédicat → 34-38.

Nous irons à la campagne mardi.

Le groupe verbal comprend le verbe *irons*, le complément essentiel de lieu *à la campagne* ainsi que le complément circonstanciel de temps *mardi* qui constitue une information importante (ils iront à la campagne mardi, et non mercredi ou jeudi).

Comme tous les groupes de mots, le groupe verbal peut se réduire à un verbe seul.

Le tonnerre gronda.

112 Le verbe, un mot qui se conjugue

- Le verbe présente différentes formes.

Je tiens une épicerie.

Le voisin tient une épicerie.

Les voisins tenaient une épicerie.

L'ensemble des formes prises par un verbe définit sa **conjugaison**.

• Le verbe porte différentes indications : la personne, le nombre, le mode, le temps, l'aspect ainsi que la voix → 120-126. Ces six notions constituent les **catégories** associées au verbe ; elles expliquent les formes prises par un verbe dans une phrase.

⊕ Les verbes défectifs

Les verbes défectifs ont une conjugaison incomplète. Le verbe *braire*, par exemple, existe surtout à l'infinitif et aux troisièmes personnes du présent, du futur simple et du conditionnel présent de l'indicatif : *il brait, ils braient, il braira, il brairait...*

L'été, ils déjeunaient dans la véranda.

La conjugaison du verbe *déjeuner* exprime la personne (la troisième), le nombre (le pluriel), le mode (l'indicatif), le temps (l'imparfait) et l'aspect associé à ce temps, la voix (active).

REMARQUES

1. Le participe passé peut aussi indiquer le genre.
   Elles sont arrivées à l'heure.
2. Les verbes impersonnels sont employés uniquement à la troisième personne du singulier → 336.
   Il pleut mais non ⊖ *je pleus.*

Pour conjuguer un verbe, on se reportera au *Bescherelle conjugaison.*

LES VARIATIONS DU VERBE

113 Radical et terminaison

• On distingue, dans une forme verbale :
– le **radical**, qui porte le sens du verbe ;
– la **terminaison**, qui apporte des informations sur la personne, le nombre, le mode, le temps et l'aspect.

Elle marchait seule dans la rue.

La forme *marchait* se compose du radical *march-* et de la terminaison *-ait*. Cette terminaison est celle de la troisième personne du singulier de l'imparfait de l'indicatif.

• De nombreux verbes ont un radical qui ne change pas.

rentrer : je rentre, nous rentrons, nous rentrions

• D'autres verbes voient leur radical varier d'un mode à l'autre, d'un temps à l'autre, d'une personne à l'autre.

venir : je viens, nous venons, je viendrai

• Le classement traditionnel des verbes se fait en **trois groupes** :

– le premier groupe réunit les verbes qui ont un infinitif en *-er*, sauf le verbe irrégulier *aller*, qui appartient au troisième groupe ;

– le deuxième groupe réunit les verbes qui ont un infinitif en *-ir* et un participe présent en *-issant* : *finir, finissant* ;

– le troisième groupe réunit tous les autres verbes : verbes en *-ir* qui ne font pas leur participe présent en *-issant (courir, mourir...)*, verbes en *-oir (devoir, pouvoir...)*, verbes en *-re (prendre, conclure, naître...)*, verbes irréguliers *(être, avoir, aller, dire, faire)*.

114 Les formes simples et les formes composées du verbe

• Les **formes simples** sont formées d'un radical et d'une terminaison.

Tu équeutes les cerises.

• Les **formes composées** sont formées de l'**auxiliaire** *être* ou *avoir* suivi du **participe passé** du verbe.

⊕ Les auxiliaires
On appelle auxiliaire le verbe *être* ou *avoir* quand celui-ci sert à conjuguer un verbe en se joignant au participe passé de ce verbe.

Les deux types de formes composées

• On distingue deux types de formes composées :

– les formes des **temps composés**, qui expriment l'**aspect accompli** →126 ; les temps concernés sont : le passé composé, le passé antérieur, le plus-que-parfait, le futur antérieur et le conditionnel passé de l'indicatif, le passé et le plus-que-parfait du subjonctif, l'impératif passé, l'infinitif passé et le participe passé ;

Quand tu auras équeuté les cerises, tu les feras cuire dans ce chaudron.
Le futur antérieur *auras équeuté* indique que l'interlocuteur doit avoir accompli l'action d'équeuter les cerises avant de les mettre dans le chaudron.

– les formes composées de la **voix passive**, qu'on rencontre à tous les modes et à tous les temps.

Le gardien referme la cage du gorille. (voix active)

La cage du gorille est refermée par le gardien. (voix passive)
À la voix active, le présent de l'indicatif, temps simple, a une forme simple : *referme*.
À la voix passive, on utilise la forme composée *est refermée*.

⊕ Les formes surcomposées
Il existe également des formes surcomposées combinant l'auxiliaire *être* ou *avoir* à la forme composée avec un participe passé et exprimant sous une forme particulière l'aspect accompli.
Quand il a eu ramassé le bois, il a fait un grand feu.

La répartition des auxiliaires

Les **temps composés** sont formés à l'aide de l'auxiliaire *être* ou *avoir*.

- L'auxiliaire ***avoir*** s'emploie avec les verbes **transitifs**.

  Il a plongé les cerises dans l'eau bouillante.

Avoir s'emploie également avec la plupart des verbes **intransitifs**, dont le verbe *être*.

Il a couru trop longtemps.

Il a été rapide.

- L'auxiliaire ***être*** s'emploie avec quelques verbes intransitifs **perfectifs**, c'est-à-dire qui expriment une action orientée vers un terme final. Il s'agit de verbes de mouvement ou de changement d'état.

  tomber : Le ballon est tombé dans le puits.

  arriver, aller, entrer, rester, partir, devenir, naître, mourir, etc.

- *Être* s'emploie aussi :

– avec les **verbes pronominaux** et les **constructions pronominales** → 116-118 ;

Il s'en est aperçu.

– à la **voix passive**.

115 Les périphrases verbales

Qu'est-ce qu'une périphrase verbale ?

- On appelle périphrase verbale l'ensemble formé par un **semi-auxiliaire** et un **infinitif**.

  Cette robe va coûter une fortune !

  L'expression *va coûter* est une périphrase verbale constituée du semi-auxiliaire *aller* et de l'infinitif *coûter*. Cette périphrase verbale exprime le futur proche.

REMARQUE

Il existe une périphrase verbale qui n'est pas formée à partir de l'infinitif du verbe, mais à partir d'un gérondif sans préposition.

Les bruits vont décroissant.

⊕ Les semi-auxiliaires

Un semi-auxiliaire est un verbe qui se construit avec un infinitif et qui porte une indication grammaticale (temps, aspect...) : *venir de*, *aller*, *commencer à*, *être en train de*, *faire...* + infinitif. Le plus souvent, quand il est employé comme semi-auxiliaire, un verbe perd une partie de son sens, devient plus abstrait.

Ce colis vient des États-Unis.

Le verbe exprime le mouvement dans l'espace.

Le spectacle vient de commencer.

Venir de est un semi-auxiliaire : ce verbe exprime un passé récent.

- Le pivot de la phrase n'est pas le semi-auxiliaire seul, mais la périphrase verbale tout entière.

  Les candidats doivent envoyer leurs dossiers avant le 15 avril.

  Le pivot de la phrase n'est pas *doivent*, mais la périphrase verbale *doivent envoyer*. Le groupe nominal *les candidats* est donc sujet de cette périphrase verbale, et non du semi-auxiliaire seul, *leurs dossiers* est COD, et *avant le 15 avril* est complément circonstanciel de temps de *doivent envoyer*.

Les différentes périphrases verbales

• On distingue :
– des périphrases verbales **temporelles** : *venir de* + infinitif exprime le passé récent, *aller* + infinitif exprime le futur proche ;
– des périphrases verbales **aspectuelles** qui envisagent le début, le déroulement ou la fin de l'action : *commencer à, être en train de, finir de...* + infinitif ;
– des périphrases verbales de **voix** qui indiquent que le sujet n'accomplit pas l'action exprimée par l'infinitif, mais qu'il la fait faire (*faire* + infinitif) ou qu'il la laisse faire (*laisser* + infinitif) par quelqu'un d'autre ;
– des périphrases verbales **modales**, qui ajoutent l'idée de possibilité ou d'impossibilité, d'obligation, d'interdiction ou de permission... : *pouvoir, devoir, savoir* au sens de « pouvoir » *(il sait nager), sembler* + infinitif...

LES FORMES PRONOMINALES

116 Qu'est-ce qu'une forme pronominale ?

• Une forme pronominale se construit avec un pronom **réfléchi**, c'est-à-dire un pronom qui désigne la même personne que le sujet.

je me vois, tu te vois, il se voit

Je me prépare pour le tournoi.

Le pronom *me* est, dans cette phrase, un pronom réfléchi, car il désigne la même personne que le sujet *je*. La forme verbale *me prépare* est donc une forme pronominale.

• On distingue les verbes pronominaux et les constructions pronominales.

117 Les verbes pronominaux

Ils sont de deux sortes.

• Les **verbes essentiellement pronominaux** sont toujours à la forme pronominale : *s'enfuir, s'évanouir* (⊖ *enfuir*, ⊖ *évanouir* n'existent pas).
• Les **verbes pronominaux autonomes** existent à la forme non pronominale, mais avec un sens différent : *apercevoir s'apercevoir* ; *tromper se tromper.*

Il aperçoit tout à coup un sanglier au détour d'un chemin.

Il s'aperçoit que son attitude n'est pas appréciée.

Dans la première phrase, *apercevoir* a un sens concret ; dans la deuxième phrase, *s'apercevoir* est plus abstrait et signifie « se rendre compte ». C'est un verbe pronominal autonome.

• Le pronom des verbes pronominaux n'est jamais analysable. Il n'exerce aucune fonction dans la phrase.

118 Les constructions pronominales

• Dans une construction pronominale, le verbe a le même sens que dans une construction non pronominale.

Mon entraîneur me prépare pour le tournoi.

Je me prépare pour le tournoi.

Le verbe *préparer* a le même sens dans la construction non pronominale (première phrase) et dans la construction pronominale (deuxième phrase).

• On distingue trois types de constructions pronominales.

Les constructions pronominales réfléchie ou réciproque

• Dans la construction **réfléchie**, le sujet exerce l'action sur lui-même.

Pierre n'est pas malade car il se soigne.

La construction pronominale *se soigne* indique que Pierre est à la fois celui qui soigne et celui qu'il soigne.

REMARQUE

Le terme de *réfléchi* s'applique à la fois au pronom (pronom réfléchi) et à un type particulier de construction pronominale.

• Dans la construction **réciproque**, les différents sujets exercent leur action les uns sur les autres.

Chaque année, ces amis s'envoient leurs bons vœux.

• Dans ces deux constructions, le pronom réfléchi exerce toujours une fonction par rapport au verbe :

– COD ;

Pierre se soigne. (il soigne lui-même)

Les enfants se sont battus en sortant de l'école. (ils ont battu eux-mêmes)

– COI ou COS ;

Antony s'est accordé un mois de vacances. (il a accordé à lui-même)

Ils ne se sont pas écrit depuis l'année dernière. (ils n'ont pas écrit à eux-mêmes)

– datif → 225.

Elle se chante une chanson douce. (datif d'intérêt)

Ils se sont serré la main. (datif partitif)

⊕ Le datif

Le datif d'intérêt, le datif partitif et le datif éthique → 225 sont des compléments de verbe apparentés au COI ou au COS mais qui, à la différence du COI ou du COS, ne sont pas des compléments essentiels du verbe. Ils sont ajoutés au verbe et à son (ou à ses) complément(s).

La construction pronominale passive

• Le verbe en construction pronominale peut prendre une valeur **passive**.

Les mirabelles se vendent cher cet été. (sont vendues)

• Le pronom n'est pas analysable car il n'exerce aucune fonction dans la phrase.

119 Tableau récapitulatif des formes pronominales

• Le tableau suivant regroupe les différentes formes pronominales.

FORME PRONOMINALE		EXEMPLE	PRONOM RÉFLÉCHI
Verbe pronominal	Verbe **essentiellement pronominal**	*Il s'enfuit.*	inanalysable
	Verbe **pronominal autonome**	*Il s'aperçoit de son erreur.*	inanalysable
Construction pronominale	Valeur **réfléchie**	*Il se soigne.* *Il s'est accordé des vacances.* *Il se chante une chanson douce.*	COD COI ou COS datif
	Valeur **réciproque**	*Les enfants se sont battus.* *Ils s'envoient leurs bons vœux.* *Ils se sont serré la main.*	COD COI ou COS datif
	Valeur **passive**	*Les mirabelles se vendent cher.*	inanalysable

Pour l'accord du participe passé des verbes pronominaux → 206-209.

L'ESSENTIEL

• Le **verbe** est le noyau du **groupe verbal**, qui représente le **prédicat** de la phrase. En tant que forme conjuguée, il porte différentes indications : la personne, le nombre, le mode, le temps, l'aspect et la voix.
• La **forme composée** d'un verbe combine un **auxiliaire**, *être* ou *avoir*, et son participe passé.
• La **périphrase verbale** est une forme étoffée du verbe constituée d'un **semi-auxiliaire** *(aller, venir de, commencer à...)* et de l'infinitif.
• On distingue les **verbes pronominaux** et les **constructions pronominales**.

L'emploi des modes et des temps : généralités

Il aimerait que je voie le médecin demain : voie est un subjonctif présent.
Je vois le médecin demain : vois est un indicatif présent.
J'ai vu le médecin hier : ai vu est un indicatif passé composé.

Une forme verbale varie selon son temps et son mode.

LES MODES DU VERBE

120 Qu'est-ce qu'un mode ?

• Le mode est une catégorie qui permet de classer les différentes formes du verbe. On distingue six modes : le **subjonctif**, l'**indicatif**, l'**impératif**, l'**infinitif**, le **participe**, le **gérondif**.

REMARQUE

La grammaire traditionnelle comptait un septième mode : le conditionnel. Mais les grammairiens le rattachent aujourd'hui à l'indicatif → 177.

• La grammaire traditionnelle associe le mode du verbe et la notion de **modalité**. La modalité est la manière dont le locuteur envisage l'action.

Elle a trouvé une jolie lampe à la brocante.
L'action est présentée comme effectivement réalisée. Le verbe est à l'indicatif.
On dit que l'**indicatif** est le mode de la **réalité**.

Il faut que nous trouvions une table basse pour le salon.
L'action est présentée comme un objectif que l'on n'est pas certain d'atteindre.
Le verbe est au subjonctif. On dit que le **subjonctif** est le mode de la **possibilité**.

Prends les mesures de la fenêtre avant de chercher des rideaux.
L'action est présentée comme une injonction. Le verbe est à l'**impératif**. On dit que l'impératif est le mode de l'**ordre**.

REMARQUE

Une telle définition a ses limites. Il est difficile en effet de rattacher chaque mode à une modalité spécifique. Une même modalité peut être exprimée au moyen de modes différents.

Il faut que nous changions de voiture.
Si je suis augmenté en fin d'année, nous achèterons une voiture neuve.
Dans les deux cas, l'action est présentée comme possible. *Changions* est au subjonctif et *achèterons* à l'indicatif. La possibilité peut être exprimée par différents modes.

L'infinitif et le participe n'expriment aucune modalité particulière.

Il faut acheter une table basse pour le salon.

Je viens d'acheter une table basse pour le salon.

L'infinitif ne change pas de forme, que l'action soit présentée comme possible *(il faut acheter...)* ou comme effectivement réalisée *(je viens d'acheter...)*.

121 Les différents types de modes

Les modes ne présentent pas tous les mêmes propriétés.

Les modes personnels

- Les modes personnels regroupent des formes du verbe qui **varient selon la personne**.

  Tu t'essouffles dès que tu cours.

  Vous vous essoufflez dès que vous courez.

- Les modes personnels sont le **subjonctif**, l'**indicatif** et l'**impératif**.

Les modes impersonnels

- Les modes impersonnels regroupent des formes du verbe qui ne donnent **pas d'indication de personne**.

  Je te conseille de courir plus souvent.

  Je vous conseille de courir plus souvent.

  Pour le sens, c'est *tu* ou *vous* qui doivent courir. Mais *courir* ne porte pas de marque de personne. Le mode est impersonnel.

- Les modes impersonnels sont l'**infinitif**, le **participe** et le **gérondif**.

REMARQUE

Les modes impersonnels n'ont pas de « sujet » au sens strict, puisque le sujet donne ses marques de personne, de nombre et parfois de genre au verbe. Cependant, nous avons fait le choix de conserver cette étiquette traditionnelle dans cet ouvrage.

Mode temporel et modes non temporels

- **L'indicatif est un mode temporel**, c'est-à-dire qu'il a la capacité de situer une action dans le passé, le présent ou le futur.

  Une vague de froid s'est abattue hier sur le pays. La neige tombe encore en plaine. Les températures remonteront en fin de semaine.

  L'indicatif regroupe des formes qui permettent d'indiquer que l'action s'est déroulée dans le passé (*s'est abattue* : passé composé), qu'elle est en train de se dérouler (*tombe* : présent) ou qu'elle se déroulera à l'avenir (*remonteront* : futur simple).

- **Tous les autres modes sont non temporels**, c'est-à-dire qu'ils n'ont pas la capacité de situer l'action dans le passé, le présent ou le futur.

  Il faut que tu rendes sa tronçonneuse au voisin avant la fin du mois.

  Il faut qu'elle aime la solitude pour vivre tout l'hiver à la campagne.

  Un verbe au subjonctif présent peut exprimer une action qui doit avoir lieu dans le futur *(rendes)* ou qui se déroule dans le présent *(aime)*. Ce n'est pas le subjonctif qui permet de situer l'action, mais d'autres éléments de la phrase : *avant la fin du mois* ; *tout l'hiver*.

Tableau récapitulatif des modes

• Les modes impersonnels sont tous non temporels.
On distinguera donc trois types de modes.

MODE TEMPOREL OU NON TEMPOREL	MODES PERSONNELS	MODES IMPERSONNELS
Mode temporel	Indicatif	
Modes non temporels	Subjonctif Impératif	Infinitif Participe Gérondif

LES TEMPS DU VERBE

122 Qu'est-ce qu'un temps ?

Temps du verbe et temps de l'action

• Il ne faut pas confondre :
– le **temps du verbe**, qui est une catégorie de la conjugaison (le présent, le passé simple, le passé composé, le futur simple, le futur antérieur...) ;
– le **temps de l'action**, qui est le moment où se déroule l'action.

Temps de l'action et présent de l'énonciation

• Déterminer le temps d'une action, c'est la situer chronologiquement par rapport au moment où l'on parle, c'est-à-dire **par rapport au présent de l'énonciation**. Une action peut se dérouler :
– **avant** le moment où l'on parle : on dit alors qu'elle se situe dans le passé ;
Il y a quelques années, le téléchargement illégal était toléré.
– **pendant** le moment où l'on parle : on dit alors qu'elle se situe dans le présent ;
Aujourd'hui, la loi pénalise le téléchargement illégal.
– **après** le moment où l'on parle : on dit alors qu'elle se situe dans le futur.
On réprimera bientôt plus sévèrement le téléchargement illégal.

La valeur chronologique du temps verbal

• Le temps du verbe correspond souvent au temps de l'action.
Elle travaille dans l'aéronautique.
Le présent de l'indicatif indique qu'elle exerce cette activité au moment où l'on parle.
Elle travaillait dans l'aéronautique.
L'imparfait indique qu'elle l'a exercée avant le moment où l'on parle.

• Mais on ne peut pas établir de correspondance stricte entre les temps verbaux et les temps de l'action. Il faut noter que :

– un même temps de l'action peut être exprimé par des temps verbaux différents ;

Je finis de tondre la pelouse et j'arrive.

Tu finiras de tondre la pelouse demain.

Le futur de l'action peut être marqué par un présent *(finis)* ou un futur *(finiras)*.

– un même temps verbal peut exprimer différents temps de l'action.

Il arrive à l'instant. Il arrive dans un instant. Regarde : il arrive.

Le présent indique successivement que l'action vient de se dérouler (passé proche), qu'elle va se dérouler (futur proche), qu'elle est en train de se dérouler (présent).

123 Temps simples et temps composés

Définition

À la voix active, les temps peuvent être constitués d'un seul mot (forme simple) ou de deux mots (forme composée).

• Des temps comme le présent, l'imparfait, le futur ou le passé simple sont constitués d'un seul mot. On les appelle des **temps simples**.

Ils applaudissent, ils applaudissaient, ils applaudiront, ils applaudirent les vainqueurs.

• Des temps comme le passé composé, le plus-que-parfait, le futur antérieur ou le passé antérieur sont composés de deux mots : l'auxiliaire *être* ou *avoir* suivi du participe passé. On les appelle des **temps composés**.

Ils ont applaudi, ils avaient applaudi, ils auront applaudi, ils eurent applaudi les vainqueurs.

La correspondance entre les temps simples et les temps composés

• Chaque temps composé est associé à un temps simple. On peut établir le tableau de correspondances suivant.

MODE	TEMPS SIMPLES		TEMPS COMPOSÉS	
Indicatif	Présent	*il marche*	Passé composé	*il a marché* **auxiliaire au présent**
	Imparfait	*il marchait*	Plus-que-parfait	*il avait marché* **auxiliaire à l'imparfait**
	Passé simple	*il marcha*	Passé antérieur	*il eut marché* **auxiliaire au passé simple**

Indicatif	Futur simple	*il marchera*	Futur antérieur	*il aura marché* **auxiliaire au futur simple**
	Conditionnel présent	*il marcherait*	Conditionnel passé	*il aurait marché* **auxiliaire au conditionnel présent**
Subjonctif	Présent	*qu'il marche*	Passé	*qu'il ait marché* **auxiliaire au présent**
	Imparfait	*qu'il marchât*	Plus-que-parfait	*qu'il eût marché* **auxiliaire à l'imparfait**
Impératif	Présent	*marchons*	Passé	*ayons marché* **auxiliaire au présent**
Infinitif	Présent	*marcher*	Passé	*avoir marché* **auxiliaire au présent**
Participe	Présent	*marchant*	Passé	*ayant marché* **auxiliaire au présent**

La valeur chronologique des temps composés

• Dans la mesure où les temps composés présentent une action accomplie et les temps simples une action en cours d'accomplissement →126, un temps composé permet souvent de marquer l'**antériorité par rapport au temps simple** qui lui correspond.

Quand tu l'auras rencontré, tu changeras d'avis.

Auras rencontré est un temps composé : l'action est présentée comme accomplie dans le futur. *Changeras* est un temps simple : l'action n'est pas présentée comme accomplie. L'action *auras rencontré* se passera donc avant l'action *changeras*.

124 Les formes de la voix passive

À la voix passive, tous les temps ont une **forme composée**.

• Des temps comme le présent, l'imparfait, le futur ou le passé simple sont constitués de deux mots : l'auxiliaire *être* suivi du participe passé.

Les vainqueurs sont applaudis par la foule.

ils étaient applaudis, ils seront applaudis, ils furent applaudis

• Des temps comme le passé composé, le plus-que-parfait, le futur antérieur ou le passé antérieur sont composés de trois mots : l'auxiliaire *être* à une forme composée suivi du participe passé.

Les vainqueurs ont été applaudis par la foule.

ils avaient été applaudis, ils auront été applaudis, ils eurent été applaudis

L'ASPECT

125 Qu'est-ce que l'aspect ?

• Quelle que soit la situation temporelle de l'action (présent, passé ou futur), la forme d'un verbe permet également de donner des indications sur son déroulement. Ces indications constituent l'**aspect du verbe**.

La nuit tombe ; les derniers promeneurs regagnent l'hôtel.

La nuit commence à tomber ; les derniers promeneurs sont en train de regagner l'hôtel.

La deuxième phrase souligne le fait qu'au moment où le locuteur prononce cette phrase, l'action de *tomber* ne fait que commencer et l'action de *regagner* est en train de se dérouler. Elle donne davantage de précisions sur le déroulement des actions. C'est l'aspect du verbe, exprimé ici par les semi-auxiliaires *commencer à* et *être en train de*.

126 Les principaux aspects du verbe

L'aspect accompli et l'aspect inaccompli

• Une action peut être envisagée comme entièrement accomplie (aspect accompli) ou en cours d'accomplissement (aspect inaccompli) :

– les **temps simples** marquent l'aspect **inaccompli** ;

– les **temps composés** marquent l'aspect **accompli**.

Ce jour-là, un vent violent agitait la mer. Le port était désert.

Le locuteur se remémore une tempête, il la revoit alors qu'elle se déchaînait : l'imparfait (temps simple) marque l'aspect inaccompli.

Toute la journée, un vent violent avait agité la mer. La nuit fut plus calme.

Le locuteur se remémore le moment qui a suivi immédiatement la tempête, il évoque la tempête alors qu'elle a eu lieu : le plus-que-parfait (temps composé) marque l'aspect accompli.

• L'aspect **accompli** peut également, parfois, être marqué par la **voix passive**.

Aujourd'hui, on élit le nouveau président de l'association.

L'élection est en train de se faire : la voix active marque l'aspect inaccompli de l'action.

Le nouveau président de l'association est élu : c'est une présidente.

L'élection est achevée, on sait qu'une femme a été élue : la voix passive marque l'aspect accompli de l'action.

L'aspect global et l'aspect sécant

• Une action peut être envisagée dans sa globalité, avec un début et une fin précis : on parle d'aspect **global**. L'aspect global est notamment marqué par le **passé simple**.

Après ses études, il passa une année à l'étranger.

Son séjour à l'étranger commence après ses études et se termine un an plus tard : on peut situer son début et sa fin ; l'action est envisagée dans sa globalité.

• La fin d'une action peut ne pas être précisément déterminée. L'action est en quelque sorte coupée en deux : une partie réelle et une partie virtuelle, sans limite précise. On parle d'aspect **sécant**. L'aspect sécant est notamment marqué par l'**imparfait**.

La dernière fois que je l'ai vu, il travaillait à l'étranger.

Une partie de l'action est réelle : il était vraiment au travail à l'étranger lorsque je l'ai rencontré. Une partie de l'action est virtuelle : il devait encore travailler à l'étranger après notre rencontre.

REMARQUE

L'aspect sécant de l'imparfait et l'aspect global du passé simple permettent d'employer ces deux temps dans une même phrase pour marquer qu'une action est interrompue par une autre.

Elle le rencontra alors qu'il visitait les États-Unis en camping-car.

La visite des États-Unis est le cadre dans lequel s'insère la rencontre : la rencontre apparaît comme un événement limité au sein d'un événement beaucoup plus large dont on ignore la limite finale. L'action au passé simple interrompt le cours de l'action à l'imparfait.

L'aspect inchoatif, l'aspect duratif et l'aspect terminatif

• Une action peut être envisagée :
– au moment où elle **commence** : aspect **inchoatif** ;
– dans son **déroulement** : aspect **duratif** ;
– au moment où elle **finit** : aspect **terminatif**.

• Dans les trois cas, le français a recours à des **semi-auxiliaires d'aspect** : *se mettre à, commencer à ; être en train de ; cesser de, achever de, terminer de...* → 115.

Il a commencé à écrire ses mémoires.

Il est en train d'écrire ses mémoires.

Il a terminé d'écrire ses mémoires.

Commencer à, être en train de, terminer de ne sont pas des verbes d'action, mais des semi-auxiliaires d'aspect qui permettent d'indiquer que l'action d'*écrire ses mémoires* ne fait que commencer, est en cours ou est achevée.

L'ESSENTIEL

• Le temps du verbe peut donner des indications sur le **temps de l'action**. Un temps verbal permet souvent de situer l'action avant, pendant ou après le présent de l'énonciation. Un temps composé permet parfois de situer une action avant une autre action exprimée au temps simple correspondant.

• Le temps du verbe peut aussi donner des indications sur l'**aspect de l'action**. Le temps simple marque l'aspect inaccompli, le temps composé l'aspect accompli. Le passé simple marque l'aspect global, l'imparfait l'aspect sécant.

Les modes impersonnels

J'aime chanter sous la douche. Vous aimez chanter sous la douche.
Un orage ayant éclaté, ils se sont réfugiés dans le métro.
Il marche en chantant. Nous marchons en chantant.

Chanter, ayant éclaté et *en chantant* sont des formes verbales qui ne portent pas les marques de la personne. Elles appartiennent aux trois modes impersonnels que sont l'infinitif, le participe et le gérondif.

L'INFINITIF

127 Les formes de l'infinitif

• L'**infinitif présent** se termine par *-**er**, -**ir**, -**re*** ou *-**oir***.

• La grammaire traditionnelle s'appuie sur les terminaisons de l'infinitif présent et sur certaines variations du radical pour définir trois groupes de verbes → 113 :
– les verbes du premier groupe ont un infinitif en ***-er*** : *marcher, jouer...*
– les verbes du deuxième groupe ont un infinitif en ***-ir*** : *finir, choisir...*
– les verbes du troisième groupe ont un infinitif en ***-ir***, ***-oir*** ou ***-re*** : *partir, sentir, tenir, voir, savoir, battre, rendre, craindre...*

• L'**infinitif passé** est composé de l'**auxiliaire *avoir*** ou ***être*** à l'infinitif, suivi du **participe passé** : *avoir lancé, avoir choisi, être parti, avoir su...*

128 L'infinitif, un mode non temporel

• L'infinitif ne permet pas de situer chronologiquement l'action par rapport au présent de l'énonciation. Ce mode est **non temporel** → 121.

Il saura conduire avant ses dix-huit ans.

Il a appris à conduire à la campagne.

Saura indique que l'action se situe après le présent d'énonciation. *A appris* indique que l'action se situe avant le présent d'énonciation. L'infinitif *conduire* a la même forme dans les deux phrases et ne permet pas de situer chronologiquement l'action.

• Cependant, l'action exprimée par l'infinitif peut souvent être située par rapport à une autre action.

– L'**infinitif présent**, comme temps simple, indique l'aspect inaccompli. Son action se déroule le plus souvent en même temps que celle du verbe conjugué ;

Elle prétend ne vendre que des produits bio.

Dans la mesure où l'action de *prétendre* se situe dans le présent, l'action de *vendre,* inaccomplie, se situe elle aussi dans le présent : *elle prétend qu'elle ne vend...*

Elle prétendait ne vendre que des produits bio.

Dans le mesure où l'action de *prétendre* se situe dans le passé, l'action de *vendre* se situe elle aussi dans le passé : *elle prétendait qu'elle ne vendait...*

– l'**infinitif passé**, comme temps composé, indique l'aspect accompli. Son action se déroule généralement avant l'action du verbe conjugué.

Elle affirme avoir séjourné autrefois dans la région.

Avoir séjourné est un temps composé. Le séjour dans la région est donc accompli, il se situe dans le passé : *elle affirme qu'elle a séjourné...*

REMARQUE

Avec certains verbes, l'infinitif marque la postériorité.

Elle espère faire de belles ventes cet été.

Espère situe l'action d'*espérer* dans le présent, mais l'action de *faire de belles ventes* se situe dans le futur. Il faut comprendre : *elle espère qu'elle fera de belles ventes.*

129 L'infinitif, forme nominale du verbe

On dit que l'infinitif est la forme nominale du verbe parce que, dans certains emplois, il peut avoir la **fonction d'un nom** ou d'un groupe nominal : sujet, COD, attribut...

• L'infinitif peut être employé seul ou être le noyau d'un groupe appelé **groupe infinitif**.

Nager est excellent pour la santé.

Nager est un infinitif. Il est sujet du verbe *est*, comme le serait le GN *la natation* dans : *La natation est excellente pour la santé.*

J'aime nager dans les lacs de montagne.

Nager dans les lacs de montagne est COD du verbe *aime*, comme le serait le GN *la natation* dans : *J'aime la natation*. C'est un groupe infinitif dont *nager* est le noyau.

REMARQUE

Lorsque l'infinitif suit une préposition, on ne parlera pas de groupe infinitif, mais de groupe prépositionnel, dans la mesure où le noyau est la préposition et non l'infinitif.

Il s'entraîne à nager le crawl.

Le groupe *à nager le crawl*, construit à partir de la préposition *à*, est un groupe prépositionnel.

• Il conserve ses **propriétés verbales**, c'est-à-dire qu'il peut :

– se mettre au présent ou au passé ;

Fréquenter un ancien ministre était son principal titre de gloire.

Avoir fréquenté un ancien ministre était son principal titre de gloire.

– se mettre à la voix active ou à la voix passive ;

Il voulait rencontrer l'acteur. Il voulait être présenté à l'acteur.

– admettre un complément ;

Il rêve de partir. Il rêve de partir à l'autre bout du monde.

– admettre une négation.

Il affirme avoir entendu du bruit. Il affirme n'avoir rien entendu.

REMARQUE

Il ne faut pas confondre l'infinitif dans son emploi nominal et l'infinitif nominalisé. L'**infinitif nominalisé** est précédé d'un déterminant. Il ne conserve pas ses propriétés verbales et a toutes les propriétés d'un nom.

Le devenir de cette petite entreprise m'inquiète.

On ne peut pas dire ⊖ *L'être devenu de cette petite entreprise. Devenir* est un infinitif nominalisé qui est ici le noyau d'un groupe nominal sujet.

130 Les emplois verbaux de l'infinitif

• Dans un certain nombre de cas, l'infinitif a le même rôle qu'un verbe conjugué : il est le noyau du groupe verbal et permet de construire le prédicat → 6. Il peut être centre d'une proposition indépendante → 131 ; centre d'une proposition subordonnée → 132 ; employé avec un semi-auxiliaire → 133.

131 L'infinitif dans une proposition indépendante

L'infinitif de narration

• Il est toujours précédé de la préposition *de*. Son sujet est généralement exprimé.

• Il marque souvent la soudaineté de l'action.

Je m'écriai : « Voilà notre homme ! » et mes collègues d'applaudir et le roi d'agréer M. de Damas. CHATEAUBRIAND, *Mémoires d'outre-tombe.*

L'infinitif délibératif

• Il se trouve dans une phrase interrogative. Son sujet n'est pas exprimé : il s'agit du locuteur qui s'interroge sur ce qu'il doit faire.

• Il a une valeur de possibilité ou d'obligation.

Comment la convaincre ? (Comment puis-je la convaincre ?)

Que faire ? (Que puis-je faire ? Que dois-je faire ?)

L'infinitif exclamatif

• Il se trouve dans une phrase exclamative. Lorsque son sujet est exprimé, il est séparé de lui par une virgule.

- Il peut marquer :
  – la protestation ;
  Le savoir en danger et ne rien pouvoir faire ! (c'est insupportable)
  – l'étonnement ;
  Lui, passer plus de deux jours à la campagne ! (ça m'étonnerait)
  – le souhait.
  Partir et laisser derrière moi les tracas quotidiens ! (j'en rêve)

L'infinitif injonctif

- Il donne un ordre ou un conseil. Le sujet n'est pas exprimé : il correspond au destinataire de l'énoncé.
- On le trouve en particulier dans les recettes de cuisine ou dans les mémentos.
  Casser trois œufs. Ajouter 100 g de sucre et battre vigoureusement.
  Acheter un grand cahier pour Hadrien. Payer la facture de la cantine.

132 L'infinitif dans une proposition subordonnée

L'infinitif dans une subordonnée interrogative indirecte

- Son sujet n'est pas exprimé : il est le même que le sujet du verbe introducteur.
  Il ignore à qui s'adresser. (à qui il peut / il doit s'adresser)

L'infinitif dans une subordonnée relative

- L'infinitif a une valeur de possibilité.
- Le sujet n'est pas exprimé : il est le même que le sujet du verbe de la principale.
  Elle cherche une salle où fêter son anniversaire.
  Il faut comprendre : *Elle cherche une salle où elle puisse fêter son anniversaire.*

L'infinitif dans une proposition infinitive → 371-372

- Le sujet est exprimé : il est toujours différent du sujet du verbe conjugué.
  Il a observé un milan noir tourner au-dessus de la maison.

133 L'infinitif employé avec un semi-auxiliaire

- Lorsque l'infinitif est employé avec un semi-auxiliaire → 126, le semi-auxiliaire porte les marques de personne, de nombre, de mode et de temps, mais l'infinitif porte le sens. L'ensemble formé par le semi-auxiliaire et l'infinitif est une **périphrase verbale** → 115.
  Mon fils a commencé à jouer au tennis et bientôt il pourra battre son père.
  A commencé à jouer et *pourra battre* sont des périphrases verbales.

LE PARTICIPE

134 La forme du participe présent

• Quel que soit le groupe du verbe, le participe présent se termine toujours en ***-ant***. Il est **invariable**.

dépasser, dépassant ; applaudir, applaudissant ; prévoir, prévoyant

• Sur la différence entre le participe présent et l'adjectif verbal → 139.

135 Les formes du participe passé

Les terminaisons du participe passé

• Le participe passé se termine :
– en ***-é*** pour les verbes du premier groupe : *assurer* → *assuré* ;
– en ***-i*** pour les verbes du deuxième groupe : *atterrir* → *atterri* ;
– en ***-i***, ***-u***, ***-s*** ou ***-t*** pour les verbes du troisième groupe : *sorti, couru, mis, cuit*.

• À la différence du participe présent, le participe passé peut **s'accorder**.

POUR MIEUX ÉCRIRE Il faut un accent circonflexe sur certains participes en *-u*.

• Il faut un accent circonflexe sur le participe passé masculin singulier de :
– *devoir* → *dû* (pour éviter la confusion avec l'article contracté ou partitif *du*) ;
– *redevoir* → *redû* ;
– *croître* → *crû* (pour éviter la confusion avec *croire* → *cru*) ;
– *recroître* → *recrû* ; *mouvoir* → *mû*.

• L'accent disparaît au féminin et au pluriel :
On écrit *l'argent dû* mais *la somme due, les intérêts dus*.

N. ORTH La réforme de 1990 autorise cependant à écrire *redu* et *mu* sans accent circonflexe, dans la mesure où il n'existe aucun risque de confusion avec une forme semblable.

Forme simple et forme composée du participe passé

Le participe passé peut prendre deux formes différentes.

• La **forme simple** est constituée du participe passé sans auxiliaire exprimé.

charmé, guéri, sorti, vendu

• La **forme composée** est constituée de l'**auxiliaire** *avoir* ou *être* au participe présent suivi du **participe passé**.

paniquer → *ayant paniqué ; sortir* → *étant sorti*

136 Le participe, un mode non temporel

• Le participe ne permet pas de situer chronologiquement l'action par rapport au présent de l'énonciation. Ce mode est **non temporel**.

Étant de passage dans la région, il viendra nous rendre visite.

Étant de passage dans la région, il est venu nous rendre visite.

Que l'action soit située au futur *(viendra)* ou au passé *(est venu)*, le participe *étant* conserve la même forme : il ne donne pas d'indication temporelle.

• Cependant, l'action exprimée par le participe peut souvent être située par rapport à une autre action :

– le **participe présent**, comme temps simple, indique l'aspect inaccompli. Son action est concomitante à l'action du verbe conjugué ;

Conduisant rarement, elle manquait d'assurance au volant.

Dans la mesure où l'action de *manquer* se situe dans le passé, l'action de *conduire*, inaccomplie, se situe elle aussi dans le passé : *comme elle conduisait rarement...*

Conduisant rarement, elle manque d'assurance au volant.

Dans la mesure où l'action de *manquer* se situe dans le présent, l'action de *conduire* se situe elle aussi dans le présent : *comme elle conduit rarement...*

– le **participe passé**, comme temps composé, indique l'aspect accompli. Son action est généralement antérieure à l'action du verbe conjugué.

Ses amis étant partis, elle se sent soudain très seule.

Dans la mesure où l'action de *se sentir* se situe dans le présent, l'action de *partir*, accomplie, se situe dans le passé : *après que ses amis sont partis...*

Ses amis étant partis, elle se sentira bien seule.

Dans la mesure où l'action de *se sentir* se situe dans le futur, l'action de *partir* se situe aussi dans le futur : *lorsque ses amis seront partis...*

137 Le participe, forme adjective du verbe

On dit que le participe est la forme adjective du verbe parce que, dans certains emplois, il peut exercer les **fonctions de l'adjectif**.

• Le **participe présent** peut avoir trois fonctions.

FONCTION	EXEMPLE
Épithète	*Nous cherchons un associé parlant chinois et russe.*
Apposé	*Nous reportons notre projet, considérant que la conjoncture n'est pas favorable.*
Attribut du COD	*J'ai connu ton frère s'inventant et nous racontant des aventures extraordinaires.*

• Le **participe passé** peut avoir quatre fonctions.

FONCTION	EXEMPLE
Épithète	*J'ai visité un village entièrement construit sur pilotis.*
Apposé	*Salué par la critique, ce livre a fait sa notoriété.*
Attribut du sujet	*Sa maison est éloignée du centre-ville.*
Attribut du COD	*J'imagine ton père parfaitement rassuré sur ton sort.*

REMARQUE

Tout en jouant le rôle d'un adjectif, le participe conserve des propriétés verbales :
– il peut avoir un ou plusieurs compléments de verbe ;

Souriant à tous et regardant chacun, l'orateur séduisait son auditoire.
À tous est COI de *souriant* et *chacun* est COD de *regardant.*
Souriant à tous et regardant chacun est apposé à *l'orateur.*

– il peut être mis à la forme négative.

Ne souriant jamais et ne regardant personne, l'orateur ennuyait son auditoire.

138 Les emplois verbaux du participe

• La forme simple du participe passé, associée à l'auxiliaire *être* ou *avoir*, permet de former les temps composés et surcomposés de la voix active, ainsi que tous les temps de la voix passive.

Il a pris l'avion. (verbe *prendre* au passé composé de la voix active)

Il a eu pris l'avion. (verbe *prendre* au passé surcomposé de la voix active)

Il est pris dans les embouteillages. (verbe *prendre* à l'indicatif présent de la voix passive)

• Dans une **proposition subordonnée participiale** → 392-393, le participe a la fonction d'un verbe, et non la fonction d'un adjectif. Il est le **noyau du groupe verbal** et permet de construire le prédicat.

Les bus circulant mal sur cette ligne, vous avez intérêt à prendre le métro.
Il faut comprendre : *Comme les bus circulent mal sur cette ligne...*

La justice ayant classé l'affaire, les journalistes cessèrent de le harceler.
Il faut comprendre : *Lorsque la justice eut classé l'affaire...*

Les billets pris, il ne nous restait plus qu'à attendre le début du spectacle.
Il faut comprendre : *Puisque les billets avaient été pris...*

139 Participe présent et adjectif verbal

• L'adjectif verbal est un adjectif formé à partir du participe présent. Il a souvent la même forme que lui, mais il ne présente pas les mêmes caractéristiques.

LE PARTICIPE PRÉSENT…	L'ADJECTIF VERBAL…
… ne s'accorde pas. *Dansant à merveille, elle ne manquait pas de cavaliers.*	**… s'accorde.** *Elle est invitée à une soirée dansante.*
… conserve les propriétés du verbe. *Il a mal réagi, affolant tout son entourage.* Le participe présent admet des compléments du verbe. *C'est un incident n'entraînant aucune conséquence grave.* Le participe présent admet une négation de verbe (*ne… pas, ne… aucun*, etc).	**… ne conserve pas les propriétés du verbe.** *Les résultats sont affolants.* On ne peut pas dire : ⊖ *Les résultats sont affolants les candidats*. L'adjectif verbal n'admet pas de complément du verbe. *Il nous a joué un air entraînant.* On ne peut pas dire : ⊖ *il nous a joué un air n'entraînant pas*. L'adjectif verbal n'admet pas de négation verbale.
… ne peut pas être attribut du sujet. *Voyant venir les ennuis, il s'est éclipsé.* On ne peut pas dire : ⊖ *Il était voyant venir les ennuis.*	**… peut être attribut du sujet.** *Cette couleur est trop voyante.*

POUR MIEUX ÉCRIRE Attention à l'orthographe de certains adjectifs verbaux !

Certains adjectifs verbaux ne s'orthographient pas comme le participe présent correspondant :

– à des participes présents se terminant en ***-quant*** correspondent des adjectifs verbaux en ***-cant*** : *provocant, communicant, convaincant, suffocant, vacant, intoxicant, claudicant* ;

– à des participes se terminant en ***-guant*** correspondent des adjectifs verbaux en ***-gant*** : *fatigant, divagant, extravagant, intrigant, navigant, délégant, zigzagant* ;

– à des participes se terminant en ***-ant*** correspondent des adjectifs verbaux en ***-ent*** : *convergent, divergent, différent, excellent, influent, précédent, négligent.*

REMARQUE

Le participe passé permet également de former des adjectifs. Mais contrairement à l'adjectif verbal, l'adjectif formé à partir du participe passé ne pose aucun problème d'orthographe : il a exactement la même forme que le participe passé. Mais :

- il n'admet pas de négation verbale ;
  La presse écrite est en difficulté.
  On ne peut pas dire : ⊖ *La presse n'étant pas écrite est en difficulté.*
- il n'admet pas de complément du verbe.
  Dire ⊖ *La presse écrite par les journalistes est en difficulté* n'aurait aucun sens.

LE GÉRONDIF

140 La forme du gérondif

• Quel que soit le groupe du verbe, le gérondif est toujours constitué de la préposition ***en*** suivie du **participe présent**. Il est **invariable**.

En regardant par la fenêtre, j'ai laissé tomber mes lunettes.

En regardant par la fenêtre, nous avons vu passer le défilé.

• Il existe un **gérondif passé**, qui n'est cependant pas d'usage courant. Il est composé de *en* suivi du participe passé à la forme composée.

en ayant marché, en étant sorti

141 Le gérondif, un mode non temporel

• Comme le participe présent, le gérondif ne permet pas par lui-même de situer chronologiquement l'action, mais il fournit une indication temporelle de manière secondaire, en se situant par rapport à un autre verbe.

• Le gérondif de **forme simple** indique l'aspect inaccompli. Son action est alors simultanée à l'action du verbe conjugué.

En faisant les courses, tu achèteras le journal.

Dans la mesure où l'action d'*acheter* se situe dans le futur, l'action de *faire les courses*, inaccomplie, se situe elle aussi dans le futur : *lorsque tu feras les courses...*

En faisant les courses, j'ai acheté le journal.

Dans la mesure où l'action d'*acheter* se situe dans le passé, l'action de *faire les courses* se situe elle aussi dans le passé : *lorsque j'ai fait les courses...*

• Le gérondif de **forme composée** marque l'aspect accompli. Son action est alors antérieure à l'action du verbe conjugué.

Tout en ayant fait des études, il n'avait pas réussi sa vie professionnelle.

Il faut comprendre : *alors qu'il avait fait de brillantes études*. Le gérondif passé marque ici l'antériorité des études sur la vie professionnelle.

142 Le gérondif, forme adverbiale du verbe

• On dit que le gérondif est la forme adverbiale du verbe parce que, comme l'adverbe, il peut avoir la **fonction d'un complément circonstanciel**.

COMPLÉMENT CIRCONSTANCIEL	EXEMPLE	IL FAUT COMPRENDRE...
Manière	*Elle danse en souriant.*	*Elle danse avec le sourire.*
Moyen	*En insistant, il finit toujours par obtenir ce qu'il veut.*	*Grâce à sa ténacité, il finit toujours par obtenir ce qu'il veut.*

Temps	*Je m'en suis souvenu en arrivant.*	*Je m'en suis souvenu au moment où j'arrivais.*
Cause	*Il est tombé en grimpant sur une échelle.*	*Il est tombé parce qu'il a grimpé sur une échelle.*
Condition	*En signant, vous vous engagez à venir.*	*Si vous signez, vous vous engagez à venir.*
Opposition	*Il le complimenta, tout en lui faisant quelques reproches.*	*Il le complimenta, même s'il lui fît quelques reproches.*

• Tout en ayant la fonction d'un complément circonstanciel, le gérondif conserve ses **propriétés de verbe** :

– il admet des compléments ;

En rangeant l'armoire, j'ai retrouvé les dessins de nos enfants.
L'armoire est COD de *en rangeant*.
En rangeant l'armoire est CC de temps de *ai retrouvé*.

– il admet une négation verbale.

En n'écoutant pas ton père, tu t'exposes aux pires ennuis.

REMARQUE

Dans la langue littéraire, le gérondif connaît un emploi verbal lorsqu'il est employé avec le semi-auxiliaire *aller* pour marquer l'aspect duratif de l'action. Il est alors employé sans en.

Le mal va empirant.
Il faut comprendre : *Le mal est en train d'empirer*. C'est la périphrase verbale *va empirant* qui remplit ici le rôle de verbe.

L'ESSENTIEL

• Pour les modes impersonnels, il faut distinguer les emplois verbaux des emplois non verbaux.

• L'**infinitif** peut remplir la fonction d'un nom. C'est pourquoi l'on dit qu'il constitue la forme nominale du verbe. On peut également le rencontrer en emploi verbal dans une proposition indépendante, dans une subordonnée interrogative, relative ou infinitive et après un semi-auxiliaire.

• Le **participe** peut remplir la fonction d'un adjectif. C'est pourquoi l'on dit qu'il constitue la forme adjective du verbe. Il a aussi des emplois verbaux, en particulier dans la subordonnée participiale.

• Le **gérondif** peut remplir la fonction d'un adverbe complément circonstanciel. C'est pourquoi l'on dit qu'il constitue la forme adverbiale du verbe.

Le subjonctif

Il prend ses responsabilités. Il faut qu'il prenne ses responsabilités.
Elle choisira très bien sans nous. Qu'elle choisisse sans nous !

Prend et *choisira* sont à l'indicatif. *Prenne* et *choisisse* sont au subjonctif. Le subjonctif est employé dans des subordonnées ou dans des types de phrases particuliers.

QU'EST-CE QUE LE SUBJONCTIF ?

143 Le subjonctif, mode de la virtualité

• Le subjonctif est le mode des actions présentées comme **possibles**, alors que l'indicatif est le mode des actions présentées comme certaines.

Je doute que le directeur vous reçoive aujourd'hui.
Le rendez-vous est incertain : le verbe *reçoive* est au subjonctif.

Il est certain que le directeur vous recevra la semaine prochaine.
Le rendez-vous est certain : le verbe *recevra* est à l'indicatif.

REMARQUE
Le subjonctif est parfois employé pour un fait présenté comme certain. Mais la notion de possibilité reste toujours présente, bien que moins explicite.

Je regrette qu'elle nous ait caché la vérité si longtemps.
Le locuteur suggère qu'elle aurait pu dire la vérité plus tôt : il envisage une autre possibilité.

144 Le subjonctif, mode personnel non temporel

• Le subjonctif est un mode **non temporel** → 121.

• Le **présent** situe ainsi l'action tantôt dans le présent, tantôt dans le futur.

Il souhaite qu'elle revienne au plus vite.
Le subjonctif présent *revienne* situe ici l'action dans le futur.

• L'**imparfait** et le **plus-que-parfait**, employés avec un verbe au passé, peuvent avoir cependant une valeur temporelle relative.

Il souhaitait qu'elle revînt au plus vite.
L'action de *souhaiter* se situe dans le passé ; dans la mesure où l'action de *revenir* est évoquée par rapport à ce passé, le verbe se met à l'imparfait du subjonctif.

145 Les temps simples du subjonctif

Le subjonctif a deux temps simples : le présent et l'imparfait.

Le subjonctif présent

- Le subjonctif présent se forme de la manière suivante.

GROUPE	RADICAL	TERMINAISONS	EXEMPLES
Premier groupe	Radical de l'indicatif présent : *je compte*	**-e** **-es** **-e** **-ions** **-iez** **-ent**	*que je compt**e**, que tu compt**es**, qu'il compt**e**, que nous compt**ions**, que vous compt**iez**, qu'ils compt**ent***
Deuxième groupe	Radical de la 1re personne du pluriel de l'indicatif présent : *nous guérissons*		*que je guériss**e**, que tu guériss**es**, qu'elle guériss**e**, que nous guériss**ions**, que vous guériss**iez**, qu'elles guériss**ent***
Troisième groupe	Radical de l'indicatif présent : *je descends*		*que je descend**e**, que tu descend**es**, qu'il descend**e**, que nous descend**ions**, que vous descend**iez**, qu'ils descend**ent***
	je fuis ; nous fuyons		*que je fui**e**, que tu fui**es**, qu'elle fui**e**, que nous fuy**ions**, que vous fuy**iez**, qu'elles fui**ent***
	Radical de la 1re personne du pluriel de l'indicatif présent : *nous peignons*		*que je peign**e**, que tu peign**es**, qu'il peign**e**, que nous peign**ions**, que vous peign**iez**, qu'ils peign**ent***

POUR MIEUX ÉCRIRE Faut-il écrire *qu'il voit* ou *qu'il voie* ?

Pour certains verbes du troisième groupe, la différence entre le subjonctif et l'indicatif présent ne s'entend guère à l'oral. Pour choisir la bonne terminaison à l'écrit, on peut remplacer le verbe sur lequel on hésite par un verbe comme *venir*, qui marque bien la différence entre les deux modes.

Il faut que tu voies un ophtalmologiste.

On dit : *il faut que tu viennes*, et non ⊖ *il faut que tu viens*. On utilise le subjonctif.

Je sais que tu le vois demain.

On dit : *Je sais que tu viens*, et non ⊖ *Je sais que tu viennes*. On utilise l'indicatif.

Le subjonctif imparfait

- Le subjonctif imparfait se forme de la manière suivante.

GROUPE	RADICAL	TERMINAISONS	EXEMPLES
Premier groupe	Radical du passé simple : *tu comptas*	**-sse** **-sses** **-^t** **-ssions** **-ssiez** **-ssent**	*que je compta**sse**, que tu compta**sses**, qu'il compta**t**, que nous compta**ssions**, que vous compta**ssiez**, qu'ils compta**ssent***
Deuxième groupe	Radical du passé simple : *je guéris*		*que je guéri**sse**, que tu guéri**sses**, qu'elle guérî**t**, que nous guéri**ssions**, que vous guéri**ssiez**, qu'elles guéri**ssent***
Troisième groupe	Radical du passé simple : *je descendis*		*que je descendi**sse**, que tu descendi**sses**, qu'il descendî**t**, que nous descendi**ssions**, que vous descendi**ssiez**, qu'ils descendi**ssent***
	je tins		*que je tin**sse**, que tu tin**sses**, qu'elle tîn**t**, que nous tin**ssions**, que vous tin**ssiez**, qu'elles tin**ssent***
	je courus		*que je couru**sse**, que tu couru**sses**, qu'il courû**t**, que nous couru**ssions**, que vous couru**ssiez**, qu'ils couru**ssent***

146 Les temps composés du subjonctif

- Le subjonctif a deux temps composés : le passé et le plus-que-parfait.

Le subjonctif passé

- Il se forme avec l'auxiliaire *avoir* ou *être* au subjonctif présent, suivi du participe passé.

  Que j'aie compris. Qu'il soit sorti.

Le subjonctif plus-que-parfait

- Il se forme avec l'auxiliaire *avoir* ou *être* au subjonctif imparfait, suivi du participe passé.

  Que j'eusse compris. Qu'il fût sorti.

Sur le choix de l'auxiliaire aux temps composés → 114.

LES EMPLOIS DU SUBJONCTIF

147 Le subjonctif dans une proposition principale ou indépendante

Dans une proposition principale ou indépendante, le subjonctif prend les valeurs suivantes.

L'ordre et la défense

- Le subjonctif permet d'exprimer une injonction : à la forme positive, c'est un **subjonctif d'ordre** ; à la forme négative, c'est un **subjonctif de défense**.

Qu'il vienne avec son sac de couchage. (ordre)

Qu'elle ne rentre pas après minuit ! (défense)

REMARQUE

Lorsqu'il marque l'ordre ou la défense, le subjonctif est essentiellement employé à la troisième personne, pour suppléer l'impératif.

À la deuxième personne, on utiliserait l'impératif.

Viens avec ton sac de couchage. Ne rentre pas après minuit !

Le souhait

- Le subjonctif permet également d'exprimer un **souhait**. Dans certaines expressions figées, il n'est pas précédé de *que*.

Que le meilleur gagne !

Dieu vous garde !

Fasse le ciel qu'il ne leur soit rien arrivé !

L'indignation

- Le subjonctif permet d'exprimer une possibilité que l'on rejette, dans une phrase exclamative d'**indignation**.

Moi, que j'accepte les excuses de ce goujat ! (c'est impossible !)

La supposition

- Le subjonctif permet d'exprimer la **supposition** dans un discours didactique.

Soit une droite AB passant par un point C.

C'est le début d'un problème de géométrie. Il faut comprendre : *Supposons qu'une droite AB passe par un point C.*

POUR MIEUX ÉCRIRE ***Je ne sache pas que...***

Dans un langage soutenu, on emploie également le subjonctif pour rejeter une opinion dans l'expression *Je ne sache pas que...* Le subjonctif souligne le caractère polémique de ce rejet.

Je ne sache pas qu'il ait fait une brillante carrière.

148 Le subjonctif dans une proposition subordonnée

• Le subjonctif est employé dans de nombreuses propositions subordonnées. On le rencontre ainsi dans :
– des subordonnées complétives conjonctives ;
– des subordonnées circonstancielles ;
– des subordonnées relatives.

149 Le subjonctif dans les subordonnées complétives conjonctives

• On emploie le subjonctif lorsque la subordonnée complétive conjonctive est **en tête de phrase**.

Qu'il ait arrêté de fumer est une certitude.
complétive conjonctive sujet

Qu'elle soit partie sans rien dire, je n'arrive pas à le croire.
complétive conjonctive détachée (dislocation → 340)

REMARQUE

Dans les deux cas, c'est bien la place de la subordonnée qui explique l'emploi du subjonctif. On comprend qu'il a vraiment arrêté de fumer dans la deuxième partie de la phrase, avec *est une certitude*. On comprend que son départ étonne dans la deuxième partie de la phrase, avec *je n'arrive pas à le croire*. Le degré de vérité du fait est en quelque sorte différé.

• Le subjonctif est également employé lorsque la subordonnée conjonctive est **complément d'un verbe**, **d'un nom**, **d'un adjectif**... qui présente le fait comme **possible** ou qui émet une **appréciation** sur le fait.

L'ÉLÉMENT COMPLÉTÉ EXPRIME...	EXEMPLE
une nécessité	*Il faut qu'il repeigne nos volets.*
un souhait	*J'aimerais qu'il repeigne nos volets avant l'hiver.*
une possibilité	*Il est possible qu'il repeigne nos volets avant l'hiver.*
un doute	*Je doute qu'il puisse repeindre nos volets avant l'hiver.*
un sentiment	*Je suis heureux qu'il ait pu repeindre nos volets avant l'hiver.*
un jugement	*J'admire qu'il ait réussi à repeindre nos volets avant l'hiver.*

REMARQUE

Les verbes d'opinion, qui sont normalement suivis de l'indicatif, peuvent être suivis du subjonctif à la forme négative ou interrogative : l'opinion est mise en doute par la négation ou l'interrogation et le fait peut être présenté comme plus ou moins certain.

Je ne pense pas qu'un bijou lui fera plaisir / lui fasse plaisir.
Crois-tu qu'ils ont déjà déménagé / qu'ils aient déjà déménagé ?

POUR MIEUX ÉCRIRE **Attention au mode après *dire* ou *prétendre*.**

Lorsque des verbes comme *dire* ou *prétendre* sont synonymes d'*affirmer*, ils doivent être suivis de l'indicatif. Lorsqu'ils prennent le sens de *demander*, *exiger*, ils doivent être suivis du subjonctif.

Elle dit que tu ne l'attends pas.
Il faut comprendre : ***Elle affirme que tu ne l'attends pas*** (c'est un fait).

Elle dit que tu ne l'attendes pas.
Il faut comprendre : ***Elle demande que tu ne l'attendes pas*** (c'est un ordre).

150 Le subjonctif dans les subordonnées circonstancielles

• On trouve le subjonctif dans les subordonnées circonstancielles suivantes.

TYPE DE SUBORDONNÉE CIRCONSTANCIELLE	EXEMPLE
Les **temporelles** introduites par : – *avant que* – *jusqu'à ce que*	 *Il faut réparer cet accroc avant qu'il ne s'agrandisse.* *Je le harcèlerai jusqu'à ce qu'il me réponde.*
Les **concessives** *(bien que, quoique...)*	*Elle ne nous a pas écrit, bien qu'elle nous l'ait promis.*
Les **finales** *(afin que, pour que)*	*Je l'ai prévenu afin qu'il ne soit pas surpris.*
Les **causales** exprimant : – la cause rejetée *(non que...)* – l'alternative *(soit que... soit que...)*	 *Elle n'est inscrite sur aucun réseau social, non qu'elle y soit réfractaire, mais elle n'en comprend pas l'intérêt.* *Son patron ne lui confie plus de gros dossiers, soit qu'il le juge incompétent, soit qu'il le sache débordé.*
Les **conditionnelles** introduites par *à moins que, pourvu que, pour peu que*	*Pour peu qu'il fasse beau, les enfants iront jouer dans le jardin.*

POUR MIEUX ÉCRIRE **Doit-on dire ⊖ *après qu'il ait* ou *après qu'il a* ?**

Alors qu'on emploie le subjonctif après *avant que*, on doit employer l'indicatif après *après que*. Avec *après que*, le fait énoncé par la principale ne se déroule qu'une fois le fait de la subordonnée réalisé : l'indicatif s'impose.

Il faut écrire : *Son producteur lui a proposé d'enregistrer un nouvel album après qu'elle a achevé sa première tournée*, et jamais ⊖ *après qu'elle ait achevé sa première tournée.*

REMARQUES

1. On peut rencontrer le subjonctif dans des propositions subordonnées de condition construites sans connecteur → 390.

Qu'elle refuse encore une fois de me rendre service, je ne suis plus son amie.
Le sens est : *Si elle refuse encore une fois de me rendre service, je ne suis plus son amie.*

2. Dans une langue soutenue, l'imparfait du subjonctif peut ajouter la concession à la condition *(même si)*.

Fût-elle la reine d'Angleterre, je ne me déplacerais pas pour elle.
Il faut comprendre : *Même si elle était la reine d'Angleterre, je ne me déplacerais pas pour elle.*

151 Le subjonctif dans les subordonnées relatives

• On emploie le subjonctif dans une proposition subordonnée relative :

– lorsque l'antécédent renvoie à une personne ou à une chose dont l'existence est envisagée comme possible, et non comme certaine ;

Y a-t-il aujourd'hui un responsable politique qui ne fasse pas attention à son image ?
Le subjonctif souligne l'improbabilité de l'existence d'un tel responsable politique.

Nous cherchons un étudiant qui puisse aider nos enfants à faire leurs devoirs.
Le subjonctif souligne le fait que nous ne sommes pas certains de trouver cet étudiant.

– lorsque l'antécédent est une personne ou une chose qui n'existe pas ;

Je ne trouve pas de livre qui me plaise.

– lorsque la relative suit un superlatif ou une expression qui isole un élément d'un tout.

C'est le meilleur tarif que nous ayons en ce moment.

C'est le seul tarif que nous ayons en ce moment.
Le *meilleur* ou le *seul* isole un tarif réel parmi tous les tarifs que nous pourrions avoir et que nous n'avons pas. La relative est au subjonctif parce qu'elle évoque l'ensemble des possibles parmi lesquels la principale isole une personne ou une chose réelle.

Sur tous ces emplois → 376.

152 Les valeurs des temps du subjonctif

La valeur des temps dans les propositions indépendantes ou les propositions principales

- Dans une principale ou une indépendante, le **présent** du subjonctif situe généralement l'action dans le futur, et non dans le présent.

  Qu'il libère l'appartement avant la fin du mois.

- Dans une principale ou une indépendante, le **passé** du subjonctif indique qu'on envisage l'action comme accomplie dans le futur. Il a donc une valeur plus contraignante que le présent lorsqu'il exprime l'ordre.

  Qu'il ait libéré l'appartement avant la fin du mois.

La valeur des temps dans les propositions subordonnées

- Le temps du subjonctif dans une proposition subordonnée dépend du temps du verbe de la principale et du rapport chronologique entre les deux actions : on parle de concordance des temps.

TEMPS		VALEUR	EXEMPLES
Temps simples (aspect inaccompli)	Présent	Simultanéité par rapport à un verbe au présent ou au futur.	*Nous regrettons qu'il ne puisse pas se joindre à nous.*
		Postériorité par rapport à un verbe au présent ou au futur.	*Je souhaite qu'il nous rejoigne au plus vite.*
	Imparfait	Simultanéité par rapport à un verbe au passé.	*Nous regrettions qu'il ne pût pas se joindre à nous.*
		Postériorité par rapport à un verbe au passé.	*Je souhaitais qu'il nous rejoignît au plus vite.*
Temps composés (aspect accompli)	Passé	Aspect accompli par rapport à un verbe au présent ou au futur.	*Elle attend qu'il soit rentré pour se coucher.*
		Antériorité par rapport à un verbe au présent ou au futur.	*Je crains qu'il n'ait été retenu à Paris.*
	Plus-que-parfait	Aspect accompli par rapport à un passé.	*Elle attendait qu'il fût rentré pour se coucher.*
		Antériorité par rapport à un verbe au passé.	*Je craignais qu'il n'eût été retenu à Paris.*

REMARQUE

Aux autres personnes que la troisième personne du singulier, le subjonctif imparfait et le subjonctif plus-que-parfait sont devenus des temps rares. Ils ne sont par ailleurs pas toujours très euphoniques *(que nous supposassions)*. C'est pourquoi ils sont souvent remplacés par le subjonctif présent et le subjonctif passé.

J'ai regretté que tu ne pusses pas te joindre à nous.
On dira plus souvent : *J'ai regretté que tu ne puisses pas te joindre à nous.*

Je craignais que tu n'eusses été retenu à Paris.
On dit plus souvent : *Je craignais que tu n'aies été retenu à Paris.*

La valeur du plus-que-parfait en emploi libre ou dans une subordonnée

• Le **plus-que-parfait** du subjonctif permet d'exprimer l'**irréel du passé** dans la langue soutenue. Dans un système hypothétique, il peut remplacer le conditionnel passé dans la principale et l'indicatif plus-que-parfait dans la subordonnée. On le nomme parfois, de manière erronée, conditionnel passé deuxième forme → 179.

Le nez de Cléopâtre : s'il eût été plus court, toute la face de la terre aurait changé. PASCAL, *Pensées.*
On pourrait dire également : *s'il eût été plus court, toute la face de la terre eût changé ; s'il avait été plus court, toute la face de la terre eût changé ; s'il avait été plus court, toute la face de la terre aurait changé.*

L'ESSENTIEL

Le subjonctif est le mode des actions présentées comme **possibles**.
On le trouve :

- dans des **propositions indépendantes** ou **principales** pour exprimer l'ordre, la défense, le souhait, l'indignation, la supposition ;
- dans des **subordonnées complétives conjonctives** pour exprimer la nécessité, le souhait, la possibilité, le doute, un sentiment, un jugement ;
- dans des **subordonnées circonstancielles** ;
- dans des **subordonnées relatives**.

L'indicatif

Qu'y a-t-il de commun entre l'enfant que tu étais autrefois, l'homme que tu es aujourd'hui et le vieillard que tu seras demain?

MÉNARD, *Rêveries d'un païen mystique.*

La distinction des trois âges de la vie s'accompagne, dans cette phrase, d'un jeu sur le verbe *être*. Trois temps de l'indicatif sont utilisés : l'imparfait *(étais)*, le présent *(es)* et le futur *(seras)*.

QU'EST-CE QUE L'INDICATIF ?

153 L'indicatif, un mode personnel et temporel

- Comme le subjonctif et l'impératif, l'indicatif est un **mode personnel**. Il regroupe des formes qui varient selon la personne : *j'écris, tu écris, il écrit,* etc.

- Seul l'indicatif permet de faire la distinction entre le passé, le présent et le futur. Ce mode est donc personnel et **temporel**.

J'espère que Manon viendra en France. (futur)

Je souhaite que Manon vienne en France. (subjonctif présent)

Le subjonctif n'est pas un mode temporel. Il ne possède, par exemple, aucun futur, et une forme dite de subjonctif « présent » peut évoquer indistinctement le présent ou, comme ici, le futur.
L'indicatif, lui, possède un futur distinct du présent : on utilise *viendra*, et non *vient*, pour évoquer la venue de Manon dans l'avenir.

La capacité de l'indicatif à situer précisément l'action dans le passé, le présent ou le futur est rendue possible par la richesse de sa conjugaison.

154 Les temps simples et les temps composés

- L'indicatif possède :

– **cinq temps simples** formés uniquement d'un radical et d'une terminaison à la voix active *(j'écris, j'écrivais...)* ;
– **cinq temps composés** formés, à la voix active, de l'auxiliaire *être* ou *avoir* → 114 et du participe passé du verbe *(j'ai écrit, j'avais écrit...)*.

- À chaque temps simple correspond un temps composé.

155 Tableau des temps de l'indicatif

TEMPS SIMPLE	EXEMPLE	TEMPS COMPOSÉ	EXEMPLE
Présent	*j'écris*	Passé composé	*j'ai écrit*
Imparfait	*j'écrivais*	Plus-que-parfait	*j'avais écrit*
Passé simple	*j'écrivis*	Passé antérieur	*j'eus écrit*
Futur simple	*j'écrirai*	Futur antérieur	*j'aurai écrit*
Cond. présent	*j'écrirais*	Cond. passé	*j'aurais écrit*

REMARQUE

Les **conditionnels** présent et passé ne constituent pas un mode à part entière mais relèvent de l'indicatif. Ils sont étudiés à part → 176-181.

• Les **temps simples** marquent tous l'**aspect inaccompli**. Ils indiquent une action en cours d'accomplissement.

Quand il pleut, les vendeurs de parapluies fleurissent à tous les coins de rue.

Le présent de l'indicatif *pleut* (temps simple) présente l'action en cours d'accomplissement.

• Les **temps composés** ont en commun de marquer l'**aspect accompli** quelle que soit l'époque (passé, présent ou futur).

Comme il a plu, les chemins sont boueux et glissants.

Le passé composé *a plu* (temps composé) présente l'action comme accomplie.

• Dans une phrase où un temps simple et un temps composé sont mis en relation, le temps composé situe l'action avant celle qui est désignée par le temps simple.

Tu prendras ton goûter quand tu auras rangé tes baskets.

Le futur antérieur *auras rangé* exprime l'aspect accompli et indique que l'interlocuteur doit d'abord ranger ses baskets avant de pouvoir prendre son goûter.

REMARQUE

Il existe aussi des formes surcomposées → 114.

156 Les valeurs des temps de l'indicatif

Un temps de l'indicatif peut prendre différentes valeurs.

• Il a une **valeur temporelle** quand il est utilisé pour situer chronologiquement l'action dans le passé, le présent ou le futur. C'est la valeur de base du temps.

Elle préférait / préfère / préférera prendre le train de nuit pour Rome.

• Il a une **valeur stylistique** quand il est utilisé à la place d'un autre temps pour donner plus de relief à l'expression. On rencontre, par exemple, des présents à la place d'imparfaits ou de passés simples, des imparfaits à la place de passés simples, etc.

• On parle enfin de **valeur modale** quand le temps de l'indicatif est employé, non pour situer l'action dans une chronologie précise, mais pour indiquer le degré de réalité de cette action.

Si nous partions plus tôt, nous éviterions les embouteillages.
L'imparfait de l'indicatif n'a aucune valeur temporelle car il ne désigne aucune action passée. Il a une valeur modale car il indique simplement que l'événement est envisagé comme possible.

LE PRÉSENT DE L'INDICATIF

157 Les terminaisons du présent de l'indicatif

GROUPE	TERMINAISONS	EXEMPLES
Premier groupe	**-e, -es, -e, -ons, -ez, -ent**	*j'arriv***e***, tu arriv***es***, il arriv***e***, nous arriv***ons***, vous arriv***ez***, ils arriv***ent***
Deuxième groupe	**-s, -s, -t, -ons, -ez, -ent**	*je grandi***s***, tu grandi***s***, elle grandi***t***, nous grandiss***ons***, vous grandiss***ez***, elles grandiss***ent***
Troisième groupe		
• Règle générale	**-s, -s, -t, -ons, -ez, -ent**	*je cour***s***, tu cour***s***, il cour***t***, nous cour***ons***, vous cour***ez***, ils cour***ent***
• Certains verbes en *-cre*, en *-tre*, en *-dre* (mais non en *-indre* ou en *-soudre*)	**-s, -s, -, -ons, -ez, -ent**	*je prend***s***, tu prend***s***, elle prend, nous pren***ons***, vous pren***ez***, elles prenn***ent***
• *pouvoir, vouloir, valoir*	**-x, -x, -t, -ons, -ez, -ent**	*je peu***x***, tu peu***x***, il peu***t***, nous pouv***ons***, vous pouv***ez***, ils peuv***ent***
• Certains verbes dont le radical se termine par *-ll* *(cueillir)* ou par un groupe de consonnes	**-e, -es, -e, -ons, -ez, -ent**	*j'ouvr***e***, tu ouvr***es***, elle ouvr***e***, nous ouvr***ons***, vous ouvr***ez***, elles ouvr***ent***

158 Le radical du présent de l'indicatif

Les verbes du premier groupe

• La plupart des verbes du premier groupe ont un radical unique, mais certains verbes présentent un radical variable.

VERBES	RADICAL	EXEMPLE
Verbes en **-cer**	Le *c* du radical reçoit une cédille à la première personne du pluriel.	*j'annonce* *nous annon**ç**ons*
Verbes en **-ger**	Le radical prend un *e* après le *g* à la première personne du pluriel.	*je mange* *nous mang**e**ons*
Verbes en **é_er** : *(célébrer, compléter, posséder...)*	Le *é* du radical devient *è* devant une syllabe muette finale.	*je célèbre* (*-bre* est une syllabe muette finale) *nous célébrons* (*-brons* n'est pas une syllabe muette)
Verbes en **-yer**	Ils transforment l'*y* en *i* quand disparaît le son [j].	*j'emplo**i**e, nous emplo**y**ons*
	On autorise toutefois *i* et *y* pour les verbes en *-ayer* devant un *e* muet.	*je pa**i**e/pa**y**e, tu pa**i**es/pa**y**es, il pa**i**e/pa**y**e, nous pa**y**ons...*
Verbes en **-eler** et en **-eter**	Ils doublent en général la consonne *l* ou *t* devant un *e* muet.	*je je**tt**e, nous je**t**ons, j'appe**ll**e, nous appe**l**ons*
Exceptions : • verbes en **-eler** : *celer, geler* et leurs dérivés, *ciseler, démanteler, écarteler, s'encasteler, harceler, marteler, modeler, peler*	Ils ne doublent pas la consonne, mais prennent un accent grave sur le *e* du radical.	*je p**è**le, nous pe**l**ons*
• verbes en **-eter** : *acheter, préacheter, racheter, bégueter, corseter, crocheter, fileter, fureter, haleter*	Ils ne doublent pas la consonne, mais prennent un accent grave sur le *e* du radical.	*j'ach**è**te, nous ache**t**ons*

N. ORTH La réforme de 1990 autorise à utiliser l'accent grave plutôt que le doublement du *l* (sauf pour *appeler* et *rappeler*) ou du *t* (sauf *jeter* et ses dérivés). On peut donc écrire, par exemple, *je chancelle* ou *je chancèle*.

POUR MIEUX ÉCRIRE ***Aussi préféré-je me taire.***

Quand, dans la langue écrite, le pronom *je* est placé après le verbe, *-e* devient sonore et s'écrit avec un accent aigu (*-é*) : *Aussi préfér**é**-je me taire.*

N. ORTH La réforme de 1990 autorise toutefois l'accent grave *(préfér**è**-je)*.

Les verbes du deuxième groupe

• Les trois personnes du pluriel présentent une forme longue, avec **ss** : *je finis* mais *nous finissons, vous finissez, ils finissent*.

Les verbes du troisième groupe

• Le radical d'un verbe du troisième groupe est souvent variable : *je dors* mais *nous dormons*, *j'écris* mais *nous écrivons*. Compte tenu de la diversité des formes, la consultation d'un manuel de conjugaison est indispensable.

159 Les emplois du présent de l'indicatif

Les emplois temporels

• L'indicatif présent est le temps le plus employé. Il s'applique à ce qui est actuel pour le locuteur, c'est-à-dire à ce qui est **contemporain du moment de la parole**.

Ariane termine sa glace au chocolat à la terrasse d'un café.
Le fait qu'Ariane termine sa glace a lieu au moment où le locuteur en fait la remarque.

• Cependant, la durée désignée par le présent de l'indicatif dépasse bien souvent le moment de la parole. Le **présent étendu** couvre ainsi un espace de temps plus ou moins large.

Albert a les yeux verts.
Le présent sert à décrire une propriété qu'Albert possède toujours : Il s'agit d'un présent **descriptif**, qui est étendu du côté du passé et du côté de l'avenir.

Elle joue au tennis toutes les semaines.
Le présent, associé au complément circonstanciel de temps *toutes les semaines*, a une valeur dite **itérative** : il indique que l'action est répétée dans le temps.

• Le présent peut enfin couvrir tout le passé et tout le futur imaginables. Il est le temps des vérités générales, des définitions, des proverbes, etc. (valeur **gnomique**).

Rien ne sert de courir ; il faut partir à point.

• Dans certains emplois, le présent de l'indicatif se décale du présent vers le **passé récent** ou le **futur proche**.

Elle sort à l'instant du bureau. (passé récent)

Il rencontre demain le chargé de clientèle. (futur proche)

Les emplois stylistiques

• Le présent de l'indicatif peut remplacer un temps du passé. On l'appelle alors **présent historique**.

Une Grenouille vit un Bœuf
Qui lui sembla de belle taille.
Elle qui n'était pas grosse en tout comme un œuf,
Envieuse s'étend, et s'enfle, et se travaille,
Pour égaler l'animal en grosseur.

JEAN DE LA FONTAINE, *La Grenouille qui se veut faire aussi grosse que le Bœuf.*

Le présent de l'indicatif, se substituant au passé simple, donne l'illusion que les événements racontés sont « présents », donc contemporains du moment de la narration.

• Le présent peut se substituer au **futur**.

Je prends ma retraite dans vingt ans.

L'emploi modal

• Le présent de l'indicatif a une valeur modale dans une proposition subordonnée hypothétique introduite par *si*. Il indique que l'hypothèse est envisagée comme probable, exprimant l'éventuel →390.

S'il fait beau, nous irons à la plage.

L'IMPARFAIT DE L'INDICATIF

160 Les formes de l'imparfait de l'indicatif

• L'imparfait de l'indicatif combine :

– le radical de la première personne du pluriel du présent de l'indicatif ;

– les terminaisons : ***-ais, -ais, -ait, -ions, -iez, aient***.

appeler (premier groupe) *: nous appelons* (première personne du pluriel du présent de l'indicatif) → *j'appel**ais**, tu appel**ais**...*

languir (deuxième groupe) *: nous languissons*
→ *je languiss**ais**, tu languiss**ais**...*

conduire (troisième groupe) *: nous conduisons*
→ *je conduis**ais**, tu conduis**ais**...*

161 Les emplois de l'imparfait de l'indicatif

Les emplois temporels

- L'imparfait sert à exprimer une **action qui se déroule dans le passé**.

  Elle écoutait de la musique hier soir.

- **Dans un récit au passé**, on alterne l'imparfait et le passé simple. L'imparfait sert à décrire les personnages, les lieux, les objets, à évoquer les circonstances secondaires ou à commenter l'événement principal qui est, lui, au passé simple. L'**imparfait** est un temps de l'**arrière-plan**, le **passé simple** le temps du **premier plan.**

  (Claude et Christine rencontrent, à la campagne, un paysan qui cherche des locataires pour sa maison.)

  Curieusement, ils le suivirent. C'était une grande lanterne de maison, qui semblait taillée dans un hangar : en bas, une cuisine immense et une salle où l'on aurait pu faire danser ; en haut, deux pièces également, si vastes, qu'on s'y perdait. Quant aux meubles, ils consistaient en un lit de noyer, dans l'une des chambres, et en une table et des ustensiles de ménage, qui garnissaient la cuisine. ÉMILE ZOLA, *L'Œuvre.*

  Les imparfaits qui succèdent au passé simple de la première phrase *(suivirent)* renvoient au passé. Ils ont une valeur descriptive : ils apportent des précisions sur la maison que le paysan fait visiter à Claude et à Christine.

Dans un récit au passé, l'alternance de l'imparfait et du passé simple s'explique par leurs valeurs **aspectuelles** → 126. L'imparfait, d'aspect **sécant**, représente une action en cours et exprime une durée imprécise, sans limites. À l'inverse, le passé simple, d'aspect **global**, exprime une durée précise. Il met en relief une action dont on saisit le début et la fin.

Deux Coqs vivaient en paix : une Poule survint,
Et voilà la guerre allumée. JEAN DE LA FONTAINE, *Les deux Coqs.*

L'imparfait *vivaient* renvoie au passé, mais il évoque une action secondaire qui est interrompue par l'action exprimée au passé simple *(survint)*. L'arrivée de la poule est particulièrement bien soulignée.

- L'imparfait de l'indicatif peut marquer la **répétition dans le passé** (valeur **itérative**).

  Une procession allait chaque année à pied de Loctudy aux Glénans.

- Il peut aussi transcrire la parole ou la pensée d'un personnage au **discours indirect** ou au discours indirect libre → 422.

  Il lui demanda : « Voulez-vous de la soupe ? »

  Il lui demanda si elle voulait de la soupe.

  La transformation du discours direct (première phrase) en discours indirect (deuxième phrase) s'accompagne de la transposition du présent de l'indicatif en imparfait.

REMARQUE

Cet **imparfait de concordance** est appelé par le temps passé du verbe principal et il n'a pas toujours une valeur temporelle de passé.

Je viens juste de voir Julien et il m'a dit qu'il t'attendait.
L'imparfait est appelé par le passé composé *a dit* mais il renvoie à une action présente (Julien attend encore au moment où le locuteur parle de lui).

L'emploi stylistique

• Exceptionnellement, l'imparfait peut remplacer, dans un récit, le passé simple (**imparfait pittoresque**).

Onze ans après, il perdait la bataille de Waterloo.

L'imparfait met en relief l'action en lui donnant une certaine durée.

Les emplois modaux

Il est fréquent que l'imparfait ne prenne aucune valeur temporelle.

• **Dans le système hypothétique.** Dans une proposition subordonnée hypothétique introduite par *si*, et en association avec le conditionnel →181, 390, l'imparfait peut exprimer :

– un fait possible dans le présent ou dans l'avenir (valeur de **potentiel**) ;

Si vous alliez à la campagne, vous pourriez vous reposer.
L'imparfait *alliez* ne place pas le fait d'aller à la campagne dans le passé. Il indique que ce fait est seulement envisagé. L'imparfait exprime quelque chose qui est possible et relève donc du potentiel.

– un fait impossible dans le présent (valeur d'**irréel du présent**).

Si nous vivions au Moyen Âge, nous serions menacés d'une comète ou de la fin du monde. CASTIL-BLAZE, *Revue de Paris*, 1837.
L'imparfait *vivions* exprime un fait impossible dans le présent. Il relève de l'irréel du présent.

REMARQUE

Quand l'hypothèse est envisagée comme probable, on n'utilise pas l'imparfait, mais le présent, en association avec l'indicatif futur → 159, 390.

S'il fait beau, nous irons à la plage.

• **En dehors du système hypothétique.** L'imparfait peut servir à atténuer un ordre ou une demande. Il est fréquent chez certains commerçants, en particulier sur les marchés.

Qu'est-ce qu'il vous fallait ? (Que vous faut-il ?)

LE PASSÉ SIMPLE

162 Les terminaisons du passé simple

GROUPE	TERMINAISONS	EXEMPLES
Premier groupe	***-ai, -as, -a, -âmes, -âtes, -èrent***	*j'expliqu**ai**, tu expliqu**as**, il expliqu**a**, nous expliqu**âmes**, vous expliqu**âtes**, ils expliqu**èrent***
Deuxième groupe	***-is, -is, -it, -îmes, -îtes, -irent***	*je sais**is**, tu sais**is**, elle sais**it**, nous sais**îmes**, vous sais**îtes**, elles sais**irent***
Troisième groupe		
• Verbes en *-ir* (sauf *courir, mourir, tenir et venir*), majorité des verbes en *-re*, *asseoir*, *voir* et verbes de leurs familles (sauf *pourvoir*)	***-is, -is, -it, -îmes, -îtes, -irent***	*je sent**is**, tu sent**is**, il sent**it**, nous sent**îmes**, vous sent**îtes**, ils sent**irent***
• Verbes en *-oir* (sauf ceux qui prennent *i* comme *voir*), *courir*, *mourir*, certains verbes en *-re* (*boire, conclure, connaître, croire, lire, vivre...*)	***-us, -us, -ut, -ûmes, -ûtes, -urent***	*je cour**us**, tu cour**us**, elle cour**ut**, nous cour**ûmes**, vous cour**ûtes**, ils cour**urent***
• *tenir, venir* et verbes de leurs familles	***-(in)s, -(in)s, -(in)t, -(în)mes, -(în)tes, -(in)rent***	*je vin**s**, tu vin**s**, il vin**t**, nous vîn**mes**, vous vîn**tes**, ils vin**rent***

163 Le radical du passé simple

• Le radical du passé simple s'obtient le plus souvent par la suppression de la terminaison de l'infinitif.

envoyer (premier groupe) → *j'envoyai, tu envoyas...*
languir (deuxième groupe) → *je languis, tu languis...*
sentir (troisième groupe) → *je sentis, tu sentis...*

• Mais certains verbes, en particulier ceux dont le passé simple est en *u*, présentent une forme réduite. Le passé simple de *pouvoir* est du type *je pus, tu pus*... D'autres verbes présentent des radicaux encore plus singuliers : *naître* donne *je naquis*, *vivre* donne *je vécus*... La consultation d'un manuel de conjugaison est indispensable.

164 Les emplois du passé simple

Le passé simple, aujourd'hui, est réservé à la langue écrite.

• Employé dans le **récit**, il situe l'action dans un passé lointain, sans aucun lien avec le présent du locuteur.

Une autre fois, il [le Chat botté] *alla se cacher dans un blé, tenant toujours son sac ouvert ; et lorsque deux Perdrix y furent entrées, il tira les cordons, et les prit toutes deux. Il alla ensuite les présenter au Roi, comme il avait fait le Lapin de garenne. Le Roi reçut encore avec plaisir les deux Perdrix, et lui fit donner pour boire.* CHARLES PERRAULT, *Le Chat botté.*

Par opposition à l'imparfait, qui rejette les événements et les états à l'arrière-plan → 161, le passé simple met l'action au **premier plan**. D'aspect **global**, il donne des limites précises à chacune des actions. Il apparaît souvent en relation avec des expressions marquant la succession *(et, ensuite, quelque temps après, alors, puis...)* ou la soudaineté *(soudain, tout d'un coup...)*.

Nous marchions depuis des heures quand nous vîmes, soudain, un sanglier au milieu du chemin.

• Le passé simple peut marquer la répétition dans le passé (**valeur itérative**).

À partir de cette époque, il fit, chaque année, un voyage à New York.

LE FUTUR SIMPLE

165 Les terminaisons du futur simple

• Les terminaisons sont : ***-rai, -ras, -ra, -rons, -rez, -ront***.

*je fabrique**rai*** (premier groupe)

*je fini**rai*** (deuxième groupe)

*je couvri**rai*** (troisième groupe)

166 Le radical du futur simple

• Le fait que le futur ait été formé, historiquement, à partir de l'infinitif, explique que, dans la pratique, on ajoute souvent *-ai, -as, -a, -ons, -ez, -ont* à l'infinitif *(je couvrirai)* ou à une forme proche de l'infinitif *(je prendrai)*. Cependant, les futurs de plusieurs verbes présentent certaines particularités.

Les verbes du premier groupe

• Pour les **verbes en *é_er***, les mêmes règles s'appliquent au présent de l'indicatif et au futur → 158. On écrit donc *nous cél**é**brerons, ils cél**é**breront* avec un accent aigu *(é)*.

N. ORTH Le *é* du radical étant prononcé comme un *è* ouvert, la réforme de 1990 autorise à écrire *nous cél**è**brerons, ils cél**è**breront*.

• Pour les **verbes en *-eler*** et en ***-eter***, les mêmes règles s'appliquent aussi au présent de l'indicatif et au futur → 158. On écrit donc nous *appe**ll**erons* avec deux *l* et *nous je**tt**erons* avec deux *t*, mais *nous mod**è**lerons* avec un *è* suivi d'un seul *l* et *nous ach**è**terons* avec un *è* suivi d'un seul *t*.

N. ORTH Pour d'autres verbes, deux écritures sont possibles depuis la réforme de 1990 : *nous chancellerons* ou *nous chancèlerons*.

• Les **verbes en *-yer*** transforment l'*y* en *i* à toutes les personnes du futur simple : *je bro**i**erai, tu bro**i**eras, il bro**i**era*... Font exception *envoyer* et *renvoyer*, dont le futur est imité de celui de *voir* : *j'enve**rr**ai, nous enve**rr**ons* (avec deux *r*). Les verbes en *-ayer* acceptent, eux, *i* et *y* à toutes les personnes : *je bala**y**erai/bala**i**erai*...

Les verbes du troisième groupe

• Beaucoup de verbes du troisième groupe ne font pas apparaître l'infinitif du verbe :

– *cueillir* forme son futur avec la voyelle *e* : *je cueill**e**rai* ;

– *courir* et *mourir* ne font pas entendre l'*i* final, mais se conjuguent avec deux *r* : *je cou**rr**ai* ;

– *acquérir* donne *j'acque**rr**ai*, avec deux *r* également ;

– le futur des verbes en *-voir (devoir, recevoir...)* est formé à partir du radical de la première personne du pluriel du présent de l'indicatif *(nous devons)* : *nous devrons*. Font exception : *pouvoir (je pourrai), pourvoir (je pourvoirai), savoir (je saurai), voir (je verrai)* ;

– *asseoir* donne *j'assiérai* ;

– d'autres verbes présentent un radical spécifique : *aller (j'irai), avoir (j'aurai), être (je serai), faire (je ferai), falloir (il faudra), tenir (je tiendrai), valoir (je vaudrai), venir (je viendrai), vouloir (je voudrai)*.

167 Les emplois du futur simple

Seul le mode indicatif, mode temporel →121, possède des formes spécifiques pour exprimer le futur.

Les emplois temporels

• Le futur simple a une valeur temporelle quand il évoque l'**avenir à partir du présent du locuteur**. Il pose l'événement à venir comme certain.

La semaine prochaine, nous serons tous au Brésil !

• Le futur peut parfois évoquer des vérités générales tournées vers l'avenir (valeur **gnomique**).

Qui vivra verra.

• Il peut aussi marquer la répétition de l'action (valeur **itérative**).

Les enfants iront à la piscine chaque jeudi jusqu'en janvier.

L'emploi stylistique

• Dans un récit au passé, le futur recrée l'illusion que les événements n'ont pas encore eu lieu.

En 1860, Napoléon décidera de laisser le bois de Vincennes à la ville de Paris afin qu'y soient menés des travaux d'aménagement.

Les emplois modaux

Le futur simple a une valeur modale quand il n'exprime plus l'idée de futur.

• Le futur peut exprimer une supposition à propos d'un fait (**futur conjectural**). Cet emploi est rare à l'oral.

Helena n'est pas venue à la fête. Elle sera malade.

• Le futur sert, plus fréquemment, à atténuer poliment une demande, un reproche, etc.

Je vous demanderai de vous taire.

LE PASSÉ COMPOSÉ

168 Les formes du passé composé

• Le passé composé est formé :
– de l'auxiliaire *être* ou *avoir* conjugué au présent ;
– du participe passé du verbe.

Il est arrivé. Il a écrit.

169 Les emplois du passé composé

Les emplois temporels et aspectuels

- Le passé composé, comme tout **temps composé**, a d'abord une valeur d'**accompli**. Son auxiliaire étant conjugué au présent, il signifie que l'action vient d'avoir lieu ou qu'elle vient de s'achever, et que ses conséquences sont encore perceptibles au moment où l'on parle.

Charlotte est partie.

Le passé composé est rattaché au présent du locuteur : il signifie que Charlotte n'est plus là.

Dans cet emploi, le passé composé représente moins un passé qu'un présent. L'action au passé composé est une action achevée mais qui est en contact avec le présent.

- Le passé composé peut aussi marquer l'**antériorité** par rapport au présent.

Quand il a mal dormi, Romain est de mauvaise humeur.

La mauvaise humeur de Romain succède à sa nuit agitée.

- Dans le récit, le passé composé peut s'employer à la place du passé simple et acquérir une valeur temporelle de **passé**. Cet emploi est fréquent à l'oral, où le passé simple a complètement disparu, mais il se rencontre aussi à l'écrit.

J'ai arraché ma valise et je me suis mis à marcher sur ce sol nouveau, dans cet air étranger, au milieu des trains immobiles. L'employé a fermé la grille et s'en est allé. MICHEL BUTOR, *L'Emploi du temps*, © Éditions de Minuit.

Le passé composé est alors le temps du **premier plan**.

L'emploi modal

- Le passé composé, comme le présent, peut avoir une valeur non temporelle, mais modale, dans une proposition subordonnée hypothétique introduite par *si*. Il renvoie alors à un fait qui est envisagé comme probable.

S'il n'a pas reçu son colis samedi, il déposera une réclamation.

LE PLUS-QUE-PARFAIT

170 Les formes du plus-que-parfait

- Le plus-que-parfait est formé :
– de l'auxiliaire *être* ou *avoir* conjugué à l'imparfait ;
– du participe passé du verbe.

Il était arrivé. Il avait écrit.

171 Les emplois du plus-que-parfait

Les emplois temporels et aspectuels

• Le plus-que-parfait, comme tout **temps composé**, a d'abord une valeur d'**accompli**. Son auxiliaire étant conjugué à l'imparfait, temps du passé, il signifie que l'action est achevée dans le passé.

• Il fonctionne le plus souvent en relation avec d'autres temps du passé (imparfait, passé simple, passé composé) pour exprimer l'**antériorité**.

Repassant à Padoue vers la fin de 1830, je courus à la maison du bon chanoine : il n'était plus, je le savais, mais je voulais revoir le salon où nous avions passé tant de soirées aimables, et, depuis, si souvent regrettées.

STENDHAL, *La Chartreuse de Parme.*

L'action désignée par le plus-que-parfait précède toutes les autres actions qui sont au passé simple *(courus)* ou à l'imparfait.

Les emplois modaux

• Dans une proposition subordonnée hypothétique introduite par *si*, et en association avec le conditionnel passé → 181, 390, le plus-que-parfait désigne une action qui aurait pu avoir lieu dans le passé mais qui ne s'est pas produite (valeur d'**irréel du passé**).

S'il avait eu une webcam, il aurait pu suivre les cours avec nous.

Le plus-que-parfait *(avait eu)* renvoie à une action qui aurait pu avoir lieu mais qui ne s'est pas réalisée.

• Plus rarement, il permet d'envisager une action comme possible dans l'avenir.

Si, demain, vous aviez perdu toute votre fortune, que feriez-vous ?

LE PASSÉ ANTÉRIEUR

172 Les formes du passé antérieur

• Le passé antérieur est formé :
– de l'auxiliaire *être* ou *avoir* conjugué au passé simple ;
– du participe passé du verbe.

Il fut arrivé. Il eut écrit.

173 Les emplois du passé antérieur

• Comme le passé simple, le passé antérieur est réservé, aujourd'hui, à la langue écrite.

• Il a, comme tout **temps composé**, une valeur d'**accompli**. Son auxiliaire étant conjugué au passé simple, temps du passé, il signifie que l'action est achevée dans le passé. Il fonctionne le plus souvent en relation avec le passé simple pour exprimer l'antériorité.

Quand il eut repris ses sens, il raconta ce qu'il avait vu là-bas.
L'action évoquée par le passé antérieur précède l'action de *raconter* (passé simple).

LE FUTUR ANTÉRIEUR

174 Les formes du futur antérieur

• Le futur antérieur est formé de l'auxiliaire *être* ou *avoir* conjugué au futur simple et du participe passé du verbe.

Il sera arrivé. Il aura écrit.

175 Les emplois du futur antérieur

Les emplois temporels et aspectuels

• Comme tout **temps composé**, le futur antérieur a une valeur d'**accompli**. Son auxiliaire étant conjugué au futur, il signifie que l'action est présentée comme accomplie dans le futur.

Je serai rentré dans une heure.

• En relation avec le futur simple, il exprime souvent l'antériorité.

Il remboursera son prêt quand il aura terminé ses études.
Pour souligner l'antériorité, on peut remplacer la conjonction *quand* par *après que* : *après qu'il aura terminé ses études.*

L'emploi modal

• Comme le futur simple, le futur antérieur peut avoir une valeur modale (**futur conjectural**). Il exprime alors une supposition à propos d'une action qui est peut-être accomplie.

Elle aura manqué son train !

L'ESSENTIEL

• L'indicatif est un mode **personnel** et **temporel** : il permet de faire la distinction entre le passé, le présent et le futur. Il comporte cinq temps simples et cinq temps composés (en comptant les deux conditionnels, présent et passé → 176-181), qui se distinguent par leurs valeurs **temporelles** et **aspectuelles**. En contexte, un temps de l'indicatif peut glisser vers une valeur modale ou vers une valeur stylistique.

Le conditionnel

Les sondages avaient prévu que le candidat serait réélu.

L'événement évoqué par le conditionnel – la réélection du candidat – était situé dans le futur au moment où les sondeurs interrogeaient les électeurs.

QU'EST-CE QUE LE CONDITIONNEL ?

176 Le conditionnel est-il un mode ?

• La tradition grammaticale fait du conditionnel un **mode** à part entière. Sa valeur de base serait liée, comme son nom l'indique, à l'idée de **condition**. De fait, le conditionnel a souvent pour rôle d'indiquer que l'action est la conséquence d'une condition.

S'il faisait moins chaud, nous irions à la plage.

La première proposition exprime à l'imparfait une condition, la seconde exprime au conditionnel la conséquence de cette condition.

177 Le conditionnel, classé parmi les temps de l'indicatif

Néanmoins, l'idée que le conditionnel constitue un mode à part entière est aujourd'hui remise en cause.

• Le conditionnel ne dépend pas toujours d'une condition.

Un accident se serait produit ce matin sur l'autoroute A4.

Le conditionnel n'indique pas que l'accident est la conséquence d'une condition, mais que l'information n'est pas absolument certaine.

• Le conditionnel partage plusieurs caractéristiques avec le futur :
– les deux formes de conditionnel, le **conditionnel présent** et le **conditionnel passé**, sont symétriques du **futur simple** et du **futur antérieur** de l'indicatif ;

je chanterai (futur) / *je chanterais* (conditionnel présent)

j'aurai chanté (futur antérieur) / *j'aurais chanté* (conditionnel passé)

– le conditionnel peut avoir une **valeur temporelle** qui le rapproche du futur de l'indicatif. Parallèlement au futur qui exprime l'avenir à partir du présent de l'énonciation, le conditionnel permet d'exprimer l'avenir à partir d'un moment du passé.

Le journaliste dit qu'il pleuvra pour la fête de la Musique.

Le journaliste a dit qu'il pleuvrait pour la fête de la Musique.

Que le temps utilisé soit le futur ou le conditionnel, le fait envisagé – qu'il pleuve – est postérieur au moment où le journaliste prend la parole. La différence entre le futur et le conditionnel tient au fait qu'avec le futur, c'est le présent de l'énonciation qui sert de repère (première phrase), alors que le conditionnel a pour repère un temps exprimant le passé (deuxième phrase).

Le conditionnel est donc classé parmi les temps de l'indicatif, à la suite du futur.

LES FORMES DU CONDITIONNEL

178 Les formes du conditionnel présent

- Le conditionnel présent combine :

– le radical du futur simple ;

– les terminaisons : ***-rais, -rais, -rait, -rions, -riez, -raient***. Dans ces terminaisons, l'élément *r* est emprunté au futur simple et l'élément *ais*... à l'imparfait de l'indicatif : *je chante**rais**, tu chante**rais**, il chante**rait**, nous chante**rions**, vous chante**riez**, ils chante**raient***.

- Cette formation indique que, fondamentalement, le conditionnel « présent » n'est pas un présent mais un futur situé dans le passé.

POUR MIEUX ÉCRIRE Il ne faut pas confondre le futur simple et le conditionnel présent !

Les terminaisons des premières personnes du singulier du futur simple et du conditionnel présent sont très proches.

Si je trouvais des blettes au marché, je pourrais préparer un pounti auvergnat.

Cette phrase comporte un conditionnel.

Comme je n'ai pas trouvé de blettes au marché, je ne pourrai pas préparer de pounti auvergnat.

Cette phrase comporte un futur. La substitution d'une deuxième personne indique bien qu'un futur est requis, non un conditionnel : *Comme je n'ai pas trouvé de blettes au marché, tu ne pourras pas* (et non ⊖ *tu ne pourrais pas*) *préparer un pounti auvergnat.*

179 Les formes du conditionnel passé

- Le conditionnel passé est formé :

– de l'auxiliaire *être* ou *avoir* conjugué au conditionnel ;

– du participe passé du verbe : *Il serait arrivé. Il aurait écrit.*

REMARQUE
Selon la grammaire traditionnelle, il existe, à côté d'un « conditionnel passé première forme » *(il aurait dit)*, un « conditionnel passé deuxième forme » *(il eût dit)* : *Qui eût dit* (= *qui aurait dit*) *qu'il en serait ainsi ?* Cette distinction entre deux conditionnels passés doit être abandonnée : *eût dit* est un plus-que-parfait du subjonctif employé avec une valeur de conditionnel passé → 152.

LES EMPLOIS DU CONDITIONNEL

Le conditionnel présent et le conditionnel passé sont employés :
– soit avec une valeur temporelle de futur dans le passé ;
– soit avec une valeur modale hypothétique.

180 La valeur temporelle de futur dans le passé

• Le conditionnel sert à transposer le **futur dans le passé**. Il exprime l'avenir vu du passé.

Zoé pense qu'elle arrivera en retard.

Zoé pensait qu'elle arriverait en retard.

Le futur simple *arrivera* est remplacé par le conditionnel *arriverait* en contexte passé. Ce conditionnel exprime l'avenir à partir de l'imparfait *pensait*.

• Le conditionnel présent et le conditionnel passé se distinguent par l'**aspect** → 126 :

– le conditionnel présent, comme tout **temps simple**, envisage l'action en cours d'accomplissement (**aspect inaccompli**) ;

Elle disait qu'elle rentrerait à 16 heures.

– le conditionnel passé, comme tout **temps composé**, envisage l'action comme accomplie (**aspect accompli**).

Elle disait qu'elle serait rentrée à 16 heures.

• En raison de cette valeur d'accompli, le conditionnel passé peut fonctionner en relation avec le conditionnel présent pour exprimer l'antériorité.

Camille avait dit qu'elle l'appellerait dès qu'elle serait rentrée de Toulouse.

Les deux conditionnels *appellerait* et *serait rentrée* expriment des futurs vus du passé. Mais le conditionnel passé *serait rentrée* indique que le retour de Camille est censé précéder son appel téléphonique.

181 La valeur modale hypothétique

Le conditionnel abandonne toute valeur temporelle quand il a une valeur modale. Il a alors une signification **hypothétique**.

Le conditionnel dans le système hypothétique

• Le **conditionnel présent** peut exprimer, en association avec *si* + imparfait :
– le **potentiel** (le fait est possible dans le présent ou dans l'avenir) ;
– l'**irréel du présent** (le fait est impossible dans le présent).
Dans cette construction, l'imparfait de l'indicatif, comme le conditionnel, n'a pas une valeur temporelle mais modale → 161.

Si nous partions plus tôt demain, nous éviterions les embouteillages.
La condition exprimée par la proposition subordonnée introduite par *si* relève du potentiel : comme l'indique l'adverbe *demain*, le fait est possible dans l'avenir.

Si j'étais arbre [...], *je porterais des fruits, j'aurais un feuillage, des oiseaux, je serais vert.* GUSTAVE FLAUBERT, *La Tentation de saint Antoine.*
La condition exprimée par la proposition subordonnée introduite par *si* relève de l'irréel du présent : nous savons qu'il est impossible pour le locuteur de devenir un arbre.

• Le **conditionnel passé** exprime, en association avec *si* + plus-que-parfait, l'**irréel du passé**. Il désigne une action qui aurait pu se réaliser dans le passé mais qui n'a pas eu lieu. Dans cette construction, le plus-que-parfait de l'indicatif, comme le conditionnel, n'a pas une valeur temporelle mais modale.

Si nous étions partis plus tôt, nous aurions évité les embouteillages.

Le conditionnel en dehors du système hypothétique

• En dehors du système hypothétique, le conditionnel présent ou passé peut être utilisé pour présenter un fait dont la vérité n'est pas garantie.

Selon des sources bien informées, les négociations auraient lieu après la fin de la conférence ministérielle.

• Le conditionnel peut encore exprimer :
– l'éventualité ;

Ils cherchent une jeune étudiante qui pourrait garder leurs enfants deux soirs par semaine.

– ce qui est rêvé, imaginé ;

Tu serais le papa et moi je serais la maman. J'aurais pris un congé et nous serions partis pour San Francisco.

– la demande polie.

Pourriez-vous m'indiquer où trouver une boulangerie ?

L'ESSENTIEL

• Les **conditionnels présent** et **passé** constituent moins un mode que deux **temps de l'indicatif**.
• Ils peuvent avoir une **valeur temporelle** et évoquer le **futur vu du passé**.
• Ils peuvent aussi prendre une **valeur modale**, en particulier dans les systèmes hypothétiques.

L'impératif

Tournez à gauche. Avancez sur 250 mètres. Serrez à droite. Au feu, tournez à droite.

Le GPS guide le conducteur en lui donnant des instructions. Il utilise le mode de l'impératif.

QU'EST-CE QUE L'IMPÉRATIF ?

182 L'impératif, un mode personnel

Les personnes de l'impératif

- L'impératif est un **mode personnel** →121, c'est-à-dire qu'il regroupe des formes qui varient selon la personne.

Ouvre la fenêtre. (deuxième personne du singulier)
Ouvrez la fenêtre. (deuxième personne du pluriel)

- L'impératif n'existe qu'à la deuxième personne du singulier et aux première et deuxième personnes du pluriel.

Entre. Entrons. Entrez.

REMARQUE
Le subjonctif permet de suppléer les formes qui n'existent pas à l'impératif.
Qu'il / elle entre. Qu'ils / elles entrent.

Le sujet du verbe à l'impératif

- Le **sujet** d'un verbe à l'impératif **n'est pas exprimé**. C'est même l'absence de sujet exprimé qui permet, pour de nombreuses formes, de distinguer l'indicatif présent de l'impératif présent.

Nous arrivons un quart d'heure avant le début du spectacle.
Arrivons est un indicatif présent.

Arrivons un quart d'heure avant le début du spectacle.
Arrivons est un impératif présent.

- L'impératif est souvent accompagné d'un nom, d'un groupe nominal ou d'un pronom mis en **apostrophe** →351-353, qui désigne le destinataire de l'énoncé, autrement dit la personne (ou plus rarement la chose) supposée accomplir l'action.

Les enfants, mettez-vous en pyjama et brossez-vous les dents.
Le locuteur s'adresse à ses enfants.

REMARQUE

Contrairement au sujet, l'apostrophe est mobile dans la phrase. On peut dire :
Mettez-vous en pyjama, les enfants, et brossez-vous les dents.
Mettez-vous en pyjama et brossez-vous les dents, les enfants.

183 L'impératif, un mode non temporel

- Contrairement à l'indicatif, l'impératif est un mode **non temporel** →121 : le présent et le passé ne permettent pas de situer chronologiquement l'action dans le présent ou le passé, mais se distinguent par leur **aspect**.

- Le **présent** de l'impératif est un temps simple. Il exprime l'**aspect inaccompli**. Il porte mal son nom puisqu'il concerne généralement le futur.

Agitez le flacon avant l'emploi.
Au moment où le destinataire lit cette consigne sur le flacon, il ne l'a pas encore agité. Le conseil sera appliqué dans un avenir proche ou lointain.

REMARQUE

Dans certains cas, le destinataire est indéfini et l'impératif a une valeur générale, en dehors de toute situation concrète particulière. L'impératif présent indique alors que l'action est valable de tout temps.

Aide-toi et le ciel t'aidera.
La tournure proverbiale confère à l'impératif une valeur universelle et omnitemporelle.

- Le **passé** de l'impératif est un temps composé : il marque l'**aspect accompli**, c'est-à-dire que l'action est envisagée comme achevée dans le futur. C'est pourquoi il a une valeur plus contraignante que l'impératif présent.

Ayez renvoyé votre dossier avant le 15 mars.

FORMES ET EMPLOIS DE L'IMPÉRATIF

184 Les formes de l'impératif

L'impératif a deux temps : le présent, qui est un temps simple, et le passé, qui est un temps composé.

L'impératif présent

- L'impératif présent combine :

– le radical de l'indicatif présent ;

– les terminaisons : ***-e / -s, -ons, -ez.***

je marche → marche, marchons, marchez

je nourris → nourris, nourrissons, nourrissez

je descends → descends, descendons, descendez

- *Avoir, être, savoir* et *vouloir* forment leur impératif présent sur le radical du subjonctif et non sur le radical de l'indicatif. Ils ont les mêmes terminaisons d'impératif que les autres verbes.

que j'aie, que nous ayons → aie, ayons, ayez

que je sois, que nous soyons → sois, soyons, soyez

que je sache → sache, sachons, sachez

que je veuille → veuille, veuillez (en concurrence avec *veux, voulez*)

POUR MIEUX ÉCRIRE Attention à la deuxième personne du singulier des verbes du premier groupe !

- Pour les verbes du premier groupe et *aller*, l'impératif présent est semblable à l'indicatif présent, sauf à la deuxième personne du singulier, qui perd son *s*. Il faut donc écrire :

Tu rentres avant la nuit, mais *rentre avant la nuit.*

- Pour des raisons d'euphonie, les verbes du premier groupe et le verbe *aller* retrouvent leur *s* final à l'impératif de deuxième personne du singulier devant *en* et *y* quand ils ne sont pas suivis d'un infinitif.

Pense à déposer Adèle au solfège. → Penses-y.

Garde quelques prunes pour ton clafoutis. → Gardes-en.

Mais : *Va demander du chocolat au voisin. → Va en demander au voisin.*
En est ici complément de *demander* et non de *va*.

L'impératif passé

- Il se forme avec l'auxiliaire *être* ou *avoir* à l'impératif présent, suivi du participe passé.

Aie terminé. Sois rentré.

185 Les emplois de l'impératif

Dans une proposition indépendante ou principale

- L'impératif permet généralement au locuteur d'adresser une **injonction** au destinataire. Cette injonction peut être formulée de manière plus ou moins contraignante et prendre la forme d'un **ordre**, d'une **exhortation**, d'une **prière**, d'un **conseil** ou d'une **suggestion**.

  Compostez votre billet avant de monter dans le train. (ordre)
  Ressaisissez-vous : tout ira bien ! (exhortation)
  Garde-moi une place. (prière)
  Prends l'autoroute A14 : tu risques moins les embouteillages. (conseil)
  Allons dîner au restaurant. (suggestion)

- Lorsque la phrase est à la forme négative, l'impératif exprime une **défense**.

  Ne fumez pas dans l'enceinte de la gare.

POUR MIEUX S'EXPRIMER ***Veuillez m'excuser* ou *excusez-moi*.**

Dans les formules de politesse, il faut atténuer la valeur injonctive de l'impératif. C'est pourquoi l'on doit dire *veuillez m'excuser* ou *veuillez agréer l'expression de mes sentiments distingués*, plutôt que *excusez-moi* ou *agréez l'expression de mes sentiments distingués*.

Dans une proposition subordonnée

On rencontre l'impératif dans des propositions subordonnées construites sans connecteur →358.

- L'impératif peut exprimer la **condition**.

  Dis-moi ce que tu manges, je te dirai qui tu es.
  Il faut comprendre : *Si tu me dis ce que tu manges, je te dirai qui tu es.*

- L'impératif peut exprimer la **concession** (associée à la condition).

  Continuez d'argumenter, je ne changerai pas d'avis.
  Il faut comprendre : *Même si vous continuez d'argumenter, je ne changerai pas d'avis.*

L'ESSENTIEL

- L'impératif n'a pas de sujet exprimé, mais l'apostrophe permet de désigner la personne susceptible d'accomplir l'action.
- L'impératif exprime généralement une **injonction** plus ou moins contraignante (ordre, exhortation, prière, conseil, suggestion, défense).
- Le présent et le passé de l'impératif concernent tous deux le **futur**. Mais le passé envisage l'action comme achevée dans le futur (aspect accompli) et a, de ce fait, une valeur plus contraignante.

L'accord du verbe et du participe passé

Deux Pigeons s'aimaient d'amour tendre.
L'un d'eux s'ennuyant au logis
Fut assez fou pour entreprendre
Un voyage en lointain pays. JEAN DE LA FONTAINE, *Les deux Pigeons.*

Dans ces quatre vers, deux verbes sont à un mode impersonnel et ne sont pas conjugués : le participe présent *s'ennuyant* et l'infinitif *entreprendre*. Les deux autres verbes sont conjugués et subissent les règles de l'accord : *(Deux pigeons) s'aimaient* et *(L'un d'eux...) fut*.

L'ACCORD DU VERBE

Le verbe a un seul sujet

186 L'accord du verbe avec le sujet : règle générale

• Le verbe conjugué à un mode personnel s'accorde en **personne** et en **nombre** avec son sujet.

Je repeins ma chambre. Il repeint sa chambre.

• Quand la forme verbale est **simple**, la terminaison est soudée au radical *(-s, -t...)*. Quand la forme verbale est **composée**, la terminaison est portée par l'auxiliaire.

Nous avons repeint notre chambre.

• Le participe passé peut aussi varier en **genre** et en **nombre** → 199-211.

187 L'accord du verbe avec *nous* et *vous* désignant une personne unique

• Les pronoms *nous* et *vous* désignent parfois une personne unique :
– le ***nous* de majesté** est utilisé à la place de ***je*** par un souverain ou par toute personne qui détient l'autorité ;

– le ***nous* de modestie** est utilisé à la place de ***je*** par un auteur ;
– le ***vous* de politesse** est utilisé à la place de ***tu*** pour exprimer une distance respectueuse.
Dans ce cas, le verbe porte la marque du pluriel.

Quel modèle de téléphone portable souhaitez-vous acheter ?

• Pour les formes composées, cependant, le participe passé reste au singulier mais s'accorde, comme les adjectifs qualificatifs, en genre.

Excusez-moi, Madame, mais vous vous êtes trompée de numéro.

188 L'accord du verbe avec le pronom relatif *qui*

• Quand le sujet est le pronom relatif ***qui***, le verbe se met à la même personne et au même nombre que son **antécédent**.

J'ai croisé Manon qui sortait de la piscine.
L'antécédent du pronom relatif *qui* est le nom propre *Manon*, de troisième personne ; le verbe *sortir* est donc à la troisième personne du singulier.

Moi qui suis toujours en avance, je suis arrivé, cette fois-là, avec une heure de retard !
L'antécédent du pronom relatif *qui* est le pronom personnel *moi* : le verbe *être* est donc conjugué à la première personne du singulier.

• Lorsque l'antécédent est un **attribut** se rapportant à un sujet de première ou de deuxième personne, on peut faire l'accord avec l'attribut à la troisième personne ou avec le sujet.

Nous sommes des amis qui partagent / partageons les mêmes valeurs.
L'antécédent du pronom relatif *qui* est le groupe nominal *des amis*, attribut du sujet *nous*. On peut donc écrire *partagent* (accord avec l'attribut du sujet) ou *partageons* (accord avec le sujet).

• Lorsque le pronom relatif est précédé de ***un des, un de ces***..., le verbe se met souvent au pluriel (accord avec le nom pluriel), mais on rencontre également le singulier (accord avec le pronom *un*).

C'est un des films qui m'ont le plus marqué.

C'est un des films qui m'a le plus marqué.
Dans la première phrase, l'antécédent du pronom relatif est *(des) films*, et le verbe prend la marque du pluriel. Dans la seconde phrase, le locuteur souligne le fait qu'il parle d'un film en particulier et accorde le verbe au singulier : l'antécédent du pronom relatif est le pronom *un*.

189 L'accord du verbe avec un sujet neutre : *ce, cela, ça*

• Les pronoms neutres *ce, cela* et *ça* entraînent en général un accord du verbe à la troisième personne du singulier et un accord du participe passé au masculin singulier.

Ce fut une grande soirée.

Cela avait déjà été annoncé il y a quelques mois.

• Cependant, lorsque le pronom neutre *ce* est sujet du verbe *être* et que l'expression qui suit le verbe est au pluriel, l'accord du verbe se fait souvent au pluriel. Il ne se fait pas toujours à l'oral, mais il s'impose à l'écrit.

C'est des skieurs qui ont donné l'alerte.

Ce sont des skieurs qui ont donné l'alerte.

La langue parlée ou familière peut accorder le verbe au singulier, mais l'usage soigné exige l'accord du verbe au pluriel.

190 L'accord du verbe avec un sujet du type *beaucoup, peu, trop de* + nom

• Les adverbes de quantité *beaucoup, peu, trop, assez, moins...*, quand ils sont suivis de *de*, jouent le rôle de déterminants du nom. Si le nom est au pluriel, l'accord du verbe se fait au pluriel.

Beaucoup de spectateurs se sont pressés autour de la place pour profiter du spectacle.

• Cependant, lorsque *peu* est construit avec un déterminant et devient donc un nom *(le peu de, ce peu de)*, il peut entraîner l'accord au singulier quand on veut indiquer globalement une petite quantité.

Le début de la rencontre ne rassure pas le peu de supporters qui ont fait le déplacement. (les quelques supporters)

Le début de la rencontre ne rassure pas le peu de supporters qui a fait le déplacement. (le petit nombre de supporters)

191 L'accord du verbe avec un sujet comportant un nom collectif : *la plupart de, une foule de, une dizaine de...*

• Lorsqu'un nom collectif *(foule, dizaine, multitude, majorité...)* est suivi d'un nom au pluriel, le verbe s'accorde avec ce nom (accord au pluriel) ou avec le nom collectif (accord au singulier).

Une vingtaine de manifestants a organisé un barrage filtrant.

Une vingtaine de manifestants ont organisé un barrage filtrant.

• Avec *la plupart de*, le verbe, le plus souvent, s'accorde au pluriel.

La plupart des spectateurs se sont ennuyés.

192 L'accord du verbe avec un sujet formé à partir d'une fraction ou d'un pourcentage

• Lorsqu'un nom de fraction au singulier *(moitié, tiers, quart...)* est suivi d'un nom au pluriel, le verbe s'accorde avec ce nom (accord au pluriel) ou avec le nom de fraction (accord au singulier).

Plus de la moitié des exploitations est en culture biologique.
Plus de la moitié des exploitations sont en culture biologique.

• Lorsqu'une expression contenant *pour cent* ou *pour mille* est suivie d'un nom au singulier, le verbe s'accorde avec ce nom (accord au singulier) ou avec cette expression (accord au pluriel).

Cinquante pour cent de la production agricole alimente / alimentent directement les villes.

193 L'accord de *vive, soit, qu'importe, peu importe, reste*

• Certains verbes sont utilisés en tête de phrase dans des expressions figées : *vive, soit, qu'importe, peu importe, reste.* Ils peuvent s'accorder avec leur sujet ou rester invariables.

Qu'importent les difficultés !
Qu'importe les difficultés !

Quand le verbe est placé après le sujet, il s'accorde.

Ce sont les seules choses qui m'importent.

• On tend cependant à ne pas accorder le mot *soit* quand il signifie « supposons » et le mot *vive* quand il signifie « bravo » ou « honneur à ». La valeur verbale de ces mots a en effet presque complètement disparu.

Soit douze pions.
Vive les mariés !

Le verbe a plusieurs sujets

194 L'accord du verbe avec plusieurs sujets

• Quand le verbe a plusieurs sujets coordonnés (ou juxtaposés), il se met au pluriel.

Le pianiste et le saxophoniste jouent ensemble pour la première fois.

195 L'accord du verbe avec des sujets qui ne sont pas de la même personne

• Quand le verbe a plusieurs sujets qui ne sont pas de la même personne, on applique les règles suivantes :

– la première personne l'emporte sur les deux autres ;

Toi et moi avons toujours été très proches.

– la deuxième personne l'emporte sur la troisième.

Toi et ton frère avez toujours été très proches.

196 L'accord du verbe avec des sujets coordonnés par *ou* ou par *ni*

• Avec des sujets coordonnés par *ou* ou par *ni*, l'accord au pluriel est le plus fréquent, mais l'accord au singulier est également admis. L'accord au singulier se justifie en particulier lorsque *ou* est exclusif, c'est-à-dire lorsqu'un des deux sujets exclut l'autre.

Une voiture ou un ordinateur ne sont plus aujourd'hui des produits de luxe.

Un documentaire ou un dessin animé sera proposé aux enfants dans le cadre des ateliers.

Il faut comprendre que les enfants pourront voir un seul film.

197 L'accord du verbe avec des sujets qui désignent une même réalité

• Quand le verbe a plusieurs sujets et que ces sujets désignent la même personne ou la même chose, on applique la règle générale et l'accord se fait au pluriel.

La fatigue, le découragement, la lassitude se lisaient sur les visages des derniers concurrents du marathon.

• On trouve cependant l'accord au singulier lorsque, pour des raisons stylistiques, on cherche à souligner que les sujets ne renvoient qu'à une seule et même réalité.

La fatigue, le découragement, la lassitude se lisait sur les visages des derniers concurrents du marathon.

198 Un sujet ou plusieurs sujets ? Le cas de la comparaison d'égalité

Les expressions *comme, ainsi que, autant que*..., quand elles sont suivies d'un groupe nominal ou d'un pronom, peuvent avoir deux sens différents.

• Quand elles expriment une comparaison d'égalité, elles n'entraînent pas l'accord au pluriel.

Le lézard, comme le serpent, vit à l'abri dans des trous du sol.

• Il arrive cependant que l'on accorde au pluriel lorsque *comme, ainsi que, autant que* sont compris comme l'équivalent d'une conjonction de coordination reliant deux sujets.

Le lézard comme le serpent vivent à l'abri dans des trous du sol.

Le mot *comme* fonctionne ici comme la conjonction de coordination *et*.

L'ACCORD DU PARTICIPE PASSÉ

Le participe passé est employé sans auxiliaire

199 Le participe passé sans auxiliaire : règle générale

• Le participe passé relève à la fois de la catégorie du verbe et de celle de l'adjectif →137. Employé sans auxiliaire, il s'accorde comme un adjectif et reçoit donc les marques de genre et de nombre du nom ou du groupe nominal (ou du pronom, du groupe pronominal...) dont il dépend.

Le coureur, épuisé par tant d'efforts, rejoint le bus.
Ces coureurs semblent épuisés.

200 L'accord du participe passé dans les expressions *ci-joint, vu, attendu, étant donné, passé...*

Il est fréquent que, dans ces expressions, le participe passé ne s'accorde pas.

Ci-joint, ci-inclus, ci-annexé

• Les participes passés *ci-joint, ci-inclus* et *ci-annexé* sont **invariables** quand ils sont placés en tête d'une **phrase nominale** ou devant un **nom sans déterminant**. Ils sont alors assimilés à des adverbes.

Ci-joint les informations demandées.
Veuillez trouver ci-joint copie du contrat de location.

• Ces participes passés redeviennent variables :
– quand, placés après un nom avec déterminant, ils sont épithètes de ce nom ;
Veuillez conserver les contrats ci-joints. (épithète)
– quand ils sont attributs.
Les contrats sont ci-joints. (attribut du sujet)

• Dans les autres constructions, on est libre d'accorder ou non le participe passé, en particulier quand il précède un **nom avec déterminant**.

Veuillez trouver ci-joint / ci-joints les contrats.

Vu, attendu, excepté, compris, non compris

• Les participes passés *vu, attendu, excepté, compris, non compris* sont **invariables** quand, placés **devant un mot** ou un groupe de mots, ils fonctionnent comme des **prépositions**.

L'orage s'abattit sur la chapelle où il brisa toutes les images, excepté celle de la Vierge.
Le participe passé *excepté* a ici le sens de la préposition *sauf*.

• **Placés après le mot** ou le groupe de mots, ces participes passés s'accordent.
L'orage s'abattit sur la chapelle où il brisa toutes les images, celle de la Vierge exceptée.

Étant donné, mis à part, passé

• Le participe passé *étant donné* est en général **invariable** quand il **précède** le mot ou le groupe de mots.
Étant donné les restrictions imposées à la circulation, il est conseillé d'utiliser les transports en commun.

• Les participes passés *mis à part* et *passé* peuvent, dans cette position, rester invariables ou s'accorder.
Mis à part / Mise à part cette panne de courant, le week-end s'est bien passé.

• **Placé après le mot** ou le groupe de mots, le participe passé s'accorde.
Cette panne de courant mise à part, le week-end s'est bien passé.

Le participe passé est employé avec un auxiliaire

201 L'accord du participe passé employé avec l'auxiliaire *être*

• Le participe passé employé avec l'auxiliaire *être* s'accorde en genre et en nombre **avec le sujet**, aussi bien à la voix active qu'à la voix passive.
À cause du vent, toutes les mirabelles sont tombées au pied de l'arbre. (sont tombées : voix active)
Les arbres ont été déracinés par la tempête. (ont été déracinés : voix passive)

• Il faut cependant faire attention aux formes pronominales. Le participe passé d'une forme pronominale, pourtant employée avec l'auxiliaire *être*, ne s'accorde pas toujours avec le sujet → 206-209.

202 L'accord du participe passé employé avec l'auxiliaire *avoir* : règle générale

• Le participe passé employé avec l'auxiliaire *avoir* ne s'accorde pas avec le sujet.
Ils ont construit une cabane au bord de la forêt.

• Il s'accorde cependant **avec le COD** quand celui-ci est placé **avant** lui.
Ils ont retrouvé la cabane qu'ils avaient construite au bord de la forêt.
Le pronom relatif *qu'* est COD ; il représente *la cabane*, et le participe passé *construite*, en conséquence, reçoit la marque *e* du féminin.

203 L'accord du participe passé employé avec l'auxiliaire *avoir* quand le COD est *le* ou *l'*

• Le COD placé avant le participe passé peut être un **pronom personnel**.

Cette commode, il l'a trouvée chez un brocanteur.

Le participe passé *trouvée* s'accorde avec le pronom personnel COD *l'* qui représente *cette commode.*

• Mais le participe passé ne s'accorde pas quand le pronom *l'*, mis pour *le* à valeur de neutre, équivaut à une proposition.

La randonnée s'est passée comme on l'avait prévu.

Le pronom COD *l'* ne renvoie pas uniquement à *la randonnée*, mais à l'idée que cette randonnée se passerait d'une certaine manière : *comme on l'avait prévu* signifie *comme on avait prévu qu'elle se passerait.*

204 L'accord du participe passé employé avec l'auxiliaire *avoir* quand le COD est *en*

• Quand le COD est le pronom *en*, la règle veut que le participe passé **ne s'accorde pas**.

Des voitures, il en a réparé !

205 L'accord du participe passé des verbes *peser, mesurer, valoir, coûter, durer...*

• Le participe passé des verbes *peser, mesurer, valoir, coûter, durer...* ne s'accorde pas avec le complément qui indique combien pèse, mesure, coûte... le sujet. En effet, ce complément n'est pas un COD du verbe mais un **complément de mesure** → 233.

Il faut comparer cette dépense aux trois millions d'euros qu'a coûté la construction de l'école.

Le pronom relatif *qu'*, qui représente *trois millions d'euros*, est un complément de mesure. En conséquence, le participe passé reste invariable.

• Néanmoins, les verbes qui peuvent se construire avec un complément de mesure peuvent aussi, avec un sens différent, recevoir un COD. Dans ce cas, le participe passé s'accorde avec le COD placé avant.

Le musicien explique dans le film toutes les difficultés que lui a coûtées la composition de cette symphonie.

Le verbe *coûter* n'a pas son sens propre mais signifie « causer une difficulté, une peine, un effort, etc. ». Le pronom *que*, qui représente *toutes les difficultés*, est un COD du verbe et le participe passé s'accorde avec ce COD placé avant lui.

206 L'accord du participe passé d'une forme pronominale : règle générale

Il existe deux grands types de formes pronominales → 116-118.

• Quand le pronom réfléchi peut être analysé (comme, par exemple, dans *se soigner*), on applique la règle du participe passé conjugué avec *avoir*.

• Quand le pronom réfléchi ne peut pas être analysé (comme, par exemple, dans *se souvenir*), on applique la règle du participe passé conjugué avec *être*.

207 L'accord du participe passé d'une forme pronominale dont le pronom est COD ou COI

Le sens d'une forme pronominale peut être celui d'un verbe comportant un COD ou un COI (ou un datif → 225).

Le pronom réfléchi est COD

• Un verbe tel que *se soigner* n'est qu'une variante de *soigner quelqu'un*, et *se* est donc COD du verbe. En conséquence, la forme composée *s'être soigné(e)(s)* comporte, malgré l'auxiliaire *être*, un COD, le pronom *s'*. Dans ce cas, **le participe passé s'accorde avec ce COD**.

Elle s'est toujours soignée avec des plantes.
S' est COD. Cette phrase signifie : *elle a toujours soigné elle-même avec des plantes.*

Le pronom réfléchi est COI (ou datif)

• Un verbe tel que *s'accorder*, en revanche, est une variante de *accorder* ***à*** *quelqu'un*. Le pronom réfléchi n'est pas COD du verbe, mais COI (ou COS), et le participe passé ne s'accorde donc pas avec ce pronom.

Elles se sont accordé deux mois de vacances.
Cette phrase signifie, non *elles ont accordé elles-mêmes*, mais : *elles ont accordé à elles-mêmes deux mois de vacances.*

• Si ce verbe reçoit un COD et si ce COD est placé avant, le participe passé de ce verbe s'accorde avec ce COD.

Elles ont bien profité des deux mois de vacances qu'elles se sont accordés.
Le pronom relatif *qu'*, qui représente *deux mois de vacances*, est COD du verbe, alors que *se* est COI (ou COS), comme dans la phrase précédente : le participe passé s'accorde avec *qu'* et prend donc le pluriel de *deux mois de vacances*.

208 L'accord du participe passé d'une forme pronominale dont le pronom ne peut pas être analysé

• Parfois, le pronom réfléchi ne peut pas être analysé et ne reçoit, en conséquence, aucune fonction. Dans ce cas, **le participe passé s'accorde avec le sujet**.

Elle s'est souvenue de leur rencontre.

• Quatre verbes font exception : *se rire, se plaire, se déplaire* et *se complaire*. Le participe passé de ces verbes est toujours invariable, quel que soit le sens de la forme pronominale. Ainsi, bien que le pronom du verbe *se plaire* soit inanalysable quand ce verbe signifie « prendre plaisir à », le participe passé ne s'accorde pas avec le sujet.

Elle s'est plu à ignorer sa présence.

209 Tableau récapitulatif de l'accord du participe passé d'une forme pronominale

PRONOM RÉFLÉCHI	RÈGLE	EXEMPLES
Le pronom réfléchi a une fonction.	**Le participe passé s'accorde avec le COD placé avant.**	
COD	Le participe passé s'accorde avec le pronom COD.	*Elle s'est soignée avec des plantes.*
COI ou datif	Le participe passé s'accorde uniquement avec le COD placé avant.	*Elles se sont accordé deux mois de vacances.* (COD placé après : pas d'accord) *Elles ont bien profité des deux mois de vacances qu'elles se sont accordés.* (COD placé avant : accord)
Le pronom réfléchi n'a pas de fonction.	**Le participe passé s'accorde avec le sujet.**	*Elle s'est souvenue de leur rencontre.*
	exception	*Elle s'est plu à ignorer sa présence.*

Le participe passé est suivi d'un infinitif

210 L'accord du participe passé suivi d'un infinitif : règle générale

• Lorsque le participe passé est suivi d'un infinitif, le COD qui précède peut être COD, non de la forme verbale composée avec ce participe passé, mais de l'infinitif seul. Dans ce cas, le participe passé reste invariable.

La veste qu'il a voulu acheter était trop grande pour lui.

Le pronom relatif *qu'* est COD, non de *a voulu*, mais de *acheter*.

• En revanche, dès que le COD est COD de la forme verbale composée avec le participe passé, ce participe passé s'accorde avec ce COD.

J'ai téléphoné à Manon et je l'ai remerciée d'avoir pensé à nous.

Le COD *l'*, qui représente *Manon*, est COD de *ai remerciée*, et le participe passé s'accorde avec ce COD placé avant lui.

• De même, on écrit différemment :

Cette pièce de théâtre, je l'ai vu jouer une dizaine de fois.

Cette actrice, je l'ai vue jouer une dizaine de fois.

Dans la première phrase, *l'*, qui représente *cette pièce de théâtre*, est interprété comme le COD de *jouer* et non de *ai vu*, alors que, dans la seconde, le pronom, qui représente *cette actrice*, est COD du verbe conjugué seul.

211 L'invariabilité du participe passé de *faire* suivi d'un infinitif

• Le participe passé de *faire* suivi d'un infinitif est toujours invariable.

Il n'a pas encore reçu les places de concert qu'il a fait acheter par le comité d'entreprise.

Le semi-auxiliaire *faire* → 115 forme avec l'infinitif une périphrase verbale, *fait acheter*, et le COD *qu'*, qui représente *les places de concert*, n'est pas COD du semi-auxiliaire seul, mais de la périphrase verbale tout entière : il n'a pas *fait* les places, il les a *fait acheter.*

N. ORTH La réforme de 1990 recommande aussi l'invariabilité de *laisser* quand il est employé comme semi-auxiliaire : *Cette tarte, il l'a vraiment laissé trop cuire !*

• Quand *faire* et *laisser* sont employés seuls, la règle ordinaire s'applique, et le participe passé s'accorde avec le COD placé avant.

Elle regrette l'erreur qu'elle a faite.

Les constructions du verbe

Elle profite de l'arrière-saison. Les plages sont désertes. Elle aime marcher seule le long du rivage.

Profite est suivi d'un groupe prépositionnel COI, *sont* est suivi d'un adjectif attribut, *aime* est suivi d'un groupe infinitif COD. Tous les verbes n'admettent pas les mêmes constructions et n'appartiennent pas aux mêmes catégories.

VERBES TRANSITIFS, INTRANSITIFS, ATTRIBUTIFS

212 Les verbes intransitifs

• Les verbes intransitifs sont des verbes qui se construisent **sans complément d'objet ni attribut**.

Son mari ronfle.
Le verbe *ronfle* est employé sans complément.

Son mari ronfle toutes les nuits.
Le verbe *ronfle* est employé avec un complément circonstanciel.
Il n'est pas construit avec un complément d'objet direct ou un attribut ; il est intransitif.

213 Les verbes transitifs

• Les verbes transitifs sont des verbes qui se construisent **avec un complément d'objet**.

Les verbes transitifs directs

• Ils sont construits avec un complément d'objet direct → 216-220.

Je cherche un hébergement.

J'imagine rester un mois.
Les verbes *cherche* et *imagine* sont construits avec un COD. Il s'agit ici de verbes transitifs directs.

Les verbes transitifs indirects

• Ils sont construits avec un complément d'objet indirect → 221-223.

Ces fleurs manquent d'eau. Si tu tiens à les voir fleurir, il faut les arroser. Penses-y.
Les verbes *manquent, tiens* et *penses* sont construits avec un COI. Il s'agit ici de verbes transitifs indirects.

Les verbes doublement transitifs

• Ils sont construits avec deux compléments d'objet, qui peuvent être :
– un complément d'objet direct et un complément d'objet indirect, appelé complément d'objet second → 224 ;

Gaspard demande son adresse à Oscar. Il lui enverra un texto.

La monitrice encourage les moins doués à persévérer.

Les verbes *demande, enverra* et *encourage* sont construits avec un COD et un COS : ces verbes sont ici doublement transitifs.

– deux compléments d'objet indirects.

Il s'est entretenu de la situation avec son patron.

Il lui en a parlé.

Les verbes *s'est entretenu* et *a parlé* sont construits avec deux COI : ces verbes sont ici doublement transitifs.

REMARQUES

1. Un même verbe peut être transitif et intransitif selon les emplois. Il change alors de sens.

Il augmente régulièrement ses salariés.

Le verbe *augmenter* est ici transitif direct et prend le sens de « donner un salaire plus important à ».

Le prix des matières premières a augmenté.

Le verbe *augmenter* est ici intransitif et prend le sens de « devenir plus grand ».

2. De nombreux verbes aujourd'hui transitifs indirects sont d'anciens verbes transitifs directs.

L'infante lui dit que la plus grande beauté d'une femme était d'obéir son mari.
MALHERBE

Vous pouvez profiter les bons exemples que vous avez remarqués.
GUEZ DE BALZAC

Inversement, d'anciens verbes transitifs indirects sont aujourd'hui transitifs directs.

214 Les verbes attributifs

Les verbes attributifs sont des verbes qui se construisent avec un attribut.

Les verbes attributifs construits avec un attribut du sujet → 226-229

• Il s'agit, en particulier, des verbes d'état *(être, devenir, paraître, rester, sembler...)*, qui permettent d'exprimer une caractéristique du sujet (état, propriété, statut, etc.).

Cette mouche est exaspérante.

La fête semble terminée.

Les verbes attributifs construits avec un attribut du COD → 230-231

• Il s'agit, en particulier, des verbes qui expriment un jugement *(penser, croire, dire...)*, une transformation *(rendre, faire...)* ou une dénomination *(appeler, nommer...)*.

Le scandale a rendu Maxime Duchamp célèbre.

Certains le prennent pour un imposteur.

REMARQUE

Certains verbes qui ne sont pas habituellement attributifs admettent parfois un attribut. Ce sont des verbes occasionnellement attributifs → 226, 231.

Il est revenu ravi.

Il faut comprendre : *Il était ravi lorsqu'il est revenu. Ravi* est attribut du sujet *il* et le verbe *revenir* a ici une valeur attributive.

CAS PARTICULIER : L'EMPLOI ABSOLU DU VERBE

215 Des verbes transitifs employés sans complément d'objet

• Certains verbes transitifs sont employés sans complément d'objet exprimé et conservent pourtant le même sens. On parle d'**emploi absolu** du verbe transitif.

Elle a dessiné les plans de sa maison.

La phrase précise ce qu'elle a dessiné : *les plans de sa maison*, COD du verbe *dessiner*.

Elle dessine très bien.

La phrase ne précise pas ce qu'elle dessine très bien. *Dessiner* reste un verbe transitif, mais son complément d'objet n'est pas exprimé : il est utilisé en emploi absolu.

REMARQUE

On peut distinguer deux types d'emploi absolu :

Regarde !

Le COD peut être précisé : *Regarde ce tableau !*

Il lit.

Le COD n'a pas à être précisé, car on met l'accent sur le verbe lui-même.

L'ESSENTIEL

Il faut distinguer :

• les **verbes intransitifs** qui se construisent sans complément d'objet ni attribut ;

• les **verbes transitifs** : ils sont **transitifs directs** quand ils se construisent avec un COD, **transitifs indirects** quand ils se construisent avec un COI ; **doublement transitifs** quand ils se construisent avec un COD et un COS ou deux COI ;

• les **verbes attributifs** qui se construisent avec un attribut du sujet ou un attribut du COD.

Le complément d'objet du verbe

Une vieille dame promène son chien.
Un homme téléphone à sa femme.

Le groupe de mots *son chien* indique à qui s'applique l'action. Le groupe de mots *à sa femme* indique en direction de qui s'effectue l'action. On les appelle des compléments d'objet du verbe.

QU'EST-CE QU'UN COMPLÉMENT D'OBJET DIRECT ?

216 Reconnaître un complément d'objet direct

• Le complément d'objet direct (COD) présente les caractéristiques suivantes :

– en général, il ne peut pas être supprimé car il est appelé par le sens du verbe : il fait partie des **compléments essentiels du verbe** → 34-36 ;

Elle a attrapé un joli papillon.
La phrase ⊖ *Elle a attrapé* est incomplète.

– il répond à une question en ***que*** ou, si le COD est une personne, en ***qui***.

Qu'a-t-elle attrapé ?

Qui as-tu vu ?

– il se **construit directement** après le verbe, sans préposition.

Elle a attrapé un joli papillon.

REMARQUE

Certains verbes transitifs directs peuvent cependant être employés sans COD. On parle d'emploi absolu → 215 : *Elle lit.*

• La grammaire traditionnelle définit souvent le COD comme l'objet ou la personne affecté(e) par l'action. Cette définition est réductrice. Le COD peut en effet remplir d'autres rôles.

Cette information concerne les nouveaux abonnés.
Le COD est ici mis en relation avec le sujet par le verbe *concerne* : il n'est affecté par aucune action.

217 La nature du complément d'objet direct

- Le COD peut avoir différentes natures.

NATURE	EXEMPLE
Nom ou groupe nominal	*Avez-vous vu mes lunettes ?*
Pronom ou groupe pronominal	*J'ai perdu mes bottes. Prends celles de ta sœur.*
Infinitif ou groupe infinitif	*Il déteste arriver en retard.*
Proposition : – conjonctive – interrogative indirecte – exclamative indirecte – relative (à valeur substantive) – infinitive	 *J'espère que personne ne t'a vu.* *J'aimerais savoir comment tu as fait.* *J'admire comme il reste calme.* *Je logerai qui voudra.* *Les vaches regardent passer le train.*

218 La place du complément d'objet direct

- Le COD est placé après le verbe sauf :

– lorsqu'il est un pronom personnel conjoint ;
Je te crois. Mais, à l'impératif et au positif : *Crois-moi.*

– lorsqu'il est un pronom relatif ;
La valise que tu m'as donnée est très commode.

– dans des interrogations directes portant sur le COD ;
Quelle voiture prenons-nous ?

– dans une tournure présentative du type *c'est... que* ;
C'est le numéro que vous composerez en cas d'urgence.

– dans certaines expressions figées.
Grand bien vous fasse.

POUR MIEUX ÉCRIRE **Attention à l'accord du participe passé avec le COD.**

Lorsque le COD est placé avant le verbe, il ne faut pas oublier d'accorder le participe passé employé avec l'auxiliaire *avoir* → 202.

Quels amis as-tu invités ? Je les ai souvent invités.

219 Le complément d'objet direct et la voix passive

- Un verbe à la voix passive n'a jamais de COD.

Ici a été retrouvé un fossile d'ammonite.

Le groupe nominal *un fossile d'ammonite* constitue le sujet inversé du verbe à la voix passive, en aucun cas son COD.

• Lorsque l'on transforme une phrase de la voix active à la voix passive, le COD devient sujet.

Très peu de femmes regardent les matchs de rugby.
verbe à la voix active — COD

Les matchs de rugby sont regardés par très peu de femmes.
sujet — verbe à la voix passive

REMARQUE

La plupart des verbes transitifs directs →213 permettent cette transformation à la voix passive. Quelques-uns font exception.

Cet exercice comporte de nombreuses difficultés.
On ne peut pas dire : ⊖ *De nombreuses difficultés sont comportées par cet exercice.*

220 Un complément apparenté au COD : le complément d'objet interne

• Certains verbes **intransitifs** sont construits avec un groupe nominal qui ne fait que reprendre l'idée déjà contenue dans le verbe. Il ne s'agit pas d'un complément d'objet au sens strict du terme, mais d'un **complément d'objet interne**.

Il pleure toutes les larmes de son corps.
Le complément d'objet *toutes les larmes de son corps* ne fait que reprendre l'idée de pleurer. On parle de complément d'objet interne.

QU'EST-CE QU'UN COMPLÉMENT D'OBJET INDIRECT ?

221 Reconnaître un complément d'objet indirect

• Le complément d'objet indirect (COI) présente deux caractéristiques principales :
– en général, il ne peut pas être supprimé car il est appelé par le sens du verbe : il fait partie des **compléments essentiels du verbe** →34-36 ;

Il participera à ce tournoi.
La phrase ⊖ *Il participera* est incomplète.

– il est **introduit par une préposition**.

Il participera à ce tournoi.

La préposition du COI est généralement ***à*** ou ***de***. Mais on rencontre d'autres prépositions comme *contre, avec, après, sur, pour, en*.

Il compte sur toi. J'ai voté pour lui. Nous luttons contre eux.

• La préposition qui introduit le COI est déterminée par le verbe, et non par le sens de la phrase.

Il a voté par conformisme.

Les prépositions attendues après *voter* sont *pour* ou *contre*. *Par conformisme* ne peut pas être un COI puisqu'il est introduit par une autre préposition. Il s'agit d'un complément circonstanciel.

REMARQUE

Certains verbes transitifs indirects peuvent cependant être employés sans COI. On parle d'emploi absolu → 215.

Cet enfant n'obéit pas.

222 La nature du complément d'objet indirect

• Le COI peut avoir différentes natures.

NATURE	EXEMPLE
Groupe prépositionnel du type : – préposition + nom ou GN – préposition + pronom ou groupe pronominal – préposition + infinitif ou groupe infinitif	 *Elle s'occupe de notre chien au mois d'août.* *Elle s'occupe aussi de celui de la voisine.* *Elle s'occupe de les nourrir et de les promener.*
Pronom	*Parle-lui. Pensez-y.*
Proposition : – conjonctive à fonction complétive (*que, à ce que, de ce que...*) → 363 – relative à valeur substantive → 378	 *Je doute qu'elle soit arrivée.* *Tu veilleras à ce qu'ils ne se couchent pas tard.* *Je parle à qui je veux.*

223 Le pronom personnel complément d'objet indirect

Lorsqu'il est COI, le pronom personnel peut prendre différentes formes.

• Après la plupart des verbes suivis de la préposition *à* :

NOM	PRONOM CORRESPONDANT	EXEMPLE
Noms animés	Pronoms conjoints : *lui, leur* Pronoms disjoints : *(à) lui, (à) elle(s), (à) eux*	*Il leur téléphone.* *Il pense à eux.*
Noms inanimés	*Y*	*Il y pense.*

• Après la plupart des verbes suivis de la préposition *de* :

NOM	PRONOM CORRESPONDANT	EXEMPLE
Noms animés	Pronoms disjoints : *(de) lui, (d')elle(s), (d')eux*	*Il parle de lui.*
Noms inanimés	*En*	*Il en parle.*

REMARQUE

Ces règles connaissent des exceptions. Il arrive que les pronoms *y* et *en* renvoient à une personne.

C'est un commerçant malhonnête. Ne vous y fiez pas.

Les pronoms *(de) lui, leur...* peuvent aussi, parfois, renvoyer à un inanimé.

C'est une plante fragile. Il faut lui donner un emplacement bien abrité.

• Après les verbes suivis d'une préposition autre que *à* ou *de* :

NOM	PRONOM CORRESPONDANT	EXEMPLE
Noms animés	*(contre) lui, (contre) elle(s), (contre) eux, (pour) lui, (pour) elle(s), (pour) eux, (en) lui, (en) elle, (en) eux, etc.*	*Il a voté contre elle.*
Noms inanimés	Pas de pronom	*Il a voté contre cette loi.* → *Il a voté contre.*

224 Les verbes construits avec deux compléments d'objet

Le complément d'objet second

• Certains verbes sont construits avec **un COD et un COI**. Le COI prend alors le nom de **complément d'objet second** (COS).

Chaque année, ils offrent (verbe) un rosier (COD) à leur mère (COS).

La construction V + COI + COI

• Certains verbes peuvent se construire avec deux compléments d'objet indirects. On ne parle pas alors de COS.

Il parle (verbe) facilement de ses ennuis (COI) à sa femme (COI).

⊕ Le complément d'attribution

Lorsque le COS est introduit par la préposition *à*, et qu'il est associé à un verbe qui exprime le don, le transfert, le vol *(donner, confier, apprendre, soustraire...)*, la grammaire traditionnelle parle de complément d'attribution.

225 Les compléments apparentés au COI

Le complément (ou datif) d'intérêt

Dessine-moi un mouton.

• Le verbe *dessiner* est transitif direct et non doublement transitif. *Moi* n'est pas ici un COS comme il le serait dans la phrase *Donne-moi un crayon*. Il permet seulement d'indiquer qui est concerné par le dessin, qui sera le **bénéficiaire de l'action**. On l'appelle un **complément (ou datif) d'intérêt**.

Le datif éthique

Il te lui a passé un de ces savons !

• La deuxième personne du singulier indique ici que le locuteur souhaite impliquer affectivement son destinataire dans l'action, **le prendre à témoin**. On appelle ce complément le **datif éthique**. Par définition, il ne peut exister qu'à la deuxième personne. Cette tournure est fortement marquée par l'oralité.

Le datif partitif

Il m'a marché sur le pied.

Je lui ai coupé les cheveux.

• Les pronoms *m'* et *lui* désignent la personne à qui appartiennent *le pied* et *les cheveux* : le **tout de la partie** qui est désignée par le complément du verbe. On appelle ce complément le **datif partitif**.

L'ESSENTIEL

• Le verbe peut se construire avec différents compléments d'objet :
– le **complément d'objet direct**, qui se construit sans préposition ;
– le **complément d'objet indirect**, qui se construit avec une préposition.

• Lorsqu'un verbe a un COD et un COI, le COI prend le nom de **complément d'objet second**.

Les constructions attributives

Cet homme est un acteur célèbre.
J'ai trouvé son discours très émouvant.

Un acteur célèbre caractérise *cet homme*. *Très émouvant* caractérise *son discours*. Ce sont des attributs. Ils se construisent grâce aux verbes *est* et *ai trouvé*, qui sont ici des verbes attributifs.

QU'EST-CE QU'UN ATTRIBUT DU SUJET ?

226 Reconnaître un attribut du sujet

L'attribut du sujet présente trois caractéristiques essentielles.

• Il exprime une **caractéristique du sujet**, qui peut être :
– un état : *Il est heureux.*
– une propriété : *Il est blond.*
– un statut : *Il est maire de son village.*
– l'appartenance à une catégorie : *La baleine est un mammifère.*

• Il est un constituant du groupe verbal. Il se construit avec deux types de verbes :
– un **verbe d'état** (*être, devenir, paraître, rester, sembler...*) ;

Elle est charmante.

Elle paraît charmante.

– un **verbe occasionnellement attributif** → 214.

Il est revenu épuisé.
On pourrait dire : *Il semble épuisé.*

Il est revenu de voyage.
On ne pourrait pas dire : ⊖ *Il semble de voyage.* Le verbe n'est pas ici attributif.

• Quand il est construit avec un verbe d'état, il ne peut pas être supprimé. La phrase ⊖ *Ce film est* est incomplète.

227 La nature de l'attribut du sujet

- L'attribut du sujet peut avoir les natures suivantes.

NATURE	EXEMPLE
Adjectif Adjectif verbal Participe passé	*Ce cheval me paraît nerveux.* *Cette situation est gênante.* *Elle semble séduite.*
Nom ou groupe nominal	*Sa ville natale est Tours.* *Le berceau familial est un village ardéchois.*
Groupe prépositionnel	*Il passe pour le garçon le plus doué de sa génération.* *Il est d'un naturel joyeux.*
Pronom ou groupe pronominal	*Ce passeport est le mien.* *Ce passeport est celui de ta sœur.*
Infinitif ou groupe infinitif	*Signer, c'est accepter les conditions de vente.*
Adverbe employé comme adjectif	*Je suis sans doute irascible, mais tu n'es pas mieux.*
Subordonnée – conjonctive complétive → 364	*L'idéal serait que nous arrivions tous à la même heure.*
– conjonctive circonstancielle (temps ou condition) → 384, 390	*Le pire, c'est quand elle s'enferme dans sa chambre sans rien dire.*
– relative (à valeur substantive) → 378	*Son préféré n'est pas qui tu crois.*

228 L'accord de l'attribut du sujet

- Lorsque l'attribut du sujet est un adjectif ou un participe passé, il s'accorde en genre et en nombre avec le sujet.

  Cette femme est *élégante*. *Ces femmes* sont *élégantes*.

- Lorsque l'attribut du sujet est un nom ou un groupe nominal, il a fréquemment le même nombre, singulier ou pluriel, que le sujet.

  Ces musiques sont *des compositions originales*.

Il prend aussi le genre du sujet si c'est possible.

  Sa fille est *une brillante avocate*.

- Dans un petit nombre de cas, l'accord ne se fait pas :
– lorsque l'attribut est une expression figée ;

  Cette femme est *l'ennemi du bien* et non ⊖ *l'ennemie du bien*.

– Dans l'expression *être cause de.*

Ces événements sont cause de notre retard et non ⊖ *causes de notre retard.*

229 La place de l'attribut du sujet

• L'attribut se place normalement après le verbe.

• Il se place régulièrement avant le verbe lorsqu'il est :

– un pronom personnel conjoint ;

Je suis heureuse de les retrouver. Et toi, l'es-tu ?

– un pronom relatif ;

Si étonnant que cela paraisse, il n'a rien entendu.

– un pronom interrogatif ou un nom accompagné d'un déterminant interrogatif ou exclamatif ;

Qui est cet homme ? Quel père est-il auprès de ses enfants ?

– mis en tête de phrase pour marquer la liaison avec ce qui précède *(tel, tout autre, autre chose...)* ;

Telle était l'opinion qu'il avait de nous.

– mis en évidence en tête de phrase.

Terrible fut son courroux.

QU'EST-CE QU'UN ATTRIBUT DU COMPLÉMENT D'OBJET ?

230 Reconnaître un attribut du complément d'objet direct

L'attribut du COD présente trois caractéristiques essentielles.

• Il exprime une **caractéristique du COD** (état, propriété, statut, etc.). Il joue donc pour le COD le même rôle que l'attribut du sujet pour le sujet.

Elle considère Léa comme sa meilleure amie.

Elle considère que Léa est sa meilleure amie.

• **Il ne fait pas partie du groupe COD**. C'est pourquoi, lorsque l'on remplace le COD par un pronom, l'attribut du COD ne subit pas de transformation.

Je trouve ta sœur bien agressive.

On dira : *Je la trouve bien agressive* et non ⊖ *Je la trouve. Bien agressive* est attribut du COD *ta sœur.*

Il a calmé un homme agressif.

On dira : *Il l'a calmé* et non ⊖ *Il l'a calmé agressif. Agressif* est épithète de *homme.*

• Le plus souvent, **il ne peut pas être supprimé** sans que soit modifié radicalement le sens de la phrase.

J'ai trouvé ton gâteau excellent.

La phrase *J'ai trouvé ton gâteau* a un tout autre sens : « J'ai trouvé le gâteau dont tu m'avais parlé » ou « J'ai acheté ton gâteau d'anniversaire », etc. *Excellent* est attribut du COD *gâteau*.

Il nous a apporté un gâteau excellent.

La phrase *Il nous a apporté un gâteau* a un sens proche. *Excellent* est un adjectif épithète de *gâteau*.

REMARQUE

Les verbes comme *user de, se servir de, faire de...* peuvent être employés avec un attribut du COI.

Il s'est servi de moi comme témoin.

On pourrait dire : *Il s'est servi de moi ; j'étais son témoin. De moi* est complément d'objet indirect de *s'est servi* ; *comme témoin* exprime une caractéristique de *moi* (ici, le statut) : il est attribut du complément d'objet indirect *de moi*.

POUR MIEUX ÉCRIRE **Attention à la place de l'attribut du COD.**

Quand le COD et l'attribut du COD suivent tous deux le verbe, l'attribut du COD se place normalement après le COD. Mais lorsque le COD est nettement plus long que l'attribut, il faut penser à placer l'attribut avant lui.

On dit : *Je trouve sa réaction étrange.*

Mais : *Je trouve étrange la réaction qu'il a eue ce jour-là face au danger.*

Plutôt que : ⊖ *Je trouve la réaction qu'il a eue ce jour-là face au danger étrange.*

231 Les verbes attributifs construits avec un attribut du COD

• Les verbes qui permettent de construire un attribut du COD sont principalement :

– des verbes qui expriment un **jugement** comme *penser, croire, juger...*

Je juge cette méthode très efficace.

– des verbes qui expriment une **transformation** comme *faire, rendre...*

Cet incident nous a rendus plus prudents.

– des verbes qui permettent de **nommer** comme *appeler, nommer...*

Mon directeur m'a nommée chef de projet.

– le verbe ***avoir***.

Il a les yeux bleus.

REMARQUE

Certains verbes transitifs qui ne sont pas habituellement attributifs admettent parfois un attribut du COD. Ce sont des verbes occasionnellement attributifs.

Elle a ramené son chien complètement trempé.

On peut dire : *Elle a ramené son chien ; il était complètement trempé.* On peut dire aussi : *Elle l'a ramené complètement trempé. Complètement trempé* est attribut du COD *son chien.*

232 La nature de l'attribut du COD

• L'attribut du COD peut avoir les natures suivantes.

NATURE	EXEMPLE
Adjectif Adjectif verbal Participe passé	*Il juge cette attitude tout à fait condamnable.* *Je trouve cet enfant remuant.* *Je le crois grisé par le succès.*
Nom ou groupe nominal	*Ils ont appelé leur fille Albertine.* *Je le crois très bon professeur.*
Groupe prépositionnel	*Il te considère comme son meilleur ami.* *Il te prend pour moi.*
Infinitif ou groupe infinitif	*Je n'appelle pas cela faire attention.*
Subordonnée relative attributive → 377	*Elle a les mains qui tremblent.*
Adverbe employé comme adjectif	*J'ai vu ton grand-père. Je l'ai trouvé bien.*

L'ESSENTIEL

• **L'attribut du sujet** exprime une caractéristique du sujet. Il se construit avec un verbe d'état ou un verbe occasionnellement attributif.

• **L'attribut du complément d'objet direct** exprime une caractéristique du COD. Il se construit avec des verbes de jugement, de transformation, de dénomination, le verbe *avoir* ou des verbes occasionnellement attributifs. Il ne fait pas partie du groupe COD.

Le complément de mesure Le complément essentiel de lieu

Ils sont allés chez le concessionnaire.
Cette voiture coûte une fortune !

Dans ces deux phrases, le verbe introduit un complément particulier : un complément essentiel de lieu *(chez le concessionnaire)*, un complément de mesure *(une fortune)*.

QU'EST-CE QU'UN COMPLÉMENT DE MESURE ?

233 Reconnaître un complément de mesure

• Le complément de mesure est un complément du verbe, **il fait donc partie du groupe verbal**. Il présente les caractéristiques suivantes :

– il se rencontre surtout avec les verbes *mesurer, peser, coûter, valoir, durer* ou *vivre* ;

– il indique une **caractéristique** (mesure, prix, durée...) du sujet ;

– il se **construit directement**, sans préposition.

Ce pommier mesure quatre mètres.
Ce collier lui a coûté cent euros.
La cuisson ne doit pas durer plus de douze minutes.

• Le complément de mesure est un **complément essentiel du verbe**. On ne peut ni le supprimer (⊖ *Ce pommier mesure* est une phrase incomplète), ni le déplacer (⊖ *Quatre mètres mesure ce pommier* n'est pas une phrase correcte).

234 Distinguer un complément de mesure d'un COD

• Un complément de mesure peut être confondu avec un COD car il partage avec lui deux caractéristiques :

– il se construit directement, sans préposition ;

– il est un complément essentiel du verbe.

• Toutefois, le complément de mesure, à la différence du COD, ne peut pas devenir le sujet d'une phrase passive.

Tous les matins, la nourrice accompagne les enfants à l'école.

→ *Tous les matins, les enfants sont accompagnés à l'école par la nourrice.*

Cette statue pèse trente tonnes.

⊖ *Trente tonnes sont pesées par cette statue.* Contrairement à ce qui se produit avec un verbe ayant pour complément un COD, un verbe ayant pour complément un complément de mesure ne peut pas être mis au passif.

• Par ailleurs, pour interroger sur le complément de mesure, on n'utilise pas le pronom interrogatif *que* mais, le plus souvent, le mot *combien*.

Combien (et non ⊖ *Que*) *mesure ce pommier ?*

Combien de temps a duré la cuisson ?

REMARQUE

Puisque le complément de mesure n'est pas un COD, le participe passé conjugué avec l'auxiliaire *avoir* ne s'accorde pas avec ce complément quand il est placé avant lui → 205.

Quand je pense aux cent euros qu'a coûté cette cravate !

• Néanmoins, les verbes qui peuvent se construire avec un complément de mesure peuvent aussi, avec un sens différent, recevoir un COD.

S'étant rendu compte de son erreur, le stagiaire a dû peser à nouveau tous les lots de bananes.

Le verbe *peser* n'a pas le même sens que dans *Cette statue pèse trente tonnes*. Il signifie ici, non « avoir pour poids », mais « évaluer le poids ». Avec ce sens, le groupe nominal *tous les lots de bananes* est COD du verbe *peser* et il peut devenir le sujet du verbe mis au passif : *Tous les lots de bananes ont dû à nouveau être pesés par le stagiaire.*

235 La nature du complément de mesure

• Le complément de mesure peut être :

– un groupe nominal ;

Son règne a duré vingt ans.

– un pronom ou un groupe pronominal ;

Combien coûte cette commode ? (pronom interrogatif)

Le poids que fait cette statue rend son déplacement difficile. (pronom relatif)

Cela ne vaut rien. (pronom indéfini)

– un adverbe ou un groupe adverbial.

Ce spectacle dure trop longtemps.

POUR MIEUX ÉCRIRE Attention à l'invariabilité de *cher* après *valoir* ou *coûter*.

Le mot *cher*, dans *valoir* ou *coûter cher*, n'est pas un adjectif mais un adverbe. Il est donc, comme tout adverbe, invariable.

Ces pulls coûtent cher.

QU'EST-CE QU'UN COMPLÉMENT ESSENTIEL DE LIEU ?

236 Reconnaître un complément essentiel de lieu

• Le complément essentiel de lieu est un complément du verbe, il **fait donc partie du groupe verbal**. Il présente les caractéristiques suivantes :

– il se rencontre après un verbe de **mouvement** *(se rendre, aller, venir, entrer…)* ;

– il exprime le **lieu** (point de départ, point d'arrivée, lieu qu'on traverse, etc.) ;

– il est, le plus souvent, introduit par une **préposition** ;

Ce colis vient du Mexique.

Il se rend à Lyon toutes les semaines.

– il est un **complément essentiel du verbe**. En général, il ne peut être ni déplacé (⊖ *Du Mexique ce colis vient* n'est pas une phrase correcte), ni supprimé (⊖ *Ce colis vient* n'est pas une phrase complète). Cependant, certains compléments essentiels de lieu peuvent être effacés.

Manon est entrée.

Cette phrase a un sens si le complément essentiel de lieu est sous-entendu, par exemple *dans la bibliothèque, dans le magasin*, etc. selon les contextes.

237 Distinguer un complément essentiel de lieu d'un complément circonstanciel

• La grammaire traditionnelle classe ce type de complément dans les compléments circonstanciels de lieu. Mais un complément circonstanciel de lieu, comme tout complément circonstanciel, peut être déplacé ou supprimé dans les limites de la phrase, ce qui n'est en général pas le cas du complément essentiel de lieu.

Il s'est acheté de magnifiques chaussures à Milan.

À Milan, il s'est acheté de magnifiques chaussures.

Il s'est acheté de magnifiques chaussures.

Le groupe *à Milan* est un complément circonstanciel de lieu : il peut être déplacé ou supprimé.

Ils vont à Milan tous les ans.

Le groupe *à Milan* est un complément essentiel de lieu : il ne peut être ni déplacé ni supprimé.

• Ces particularités indiquent que le complément essentiel de lieu n'exprime pas une circonstance de l'action. Il est appelé par le sens du verbe et il désigne donc un lieu sur lequel s'exerce l'action du sujet.

• Étant donné que le complément essentiel de lieu est un complément indirect essentiel du verbe, certains grammairiens l'appellent COI.

Ils vont à Milan.

Ils considèrent que *à Milan* est COI du verbe *aller*.

Il faut plutôt parler de complément essentiel de lieu car la préposition de ce type de complément est relativement libre : on peut dire *Ils vont à, vers, loin de Milan*.

La préposition du COI, elle, est imposée par le verbe.

Je doute de Paul et non ⊖ *Je doute à / vers.... Paul.*

238 La nature du complément essentiel de lieu

• Le complément essentiel de lieu peut être :

– un groupe prépositionnel, c'est-à-dire un groupe de mots introduit par une préposition ; la préposition précise le sens du complément en relation avec le verbe : *arriver à, vers..., sortir de, courir après, tourner autour de, s'écraser contre, passer par, parvenir à, jusqu'à...* ;

Ils sont arrivés à Strasbourg hier.

– un groupe nominal sans préposition lorsque le complément désigne une rue, une place, etc.

Elle est allée rue Trousseau / place de la Concorde.

L'ESSENTIEL

Certains groupes de mots sont des compléments essentiels du verbe sans être des compléments d'objet :

• le **complément de mesure**, qu'on rencontre après un nombre réduit de verbes (principalement *mesurer, peser, coûter, valoir, durer, vivre*) ;

• le **complément essentiel de lieu**, qui est appelé par le sens du verbe.

LES AUTRES MOTS ET GROUPES DE MOTS

Les pronoms : généralités

Un bateau entre dans le port. Nous le regardons manœuvrer.

Le représente le groupe nominal *un bateau* : c'est un pronom (du latin *pro-* : à la place de). *Nous* est également un pronom : tous les pronoms ne remplacent pas un nom ou un groupe nominal.

PRONOMS REPRÉSENTANTS ET PRONOMS NOMINAUX

Il existe deux catégories de pronoms : les pronoms représentants et les pronoms nominaux, qui n'ont pas le même rôle dans la phrase.

239 Le pronom représentant : un rôle de substitut

• Le pronom sert souvent à remplacer un mot ou un ensemble de mots présents dans le contexte. On parle alors de **pronom représentant** ou de pronom substitut.

• Un pronom représentant peut remplacer en particulier :

– un nom ou un groupe nominal ;

La couche d'ozone diminue. Il faut la protéger.

– un adjectif qualificatif ;

Les écologistes sont inquiets. Les scientifiques le sont aussi.

– une proposition tout entière.

Il croit que tout s'arrangera et nul ne peut l'en dissuader.

POUR MIEUX ÉCRIRE Éviter des répétitions grâce aux pronoms.

Jeanne et Marie se sont rencontrées à la sortie de la gare. Jeanne avait oublié son parapluie. Marie n'avait pas sa voiture. Jeanne et Marie sont montées dans le même taxi.

Pour éviter les répétitions, il faut penser à utiliser des pronoms.

Jeanne et Marie se sont rencontrées à la sortie de la gare. La première avait oublié son parapluie. La seconde n'avait pas sa voiture. Elles sont montées dans le même taxi.

• Parmi les pronoms représentants, on distingue :

– le **pronom anaphorique** (du grec *ana-* : en arrière), qui remplace un mot ou un ensemble de mots placé avant lui dans la phrase ou le texte ;

Il reproche à sa femme de ne pas savoir lire une carte et promet de lui offrir un GPS.

Le pronom *lui* remplace le groupe nominal *sa femme* : il est anaphorique.

– le **pronom cataphorique** (du grec *cata-* : en bas, en dessous), qui annonce un mot ou un ensemble de mots situé après lui dans la phrase ou le texte.

Je te l'ai promis : je t'achèterai un GPS.

Le pronom *l'* annonce la proposition *je t'achèterai un GPS* : il est cataphorique.

240 La représentation est-elle totale ou partielle ?

Les rapports unissant le pronom et le groupe nominal qu'il remplace sont variés.

• Un pronom reprend en général exactement le groupe nominal qu'il remplace. On parle de **représentation totale**.

Ces mesures sont excellentes : il faut les mettre en œuvre au plus vite.

Le pronom *les* reprend exactement le groupe nominal *ces mesures.*

• Mais la représentation peut être **partielle**.

Toutes ces mesures ont leur utilité : les unes répriment, les autres préviennent.

Les pronoms *les unes* et *les autres* reprennent le groupe nominal *toutes ces mesures*, mais en envisagent seulement une partie : il faut comprendre « certaines de ces mesures ; d'autres parmi ces mesures ».

Les mesures ont été appliquées, sauf celle qui pouvait être la plus efficace.

Le pronom *celle* ne reprend pas le groupe *les mesures*, mais seulement l'idée de mesure : il faut comprendre « sauf la mesure qui ».

241 Le pronom nominal : un pronom qui désigne par lui-même

• Le pronom peut également ne remplacer aucun mot ou groupe de mots. Il désigne par lui-même, exactement comme le ferait un groupe nominal. On parle alors de **pronom nominal**.

Chacun peut agir face à la catastrophe qui se prépare.

Chacun désigne par lui-même « chaque être humain », sans renvoyer à d'autres mots dans le texte.

• Parmi les pronoms nominaux, certains ne prennent sens que dans une situation d'énonciation précise.

J'entends redresser la situation du pays et je compte sur vous pour prendre des mesures radicales.

En l'absence de contexte, on ne peut pas savoir qui désigne *je* et qui désigne *vous*. Si la situation d'énonciation est connue (un conseil des ministres, par exemple), on comprend aussitôt que *je* désigne le président et *vous* les ministres.

Ces pronoms sont classés dans la catégorie des **déictiques** →412 (du grec *deixis* : action de montrer), c'est-à-dire dans la catégorie des divers éléments qui matérialisent, qui donnent à voir la situation d'énonciation dans le texte.

REMARQUE

Le pronom impersonnel *il (il pleut, il faut du temps...)* n'a pas un sens précis. Il n'est ni représentant ni nominal.

LES FORMES DE PRONOMS

La forme du pronom peut varier selon sa nature, son genre, son nombre, sa personne, sa fonction dans la phrase.

242 La nature du pronom

• Il existe sept natures de pronoms.

NATURE	EXEMPLES
Les pronoms **personnels**	*je, tu, ils, le, la, lui, leur*, etc.
Les pronoms **possessifs**	*le mien, la mienne, les miens, le tien*, etc.
Les pronoms **démonstratifs**	*ce, celui, celle, ceux, ceci, celle-là*, etc.
Les pronoms **indéfinis**	*quelqu'un, plusieurs, tous, un autre*, etc.
Les pronoms **interrogatifs**	*qui, que, qu'est-ce qui, lequel*, etc.
Les pronoms **relatifs**	*qui, que, dont, où, lequel*, etc.
Les pronoms **numéraux**	*deux, trois, trente*, etc.

Pour une présentation détaillée des pronoms →247-273.

• Un pronom est souvent l'équivalent d'un groupe nominal comportant un déterminant de même type que lui.

le tien = ton billet
Ton est un déterminant possessif.

celui-ci = ce billet
Ce est un déterminant démonstratif.

lequel ? = quel billet ?
Quel est un déterminant interrogatif.

POUR MIEUX ÉCRIRE **Il faut se méfier des pronoms ambigus.**

La variété des pronoms permet le plus souvent d'éviter l'ambiguïté dans une phrase.

Ta sœur a rencontré la voisine à la poste. Elle l'a aidée à porter ses paquets.

On emploie le pronom personnel pour renvoyer au sujet : *elle* représente *ta sœur*.

Ta sœur a rencontré la voisine à la poste. Celle-ci l'a aidée à porter ses paquets.

On emploie le pronom démonstratif pour renvoyer au complément dans la phrase précédente : *celle-ci* représente *la voisine*.

243 Le genre et le nombre du pronom

- Lorsque le pronom remplace un nom ou un groupe nominal, il se met au **même genre** et, souvent, au **même nombre** que lui.

La presse écrite est concurrencée par les autres médias. Elle ne peut lutter contre eux.

Le pronom *elle* est au féminin singulier parce qu'il remplace *la presse écrite* ; le pronom *eux* est au masculin pluriel parce qu'il reprend *les autres médias*.

- Lorsque le pronom remplace un adjectif ou une proposition tout entière, il se met au **masculin singulier**, car c'est le masculin singulier qui marque le genre et le nombre indifférenciés, autrement dit qui sert de neutre.

La presse écrite est en danger, il faut bien le reconnaître.

Le pronom *le* remplace toute la proposition *la presse écrite est en danger* : il se met au masculin singulier.

244 La personne du pronom

- La plupart des pronoms sont des pronoms de troisième personne. Seuls les pronoms personnels et les pronoms possessifs varient en personne (première, deuxième ou troisième personne).
- La forme du **pronom personnel** varie selon la personne qu'il désigne dans la **situation d'énonciation**.

Je m'interroge sur l'avenir de la presse écrite. Qu'en penses-tu ? Crois-tu qu'elle puisse être sauvée ?

Je (première personne) désigne le locuteur, *tu* (deuxième personne) son destinataire, *elle* (troisième personne) désigne l'objet de la discussion, l'objet de l'énoncé.

- La forme du **pronom possessif** varie selon la **personne du possesseur**.

Son avis est différent du mien. Peux-tu nous donner le tien ?

Le mien (première personne) est mis pour *mon avis* : le possesseur est *je*. *Le tien* (deuxième personne) est mis pour *ton avis* : le possesseur est *tu*.

245 La fonction du pronom

• Le pronom peut avoir toutes les **fonctions du nom** ou du groupe nominal dans la phrase.

Elle lui a laissé un message. Il l'a rappelée aussitôt.

Elle est sujet de *a laissé* comme l'est *Apolline* dans : *Apolline lui a laissé un message.*
Lui est COS comme l'est *à Antoine* dans : *Elle a laissé un message à Antoine.*
L' est COD de *a rappelée* comme l'est *Apolline* dans : *Il a rappelé Apolline.*

• La fonction du pronom a parfois une **incidence sur sa forme**.

Il emprunte régulièrement cette route, mais il la redoute car elle est souvent verglacée.

La et *elle* reprennent tous deux *cette route*. Mais *la* est COD de *redoute* et *elle* est sujet de *est*. Le changement de fonction entraîne un changement de forme.

Mais ce n'est pas toujours le cas.

Qui est entré ? Qui as-tu vu ? À qui as-tu parlé ?

Le pronom interrogatif est successivement sujet, COD et COI. Dans ce cas, il conserve pourtant toujours la même forme.

246 Pronom et groupe pronominal

• On appelle **groupe pronominal** un groupe de mots organisé autour d'un pronom, qui en constitue alors le noyau.

La protection des forêts est nécessaire, celle des océans ne l'est pas moins.

Le groupe *celle des océans* est un groupe pronominal puisque son noyau *celle* est un pronom.

• Dans un groupe pronominal, le pronom peut notamment recevoir :
– un complément prépositionnel : *chacun de mes amis* ;
– une proposition relative : *toi qui connais bien la région* ;
– un complément de comparaison : *le même que toi.*

L'ESSENTIEL

• Il existe deux catégories de pronoms : les pronoms **représentants** et les pronoms **nominaux**.
• On distingue sept natures de pronoms : le pronom **personnel** ; le pronom **possessif** ; le pronom **démonstratif** ; le pronom **indéfini** ; le pronom **interrogatif** ; le pronom **relatif** ; le pronom **numéral**.
• Le pronom peut varier en genre, en nombre, en personne et selon sa fonction.

Les pronoms personnels

Je marche, tu marches, il/elle marche,
nous marchons, vous marchez, ils/elles marchent.

Le changement de pronom implique un changement de personne pour le verbe. *Je, tu, il/elle, nous, vous, ils/elles* sont appelés pronoms personnels.

QU'EST-CE QU'UN PRONOM PERSONNEL ?

247 Le rôle du pronom personnel dans la phrase

Le pronom personnel a deux rôles possibles dans la phrase. Il peut avoir la valeur d'un pronom déictique ou celle d'un pronom représentant.

Un pronom déictique

• Le pronom personnel de première ou de deuxième personne sert à désigner une personne qui participe à l'acte d'énonciation. Il a la valeur d'un **déictique** → 412. Il fait partie des pronoms **nominaux** → 241.

Regarde-moi quand je te parle.
Moi et *je* désignent celui qui parle, c'est-à-dire le locuteur. *Te* désigne celui à qui s'adresse le locuteur, c'est-à-dire le destinataire → 410.

Un pronom représentant

• Le pronom personnel de troisième personne (du singulier ou du pluriel) sert à désigner des personnes ou des choses qui ont déjà été mentionnées ou qui vont l'être. Il a une valeur **anaphorique** ou **cataphorique** → 402. Il fait partie des pronoms **représentants** → 239.

Un grand maigre est monté dans le bus. Il s'est assis à côté de moi.
Il remplace le groupe nominal *un grand maigre* : il a une valeur anaphorique.

Il m'a beaucoup intriguée, ce grand maigre qui est monté dans le bus.
Il annonce le groupe nominal *ce grand maigre qui est monté dans le bus* : *il* a une valeur cataphorique.

REMARQUES

1. *Nous* et *vous* peuvent avoir un rôle déictique ou associer un déictique et un représentant.

   Toi et moi, nous nous comprenons à demi-mots.

   Nous est ici l'équivalent de *je* + *tu* : il s'agit d'un déictique qui associe le locuteur et son destinataire.

   Je charge la voiture, tu appelles les enfants et nous partons.

   Nous est ici l'équivalent de *je* + *tu* + *ils* : il mêle deux déictiques (le locuteur et son destinataire) et un représentant (*ils* mis pour *les enfants*).

2. Exceptionnellement, le pronom personnel de troisième personne peut avoir un emploi nominal sans être un déictique renvoyant à la situation d'énonciation.

   Ils ont encore augmenté les impôts.

   Dans le contexte, tout le monde comprend que le pronom personnel *ils* désigne le gouvernement ou le ministre du Budget, qui ne participent pas à l'acte d'énonciation.

3. Le pronom impersonnel *il* n'est ni nominal ni représentant *(il vente)*.

248 Le sens des pronoms personnels par rapport à la situation d'énonciation

PRONOM PERSONNEL	PERSONNE(S) À LAQUELLE (AUXQUELLES) LE PRONOM FAIT RÉFÉRENCE
je (1re personne du singulier)	Locuteur
tu (2e personne du singulier)	Destinataire
il/elle (3e personne du singulier)	Personne qui n'est pas un protagoniste de l'acte d'énonciation
nous (1re personne du pluriel)	Locuteur + autre(s) personne(s)
vous (2e personne du pluriel)	Destinataire(s) + autre(s) personne(s)
ils/elles (3e personne du pluriel)	Personnes qui ne sont pas des protagonistes de l'acte d'énonciation

REMARQUE

Nous n'équivaut pas à plusieurs *je*, et *vous* n'équivaut pas toujours à plusieurs *tu*. Il est donc inexact de parler de première et de deuxième personnes du pluriel. Il serait plus juste de parler de quatrième, cinquième et sixième personnes. Par commodité, nous retenons ici la terminologie habituelle.

249 Les emplois particuliers de *nous*

Le pronom *nous* peut remplacer *je*.

- Le ***nous* de majesté** est utilisé lorsqu'un souverain ou toute personne détenant une autorité adopte un style officiel.

  Nous, Lion, Roi des animaux, décrétons la paix.

- Le ***nous* de modestie** est utilisé par un auteur qui parle de lui-même.
  Comme nous le montrerons par la suite, ces résultats doivent être nuancés.
- Le ***nous* de sympathie** peut remplacer *tu* dans une langue familière, lorsque le locuteur s'associe au destinataire pour suggérer qu'il n'est pas indifférent à ce qui lui arrive.
  Nous avons encore du chagrin ? Que nous arrive-t-il cette fois ?

250 Un emploi particulier de *vous*

- Le pronom *vous* peut remplacer *tu* lorsque le locuteur cherche à marquer une distance avec son destinataire. Il s'agit du ***vous* de politesse**.
  Vous n'êtes pas monsieur Godot, monsieur ?
  SAMUEL BECKETT, *En attendant Godot*, © Éditions de Minuit.

POUR MIEUX ÉCRIRE Attention aux accords particuliers avec *nous* et *vous*.

Lorsque *nous* et *vous* ont le sens de *je* et de *tu*, le participe passé et l'adjectif attribut du sujet s'accordent au singulier → 187.
Vous n'êtes pas très bavard, monsieur.

LES FORMES DU PRONOM PERSONNEL

251 Les formes conjointes et les formes disjointes

Un même pronom personnel peut changer de forme selon la place qu'il occupe par rapport au verbe.

La forme conjointe

- La forme conjointe est la forme que prend le pronom lorsqu'il **n'est pas séparé du verbe**, si ce n'est par une autre forme conjointe ou par l'adverbe de négation *ne*.
  Je regardai l'inconnu avec insistance.
  Je le regardai avec insistance.
  Je ne détournai pas mon regard.

La forme disjointe

- La forme disjointe est la forme que prend le pronom lorsqu'il **est séparé du verbe** ou employé sans verbe.

LE PRONOM PERSONNEL EST...	EXEMPLE
séparé du verbe par une préposition	*J'ai rêvé de toi.*
en position détachée	*Lui, c'est un collègue sur lequel tu peux compter.*
sujet (mis en relief)	*Lui n'est pas arrivé en retard.*
utilisé dans une apostrophe	*Toi, approche !*
placé après *ne... que*	*Je n'ai vu que toi.*
utilisé dans une réponse elliptique	*Qui est là ? Moi.*
employé avec une tournure présentative	*C'est lui que je veux épouser.*
coordonné à un nom, à un groupe nominal ou à un autre pronom	*Ton frère et moi, (nous) sommes les meilleurs amis du monde.*
sujet d'un infinitif d'indignation	*Moi, refuser de te rendre ce service !*
suivi des adjectifs *même* et *seul* pour souligner l'identité ou l'exclusivité	*Il a trouvé la solution lui-même.*

REMARQUE

Lorsque le pronom de première ou de deuxième personne du singulier est complément d'un impératif à la forme positive, bien qu'il ne soit pas séparé du verbe, on emploie la forme disjointe : *Réponds-moi !*

Mais la forme conjointe apparaît avec *en* : *Achète-m'en deux.*

252 Les variations en genre et en nombre du pronom personnel

- Le pronom personnel de troisième personne varie selon le **genre** et le **nombre** du groupe nominal qu'il remplace.

Vous devez prendre une navette. Elle vous conduira à l'aéroport.
Elle remplace *une navette*, féminin singulier.

Vous devez prendre le bus 32. Il vous conduira à l'aéroport.
Il remplace *le bus 32*, masculin singulier.

REMARQUE

Le pronom personnel *le* est neutre lorsqu'il remplace :
- un adjectif : *Tu es particulièrement douée, je le suis beaucoup moins.*
- un verbe : *Il ne veut pas partir, il le faut pourtant.*
- toute une proposition : *Tu es parfaitement sincère, nous le savons tous.*

253 Les variations du pronom personnel selon sa fonction

• La forme conjointe du pronom personnel peut également varier selon la fonction du pronom personnel.

Il la salue et lui tient la porte.
COD COS

• La forme disjointe du pronom personnel ne varie pas selon la fonction du pronom.

Adresse-toi directement à lui. Lui seul pourra trouver une solution.
COI sujet

254 Les formes du pronom personnel réfléchi

• Aux troisièmes personnes du singulier et du pluriel, le pronom personnel prend une forme spécifique lorsqu'il est **réfléchi**, c'est-à-dire lorsqu'il représente le même référent que le sujet.

Nous les avons rencontrés à la piscine.
Les est une forme non réfléchie.

Ils se sont rencontrés à la piscine.
Se est une forme réfléchie.

• Aux autres personnes, le pronom personnel ne prend pas de forme spécifique lorsqu'il est réfléchi.

Ils nous ont écrit.
Nous est un pronom non réfléchi.

Nous nous sommes écrit.
Nous est un pronom réfléchi.

REMARQUE
La valeur réfléchie du pronom disjoint peut être soulignée par l'addition de *même*.
Je ne compte que sur moi-même.

POUR MIEUX ÉCRIRE ***Soi* ou *lui-même* ?**

Il faut réserver la forme réfléchie disjointe *soi* :
– aux phrases dans lesquelles le sujet est pris dans un sens général ;
Un égoïste ne pense qu'à soi.
Mais : *Cet égoïste ne pense qu'à lui-même.*
– aux infinitifs qui ont pour sujet implicite l'humanité en général.
Il ne faut pas trop parler de soi.
Mais : *Il ne se laisse jamais aller à parler de lui-même.*
Dans tous les autres cas, il faut employer *lui* ou sa forme renforcée *lui-même*.

255 Les pronoms adverbiaux

Les formes ***en*** et ***y*** sont des formes synthétiques qui amalgament un pronom personnel et un autre mot, généralement une préposition. On parle de **pronoms adverbiaux** parce qu'il s'agit d'anciens adverbes de lieu et qu'ils ont souvent, comme les adverbes, une fonction circonstancielle.

Le pronom *y*

- Le pronom ***y*** remplace un mot ou un ensemble de mots (groupe nominal, pronominal...) en incluant le sens de la préposition *à* (ou *dans, sur...*).

– Va voir dans le salon. – J'y vais.

Il faut comprendre : *Je vais dans le salon.*

- Il peut avoir les fonctions suivantes.

FONCTION	EXEMPLE
Complément essentiel de lieu	*Allons-y ensemble.* → *Allons au cinéma ensemble.*
Complément circonstanciel de lieu	*Ils y ont rencontré des amis.* → *Ils ont rencontré des amis au cinéma.*
Complément d'objet indirect	*J'y pense souvent.* → *Je pense souvent à son avenir.*
Complément de l'adjectif	*Il y est favorable.* → *Il est favorable à une réduction des coûts.*

Le pronom *en*

- Le pronom ***en*** remplace un mot ou un ensemble de mots (groupe nominal, pronominal...) en incluant le sens du mot *de*.

– Va voir dans la cuisine. – J'en viens.

Il faut comprendre : *Je viens de la cuisine. En* représente ici la préposition *de* suivie du groupe nominal *la cuisine*.

– Je n'ai pas de monnaie. En as-tu ?

Il faut comprendre : *As-tu de la monnaie ? En* représente ici l'article partitif *de la* suivi du nom *monnaie*.

• Il peut avoir les fonctions suivantes.

FONCTION	EXEMPLE
Complément essentiel de lieu	*J'en sors.* → *Je sors de la réunion.*
Complément circonstanciel de lieu	*Il en a rapporté des pierres volcaniques.* → *De Sicile, il a rapporté des pierres volcaniques.*
Complément circonstanciel de cause	*Il s'en est rendu malade.* → *À cause de cet échec, il s'est rendu malade.*
Complément d'objet indirect	*Vous en parlez bien.* → *Vous parlez bien de l'histoire de ce village.*
Complément du nom	*Il en connaît les moindres recoins.* → *Il connaît les moindres recoins de la ville.*
Complément d'un pronom numéral ou indéfini	*J'en connais quelques-uns.* → *Je connais quelques-uns de ces garçons.*
Complément de l'adjectif	*Il en est fier.* → *Il est fier de sa réussite.*
Complément d'objet direct	*Je lui en ai déjà donné.* → *Je lui ai déjà donné de l'argent.*
Complément ou séquence d'un verbe impersonnel	*Il en manque.* → *Il manque des chaises.*
Attribut du sujet	*C'en est.* → *C'est de la cocaïne.*

POUR MIEUX ÉCRIRE ⊖ ***Je m'en méfie* ou *je me méfie d'elle* ?**

En et *y* sont de plus en plus souvent utilisés pour des compléments animés. Normalement, on les emploie surtout pour remplacer des compléments inanimés.

Plutôt que : *Cette fille, je m'en méfie comme de la peste.*

Il vaut mieux écrire : *Je me méfie d'elle.*

Plutôt que : *Ce garçon, j'y pense sans cesse.*

Il vaut mieux écrire : *Je pense sans cesse à lui.*

256 Tableau des formes du pronom personnel

PERSONNE		FORMES CONJOINTES			FORMES DISJOINTES
		SUJET	COD	COI	
1re personne du singulier		*je*	*me*	*me*	*moi*
2e personne du singulier		*tu*	*te*	*te*	*toi*
3e personne du singulier	non réfléchie	*il, elle*	*le, la*	*lui, y, en*	*lui, elle*
	réfléchie		*se*	*se*	*soi (-même)*
1re personne du pluriel		*nous*	*nous*	*nous*	*nous*
2e personne du pluriel		*vous*	*vous*	*vous*	*vous*
3e personne du pluriel	non réfléchie	*ils, elles*	*les*	*leur, y, en*	*eux, elles*
	réfléchie		*se*	*se*	*soi*

REMARQUE

« COD » et « COI » qui figurent dans ce tableau correspondent aux fonctions les plus courantes. D'autres fonctions sont possibles.

Ce plat est-il calorique ? Oui, il l'est. (Le pronom *l'* est attribut du sujet *il*.)

Il s'est levé et lui a serré la main. (Le pronom *lui* est un datif partitif → **225**.)

LA PLACE DU PRONOM PERSONNEL CONJOINT COMPLÉMENT

257 La place du pronom personnel conjoint complément

Le verbe est à un autre mode que l'impératif positif

- Le pronom est placé avant le verbe.

  Je l'affirme. Je lui parle.

- S'il y a plusieurs pronoms conjoints, le COI (ou COS) se place avant le COD, sauf *lui* et *leur* qui se placent après le COD.

  Il me l'a dit. Je le lui ai dit.

- Les pronoms *en* et *y* sont en deuxième position.
  Je lui en ai parlé. Elle m'y a fait penser.

Le verbe est à l'impératif positif

- Le pronom est placé après le verbe. *Regarde-le.* Les formes *me* et *te* sont remplacées par *moi* et *toi* →251 : *Regarde-moi.*

- S'il y a plusieurs pronoms conjoints, le COI (ou COS) se place après le COD : *Dis-le-moi. Dis-le-lui.*

- Les pronoms *en* et *y* sont en deuxième position ; *le, la, me* et *te* (qui remplacent *moi* et *toi*) s'élident : *Donne-m'en. Fiez-vous-y.*

POUR MIEUX ÉCRIRE **Il faut penser aux traits d'union.**

Sauf lorqu'il y a élision *(Donnez-m'en)*, après un impératif à la forme positive, il faut placer un trait d'union :
– entre le verbe et le pronom : *Appelle-le.*
– entre les deux pronoms le cas échéant : *Dis-le-lui.*

REMARQUE

Dans la langue classique, lorsqu'un pronom conjoint était complément d'une périphrase verbale →115 ou d'un infinitif précédé d'un verbe conjugué, il pouvait se placer avant le verbe conjugué.

J'ignore jusqu'aux lieux qui le peuvent cacher. RACINE, *Phèdre*, I, 1.
On écrirait aujourd'hui : *qui peuvent le cacher.*

LE PRONOM *ON*

258 *On* pronom personnel indéfini

- Le pronom *on* représente une personne ou un ensemble de personnes que le locuteur ne veut pas ou ne peut pas identifier. Il a un **sens indéfini**.
  On sonne. Qui cela peut-il bien être ?
  On a ici le sens de *quelqu'un.*

- *On* est toujours sujet et il peut remplacer n'importe quel pronom personnel dans cette fonction. On l'appelle pronom personnel indéfini.

259 Les valeurs du pronom personnel *on*

- Le pronom *on* peut désigner **toutes les personnes**.

Je : – *Comment ça va ? – On fait aller.*

Nous : *On a marché trois heures et on est épuisés.*

Tu : *Alors, on n'a pas voulu m'écouter et on le regrette ?*

Vous : *On sort son cahier et on écrit la date.*

Il(s)/elle(s) : *Elle ne nous dit plus bonjour. C'est qu'on ne se prend pas pour n'importe qui !*

GRAMMAIRE ET STYLE

Les valeurs de on *dans l'acte d'énonciation*

L'emploi de *on* peut avoir de multiples valeurs stylistiques.

Là, ne vous troublez point. Répondez à votre aise.
On ne veut pas rien faire ici qui vous déplaise. Jean Racine, *Les Plaideurs*.

Léandre interroge Isabelle sur ses sentiments. Le père de la jeune fille est présent et Léandre ne doit rien laisser paraître de son amour. Le recours à *on* introduit une distance imposée par la prudence.

On te demande s'il était pauvre. Jean-Paul Sartre, *Huis clos*, © Éditions Gallimard.

Garcin sait désormais qu'Estelle a poussé son amant au suicide et qu'elle n'est pas moins coupable que lui. Le recours à *on* marque la familiarité presque violente avec laquelle il entend désormais s'adresser à elle.

POUR MIEUX ÉCRIRE **Les règles d'accord avec *on*.**

Avec *on*, le verbe prend les marques de la troisième personne du singulier. Mais le participe passé et l'adjectif attribut prennent les marques voulues par le sens de *on*.

On est partis tard.

On est ici l'équivalent de *nous* : le participe passé s'accorde au masculin pluriel.

L'ESSENTIEL

- Le pronom personnel peut être un **représentant** ou un **déictique**. Dans la situation d'énonciation, il peut représenter le **locuteur**, le **destinataire** ou l'**objet** de l'énoncé.
- Un même pronom personnel peut changer de forme selon qu'il est conjoint ou disjoint, selon la fonction qu'il occupe dans la phrase et selon le genre.

Les autres pronoms

J'ai acheté des pêches. Toutes ne sont pas mûres. Prends plutôt celle-ci.

Toutes et *celle-ci* sont des pronoms. Il existe différents types de pronoms.

LES PRONOMS POSSESSIFS

260 Qu'est-ce qu'un pronom possessif ?

- Le pronom possessif équivaut à un **nom précédé d'un déterminant possessif**.

As-tu récupéré tes photos ? Les miennes seront prêtes demain.
Le pronom possessif *les miennes* équivaut à *mes photos*.

- Le pronom possessif n'induit pas systématiquement un lien de possession. Il peut exprimer des **relations très variées**.

Tes photos sont superbes. Les miennes sont un peu floues.
Il faut comprendre : *les photos que j'ai prises.*

As-tu pensé à apporter ta photo d'identité ? J'ai oublié la mienne.
Il faut comprendre : *la photo sur laquelle je figure.*

- Le pronom possessif est toujours un pronom **représentant**. Au masculin pluriel *(les miens, les tiens...)*, il arrive cependant qu'il ne représente aucun mot ou groupe nominal dans la phrase, mais désigne la famille, les proches. Il est alors un pronom possessif **nominalisé**.

À Noël, j'aime être entouré de tous les miens.
Il faut comprendre : *j'aime être entouré de toute ma famille.*

261 Les formes du pronom possessif

- La forme du pronom possessif varie selon :

– le **genre** et le **nombre** du nom dont il est l'équivalent ;

Peux-tu me prêter tes bottes ? Les miennes sont trop petites.
Les miennes s'accorde au féminin pluriel.

Peux-tu me prêter ton ciré ? J'ai oublié le mien.
Le mien s'accorde au masculin singulier.

– la **personne** mise en relation avec le référent que ce nom représente.

On a rayé sa voiture. La mienne n'a rien. Et la tienne ?
La mienne signifie : *la voiture qui est à moi* (première personne du singulier).
La tienne signifie : *la voiture qui est à toi* (deuxième personne du singulier).

262 Tableau récapitulatif des formes du pronom possessif

PERSONNE	MASCULIN SINGULIER	FÉMININ SINGULIER	MASCULIN PLURIEL	FÉMININ PLURIEL
1re personne du singulier	*le mien*	*la mienne*	*les miens*	*les miennes*
2e personne du singulier	*le tien*	*la tienne*	*les tiens*	*les tiennes*
3e personne du singulier	*le sien*	*la sienne*	*les siens*	*les siennes*
1re personne du pluriel	*le nôtre*	*la nôtre*	*les nôtres*	*les nôtres*
2e personne du pluriel	*le vôtre*	*la vôtre*	*les vôtres*	*les vôtres*
3e personne du pluriel	*le leur*	*la leur*	*les leurs*	*les leurs*

LES PRONOMS DÉMONSTRATIFS

263 Qu'est-ce qu'un pronom démonstratif ?

- Le pronom démonstratif équivaut à un **nom précédé d'un déterminant démonstratif**.

  Ce jeu est un peu difficile. Celui-ci conviendra mieux à leur âge.
  Le pronom démonstratif *celui-ci* équivaut à *ce jeu*.

- Le pronom démonstratif peut avoir une valeur de **déictique** → 241.

  Regardez-moi celle-là, qui se promène en talons hauts à la campagne !
  Des promeneurs regardent passer avec étonnement une inconnue en talons hauts et la désignent par le pronom *celle-là*.

- Il peut également avoir une valeur de **représentant** → 239.

  Il a écrit plusieurs fois à son frère. Celui-ci ne lui a jamais répondu.
  Celui-ci reprend *son frère*. La représentation est totale.

  Ces dossiers sont urgents. Traitez celui-ci en priorité et je me charge de celui-là.
  Celui-ci et *celui-là* désignent un dossier parmi *ces dossiers*. La représentation est partielle.

264 Les formes simples et les formes composées du pronom démonstratif

On distingue les formes simples *(celui, celle, ceux...)* des formes composées avec les particules localisatrices *-ci* et *-là (celui-ci, celui-là, celle-ci, celle-là, ceux-ci, ceux-là...)*.

Les formes simples

• Au masculin et au féminin, la forme simple du pronom démonstratif reprend un nom, mais **pour le modifier et désigner un autre référent**. C'est pourquoi elle est toujours accompagnée :

– d'une proposition relative ;

Ce château est superbe, mais celui que nous avons visité l'an dernier était mieux restauré.

– d'un complément du nom ;

La fontaine de Trévise est célèbre, mais celle de la Piazza Navona est plus belle.

– d'un participe.

Ses peintures ont beaucoup de succès, excepté celles représentant des paysages enneigés.

REMARQUE

Le pronom démonstratif simple ne reprend pas toujours un nom.

Ceux qui fuient la foule éviteront la Côte d'Azur au mois d'août.

Le pronom démonstratif *ceux* est ici nominal et introduit avec *qui* une proposition subordonnée relative substantive → 379.

Les formes composées

• La forme composée du pronom démonstratif **se suffit à elle-même** : elle n'est pas nécessairement modifiée par une proposition relative, un complément ou un participe.

POUR MIEUX ÉCRIRE Comment choisir entre *-ci* et *-là* ?

La forme en *-ci* renvoie à l'élément le plus proche dans le texte ou dans la réalité représentée.

La forme en *-là* renvoie à l'élément le plus éloigné dans le texte ou dans la réalité représentée.

Elle avait invité tous ses amis et quelques cousins de passage. Ceux-ci s'étaient ennuyés toute la soirée, accueillis plutôt froidement par ceux-là.

Ceux-ci reprend *quelques cousins de passage*. *Ceux-là* reprend *tous ses amis*.

265 Le cas particulier des formes neutres

Il existe quatre pronoms démonstratifs neutres :
– une forme simple : *ce* ;
– trois formes composées : *ceci, cela* et *ça,* qui est une forme contractée de *cela.*

REMARQUE
Ça est souvent la marque d'une langue relâchée ou orale. On écrira *cela m'étonne*, plutôt que *ça m'étonne*.

La forme simple *ce*

• Le pronom démonstratif *ce* intervient presque exclusivement :
– pour former des propositions relatives substantives → 379 ;
Ce qu'il a dit m'a beaucoup touchée.
– pour former certaines subordonnées interrogatives ;
Sais-tu ce qu'il m'a dit ?
– comme sujet du verbe *être,* éventuellement précédé de *pouvoir* ou *devoir.*
C'est formidable.
Ce doit être formidable.
Ce peut être formidable.

Les formes composées *ceci, cela, ça*

• Les pronoms neutres *ceci, cela* et *ça,* lorsqu'ils ont une valeur de pronom représentant, peuvent reprendre :
– une expression (groupe nominal, pronom...) représentant un inanimé ;
– Je t'ai apporté des livres. – Pose ça sur la table.
– une proposition ;
Il est très apprécié de ses collaborateurs et *cela ne m'étonne pas.*
– tout un passage du texte.
Cet institut de sondage s'est souvent trompé et le nombre de personnes interrogées semble insuffisant. Les résultats sont invraisemblables. Cela nous invite à la plus grande prudence.

REMARQUE
Ceci, cela et *ça* peuvent également être employés comme déictiques, pour des référents dont on ne veut pas ou dont on ne peut pas définir la catégorie.
C'est quoi, ça ?
Le locuteur ne peut ou ne veut pas dire : *C'est quoi, ce fromage ?, C'est quoi, cet instrument ?, C'est quoi, cette voiture ?* etc.

266 Tableau récapitulatif des formes du pronom démonstratif

FORMES	MASCULIN SINGULIER	FÉMININ SINGULIER	NEUTRE SINGULIER	MASCULIN PLURIEL	FÉMININ PLURIEL
Formes simples	*celui*	*celle*	*ce*	*ceux*	*celles*
Formes composées	*celui-ci* *celui-là*	*celle-ci* *celle-là*	*ceci* *cela, ça*	*ceux-ci* *ceux-là*	*celles-ci* *celles-là*

LES PRONOMS INDÉFINIS

267 Qu'est-ce qu'un pronom indéfini ?

- Le pronom indéfini désigne un être animé ou inanimé **dont on ne précise pas l'identité ou le nombre**.

Certains recherchent la chaleur, d'autres la craignent. Je connais quelqu'un qui aime la pluie.
certains, d'autres : identité et nombre indéfinis ; *quelqu'un* : identité indéfinie.

- Le pronom indéfini peut être **nominal** ou **représentant** → 239 et 241.

Chacun voit midi à sa porte.
Il faut entendre : *chaque être humain. Chacun* est un pronom nominal.

Tous ses petits-enfants étaient venus. Il eut un mot affectueux pour chacun.
Il faut entendre : *pour chacun de ses petits-enfants. Chacun* est un pronom représentant.

268 Les différents sens des pronoms indéfinis

- On peut classer les pronoms indéfinis en tenant compte de leur sens.

SENS	PRONOMS
La quantité nulle	*aucun, nul, pas un, personne, rien*
La quantité égale à un	*quelqu'un, quelque chose, n'importe qui, n'importe quoi...*
La quantité imprécise, supérieure à un	*certains, quelques-uns, d'aucuns, plusieurs, peu, beaucoup, la plupart...*
La totalité	*tout, tous, chacun...*
La similitude et la différence	*le même, la même, les mêmes* *un autre, une autre, d'autres ; l'autre, les autres ;* *l'un... l'autre, les uns... les autres*

Sur *on* pronom personnel indéfini →**258-259**.

REMARQUE

Le pronom indéfini *tel* est employé pour un être humain dont il est inutile de préciser l'identité. On le rencontre en particulier dans les tournures proverbiales.

Tel est pris qui croyait prendre.

Précédé de l'article défini, il permet de désigner quelqu'un dont il est inutile de donner le nom.

Tantôt il dîne chez un tel, tantôt il sort avec une telle : il n'est jamais chez lui.

LES PRONOMS NUMÉRAUX

269 Qu'est-ce qu'un pronom numéral ?

• Le pronom numéral équivaut à un **nom précédé d'un déterminant numéral**. Il a la même forme que le déterminant numéral →**84**, mais il a les fonctions d'un groupe nominal.

Nous avons examiné cinquante dossiers. Dix ont été écartés.

Le pronom numéral *dix* équivaut à *dix dossiers*. Il est sujet de *ont été écartés*.

• Le pronom numéral est souvent **représentant**. Il est l'équivalent d'une partie du groupe nominal qu'il représente. On parle de représentation partielle →**240**.

Je partirai avec deux de mes amis.

Il faut entendre : *deux amis parmi mes amis.*

REMARQUE

Le pronom numéral est parfois nominal.

Coupe le gâteau en cinq.

Il faut comprendre : *en cinq parts.*

LES PRONOMS INTERROGATIFS

270 Qu'est-ce qu'un pronom interrogatif ?

• Le pronom interrogatif permet de **demander l'identité de la personne ou de la chose** concernée par ce que dit le reste de la phrase.

À qui confies-tu ton chat pendant les vacances ?

Le pronom interrogatif *qui* permet de demander l'identité de la personne à qui sera confié le chat.

271 Les formes du pronom interrogatif

Les formes simples

- La forme simple varie à la fois selon :

– le caractère **animé** ou **inanimé** du référent ;

Qui le loup mange-t-il à la fin du Petit Chaperon rouge *?*
Référent animé : *le loup mange la grand-mère.*

Que mange un cochon d'Inde ?
Référent inanimé : *le cochon d'Inde mange du foin, des graines, des endives*, etc.

– la **fonction du pronom**.

Que penses-tu de ces résultats ?
Le pronom *que* est COD de *penses.*

À quoi penses-tu ?
Le pronom *à quoi* est COI de *penses.*

FONCTION	RÉFÉRENT ANIMÉ	RÉFÉRENT INANIMÉ
Sujet	*qui*	
COD	*qui*	*que, quoi*
Attribut	*qui, que*	*que*
Complément prépositionnel	préposition + *qui*	préposition + *quoi*

REMARQUES

1. Le pronom COD *que* prend la forme de *quoi* lorsqu'il est placé après le verbe. Il est alors généralement la marque d'une langue relâchée.
Que bois-tu ? mais *Tu bois quoi ?*

2. Il n'existe pas de forme simple sujet pour un référent inanimé. Il faut utiliser la forme renforcée *qu'est-ce qui.*

Les formes renforcées

- À chaque forme simple correspond une forme renforcée qui est une locution pronominale interrogative formée à partir de *est-ce qui* ou de *est-ce que.*

Qui a oublié ses chaussures ?
Qui est-ce qui a oublié ses chaussures ?

FONCTION	RÉFÉRENT ANIMÉ	RÉFÉRENT INANIMÉ
Sujet	*qui est-ce qui*	*qu'est-ce qui*
Autres fonctions	*qui est-ce que* *à qui est-ce que* *de qui est-ce que*, etc.	*qu'est-ce que* *à quoi est-ce que* *de quoi est-ce que*, etc.

L'ORAL ET L'ÉCRIT ⊖ *Qui c'est qui peut m'aider ?*

À l'oral, la forme complexe est parfois utilisée sans l'inversion du sujet *ce* :
⊖ *qui c'est qui* au lieu de *qui est-ce qui.*
Cette tournure est tout à fait incorrecte.

Les formes composées

- La forme composée varie selon le **genre** et le **nombre** du référent.
- Elle a une fonction **anaphorique**, au contraire des autres pronoms interrogatifs qui ont une valeur **nominale** → 239 et 241.

J'ai acheté cinq nouveaux CD. Lequel veux-tu écouter ?
Il faut entendre : *quel nouveau CD. Lequel* a une valeur anaphorique. Il est masculin singulier.

– Qu'écoutes-tu en ce moment ? – Plutôt du jazz.
Que équivaut à *quelle musique*. Il a une valeur nominale.

- Le pronom se contracte avec les prépositions *à* et *de* au masculin singulier et au pluriel. C'est pourquoi l'on rencontre des formes comme *auquel, duquel, desquels,* etc.

Le village compte trois médecins. Auquel puis-je faire confiance ?

FONCTION	MASCULIN SINGULIER	FÉMININ SINGULIER	MASCULIN PLURIEL	FÉMININ PLURIEL
Sujet, COD	*lequel*	*laquelle*	*lesquels*	*lesquelles*
Avec la préposition *à*	*auquel*	*à laquelle*	*auxquels*	*auxquelles*
Avec la préposition *de*	*duquel*	*de laquelle*	*desquels*	*desquelles*

LES PRONOMS RELATIFS

272 Qu'est-ce qu'un pronom relatif ?

- Le pronom relatif relie la proposition subordonnée relative à la proposition dont elle dépend.

Il a acheté le tableau [que nous avions vu ensemble.]

- Lorsque la relative est **adjective** → 374, le pronom relatif remplace un groupe de mots (groupe nominal, pronom...) que l'on appelle son **antécédent**. L'antécédent est situé dans la proposition dont dépend la relative : le pronom relatif a alors une valeur **anaphorique**.

L'ordinateur [que tu m'as donné] n'est pas très performant.
Il faut comprendre : *tu m'as donné un ordinateur. L'ordinateur* est l'antécédent du pronom relatif *que.*

• Lorsque la relative est **substantive** →374, le pronom relatif n'a pas d'antécédent. Il est **nominal**.

[Qui va à la chasse] perd sa place.

REMARQUE

Le pronom relatif a une fonction par rapport au verbe de la relative.

Le vendeur [auquel je me suis adressée] s'est montré très efficace.
Il faut comprendre : *je me suis adressée à ce vendeur.* Le pronom relatif *auquel* est COI de *me suis adressée.*

273 Les formes du pronom relatif

Les formes simples

• La forme simple du pronom relatif varie à la fois selon :

– la **fonction** du pronom dans la proposition relative ;

L'homme qui nous a salués est un ami. (*Qui* est sujet de *a salués.*)

L'homme que j'ai salué est un ami. (*Que* est COD de *ai salué.*)

– Le **caractère animé ou inanimé** de l'antécédent.

C'est le garçon contre qui tu as déjà joué lors du dernier tournoi.

C'est ce contre quoi j'ai toujours lutté.

• Lorsque *qui* est nominal, il renvoie à une personne.

Qui dort dîne.

FONCTION	ANTÉCÉDENT ANIMÉ	ANTÉCÉDENT INANIMÉ
Sujet	*qui*	*qui*
COD, attribut	*que*	*que*
Complément prépositionnel	préposition + *qui* *dont*	préposition + *quoi* *dont, où*

POUR MIEUX ÉCRIRE **Attention aux accords avec les pronoms relatifs *qui* et *que*.**

Les pronoms relatifs simples ne portent pas la marque du genre et du nombre de l'antécédent. Il faut cependant veiller à faire les bons accords dans la subordonnée relative.

Les places que nous avons réservées sont côte à côte.
Le pronom *que* a pour antécédent *les places* : il est donc féminin pluriel. Comme il est COD de *avons réservées*, le participe passé se met au féminin pluriel.

Les formes composées

- La forme composée du pronom relatif varie selon le **genre** et le **nombre** de son antécédent.

Ce sont les amis avec lesquels nous sommes allés au cinéma.
Lesquels s'accorde au masculin pluriel.

C'est l'amie avec laquelle nous sommes allés au cinéma.
Laquelle s'accorde au féminin singulier.

- Le pronom se contracte avec les prépositions *à* et *de* au masculin singulier et au pluriel. C'est pourquoi l'on rencontre des formes comme *auquel, duquel, desquels,* etc.

FONCTION	MASCULIN SINGULIER	FÉMININ SINGULIER	MASCULIN PLURIEL	FÉMININ PLURIEL
Sujet	*lequel*	*laquelle*	*lesquels*	*lesquelles*
Avec la préposition *à*	*auquel*	*à laquelle*	*auxquels*	*auxquelles*
Avec la préposition *de*	*duquel*	*de laquelle*	*desquels*	*desquelles*

REMARQUE
À côté du pronom relatif, il existe un **déterminant relatif**, dont l'emploi est moins courant. Le déterminant relatif est toujours de forme composée → 90.

Il a invité son cousin, lequel cousin n'a jamais répondu.

POUR MIEUX ÉCRIRE Utiliser le relatif composé pour lever une ambiguïté.

Il était accompagné de son père et de sa sœur, avec qui il devait voyager.
Le pronom *qui* peut ici renvoyer à sa sœur ou à son père et à sa sœur. Pour lever l'ambiguïté, on aura recours au relatif composé :
Il était accompagné de son père et de sa sœur, avec laquelle il devait voyager.
Il était accompagné de son père et de sa sœur, avec lesquels il devait voyager.

Cette fonction du relatif composé explique sa fréquence dans les textes juridiques, en position de sujet.

Elle conserve l'usufruit de l'appartement et de la maison, laquelle a fait l'objet d'une donation du vivant.

L'ESSENTIEL

- Outre les pronoms personnels, on distingue les **pronoms possessifs** *(le mien, le tien, le sien...)*, les **pronoms démonstratifs** *(celui-ci, celle-là, ceux...)*, les **pronoms indéfinis** *(tout, chacun, quelqu'un...)*, les **pronoms numéraux** *(les deux, les trois...)*, les **pronoms interrogatifs** *(qui, que, lequel...)*, les **pronoms relatifs** *(qui, que, dont...)*.

L'adjectif et le groupe adjectival

Une fille demande son chemin à un passant.
Une jeune fille blonde, un peu timide, demande son chemin à un passant pressé, mais courtois.

Les mots *jeune, blonde, timide, pressé* et *courtois* sont des adjectifs. Ils apportent des précisions en caractérisant la fille et le passant.

QU'EST-CE QU'UN ADJECTIF ?

274 Comment reconnaître un adjectif ?

L'adjectif présente deux caractéristiques principales.

• **Il se rapporte toujours à un autre terme** de la phrase, généralement un nom ou un pronom.

Un petit chien nerveux croise un puissant pit-bull. Celui-ci, dédaigneux, passe son chemin.
Petit et *nerveux* se rapportent au nom *chien*, *puissant* au nom *pit-bull* et *dédaigneux* au pronom *celui-ci*.

REMARQUE
L'adjectif peut également se rapporter, par exemple, à un infinitif ou à un groupe infinitif.
Savoir dresser son chien est essentiel.

• L'adjectif n'a pas de genre ni de nombre par lui-même : il prend le **genre** et le **nombre** du mot auquel il se rapporte.

Prends ta veste bleue, ta nouvelle casquette et tes lunettes noires.
Prends ton blouson bleu, ton nouveau casque et tes gants noirs.

Sur l'accord de l'adjectif avec le nom → 283-284.

275 Adjectifs qualificatifs et adjectifs relationnels

Deux grands types d'adjectifs

On distingue principalement deux grands types d'adjectifs.

- L'adjectif **qualificatif** précise une **propriété** de l'élément auquel il se rattache dans la phrase.

  Mon forfait est épuisé.

- L'adjectif **relationnel** est toujours **dérivé d'un nom**. Il souligne que l'élément auquel il se rattache entretient une relation avec ce nom.

  Le transport ferroviaire est moins polluant que le transport routier.

  Ferroviaire est dérivé de *voie ferrée* : le *transport ferroviaire* est un transport qui s'effectue par les voies ferrées. *Routier* est dérivé de *route* : le *transport routier* est un transport qui s'effectue par les routes.

Des propriétés différentes

- L'adjectif qualificatif et l'adjectif relationnel ne présentent pas les mêmes propriétés.

ADJECTIF QUALIFICATIF	EXEMPLE	ADJECTIF RELATIONNEL	EXEMPLE
Il peut correspondre à un nom de propriété.	*riche* *la richesse* *satisfait* *la satisfaction*	Il correspond à un nom qui n'est pas un nom de propriété.	*dentaire* *les dents* *municipal* *la municipalité*
Il peut être attribut du sujet.	*Il est riche.* *Il semble joyeux.*	Il ne peut pas être attribut.	⊖ *Il est dentaire.* ⊖ *Il semble municipal.*
Il admet généralement des degrés de signification.	*Il est plus riche que nous.* *Il est très joyeux.*	Il n'admet pas de degrés de signification.	⊖ *plus dentaire* ⊖ *très municipal*
Il peut être le noyau d'un groupe adjectival.	*Riche de ses expériences.* *Satisfait d'avoir surmonté cette épreuve.*	Il ne peut pas être le noyau d'un groupe adjectival.	
Il se place avant ou après le nom, selon son emploi.	*C'est un homme riche et satisfait.* *Ce riche héritier fait des envieux.*	Il est toujours placé après le nom.	*Un appareil dentaire,* et non ⊖ *un dentaire appareil.* *Un conseil municipal* et non ⊖ *un municipal conseil.*

REMARQUE

Un même adjectif peut appartenir tour à tour à l'une et à l'autre catégorie.

L'instinct maternel n'a jamais été très développé chez elle.
Il faut comprendre : son instinct *de mère* ; *maternel* est ici un adjectif relationnel.

Cette institutrice est très maternelle avec ses élèves.
Maternelle est synonyme de *douce* ou *bienveillante comme le serait une mère.*
Il est ici adjectif qualificatif.

276 Adjectif et groupe adjectival

- L'adjectif qualificatif peut être complété par divers éléments qui viennent en préciser le sens. Il est alors le **noyau d'un groupe adjectival**.
- Les compléments de l'adjectif sont les suivants.

COMPLÉMENT DE L'ADJECTIF	EXEMPLE
Complément prépositionnel	*Il est furieux de s'être laissé berner.* *Êtes-vous satisfaits du résultat ?*
Adverbe	*Notre voyage de retour a été terriblement long.*
Proposition conjonctive	*Je suis contente que vous soyez venus nous voir.*
Pronom	*Il en est fier.*

REMARQUE

Diverses prépositions permettent de construire le complément de l'adjectif : **de** *(plein de, différent de, jaloux de)*, **à** *(apte à, attentif à, indifférent à)*, **contre** *(furieux contre)*, **envers** *(cruel envers, généreux envers)*, **pour** *(bienveillant pour, mûr pour, doué pour)*, **avec** *(aimable avec, brutal avec)*, **en** *(fort en, expert en)*...

277 Les autres adjectifs

Les adjectifs numéraux ordinaux

- Ces adjectifs indiquent le rang.

  la deuxième page ; le cinquième étage ; le trentième candidat

- Ils ne peuvent pas être déterminants du nom, à la différence des déterminants numéraux cardinaux → 84-85.

  deux pages ; cinq étages ; trente candidats

Les adjectifs indéfinis *même* et *autre*

- Ces adjectifs indiquent la ressemblance ou la différence.

  le même train ; une autre histoire

• Ils ont un sens comparatif et sont parfois suivis d'un complément construit avec *que*.

le même train qu'hier

une autre histoire que celle que tu nous as racontée.

• L'adjectif *même* a ceci de particulier qu'il ne peut pas être attribut : on ne peut pas dire ni écrire : ⊖ *Elle est même. Autre,* contrairement à *même,* ne pose pas de problème. C'est un adjectif qui peut être attribut : *Elle est autre.*

Les adjectifs possessifs *mien, tien, sien…*

• Ces adjectifs ont le même sens que les déterminants possessifs mais ils s'emploient avec un déterminant. On les utilise très rarement, uniquement à l'écrit, dans un niveau de langage soutenu.

un mien cousin

LES FONCTIONS DE L'ADJECTIF

278 L'adjectif épithète

L'adjectif épithète présente deux caractéristiques principales.

• **Il fait partie du groupe nominal** : il constitue une **expansion** du nom → 98.

Elle a épousé un pompier sportif et sympathique.

Les adjectifs *sportif* et *sympathique* appartiennent au groupe nominal qui a pour noyau le nom *pompier.*

⊕ L'épithète liée

On parle parfois d'*épithète liée* pour opposer l'adjectif épithète à l'adjectif apposé, qui prend alors le nom d'*épithète détachée.*

• **On peut le supprimer** : la phrase reste grammaticalement correcte. On peut dire : *Elle a épousé un pompier.*

279 L'adjectif attribut

L'adjectif attribut présente les caractéristiques suivantes.

• **Il fait partie du groupe verbal**.

• Lorsqu'il est **attribut du sujet**, il est relié au sujet par un verbe d'état ou par un verbe équivalent.

Les pompiers sont toujours sportifs. Ce pompier paraît sympathique.

• Lorsqu'il est **attribut du COD**, il est séparé du COD lorsque celui-ci est remplacé par un pronom. Il ne fait donc pas partie du groupe COD.

Je trouve son mari sympathique. Je le trouve sympathique.

- Souvent, l'adjectif attribut ne peut pas être supprimé.

  Les pompiers sont toujours sportifs.

  On ne peut pas écrire : ⊖ *Les pompiers sont toujours.* De la même manière, ⊖ *Je trouve son mari* a un sens incomplet.

Sur la différence entre l'attribut du sujet et l'attribut du COD → 226-232.

POUR MIEUX ÉCRIRE ***Elle avait l'air heureux ou elle avait l'air heureuse ?***

- Lorsqu'*avoir l'air* est un équivalent de *sembler*, l'adjectif s'accorde en genre et en nombre avec le sujet comme n'importe quel attribut du sujet.

  Elle a l'air compétente.

- Lorsqu'*avoir l'air* a le sens plein d'*avoir la physionomie*, d'*avoir l'apparence*, l'adjectif peut être considéré comme un adjectif attribut du COD *l'air* et se mettre au masculin singulier.

  Elle eut l'air effrayé ou *Elle eut l'air effrayée.*

280 L'adjectif apposé

L'adjectif apposé présente deux caractéristiques principales.

- Il est séparé par une virgule du groupe nominal ou du pronom auquel il se rapporte : il constitue une **expansion détachée** → 106.

  Décontenancée, la candidate ne répondit pas aussitôt à la question du jury.

- **On peut le supprimer** : la phrase reste grammaticalement correcte.

  La candidate ne répondit pas aussitôt à la question du jury.

⊕ L'épithète détachée

En raison de la virgule qui le sépare du groupe nominal ou du pronom, l'adjectif apposé prend également le nom d'*épithète détachée*.

LE GENRE ET LE NOMBRE DE L'ADJECTIF

281 Le féminin de l'adjectif

- Pour marquer le féminin de l'adjectif, on ajoute généralement un ***-e*** à la forme du masculin.

  Son sac est lourd. → Sa valise est lourde.

  Il est têtu. → Elle est têtue.

- L'ajout du *-e* au féminin s'accompagne du **redoublement de la consonne finale** du masculin dans les cas suivants.

ADJECTIFS	EXEMPLES
Adjectifs en ***-el*** et en ***-eil*** + *nul* et *gentil*	*cruel → cru**elle** ; pareil → parei**lle*** *nul → nu**lle** ; gentil → genti**lle***
Adjectifs en ***-en*** et en ***-on***	*ancien → ancie**nne** ; bon → bo**nne***
Adjectifs en ***-et*** Sauf : *complet, incomplet, concret, désuet, discret, indiscret, inquiet, replet, secret* qui ont un féminin en ***-ète***	*muet → mue**tte*** *secret → secr**ète***
Quelques adjectifs en ***-ot*** comme *vieillot, pâlot, sot, boulot*	*pâlot → pâlo**tte***
Quelques adjectifs en ***-s*** comme *gras, bas, las, épais, gros, métis*	*gras → gra**sse***

• L'ajout du *-e* au féminin conduit à la **transformation du radical** masculin dans les cas suivants.

ADJECTIFS	EXEMPLES
Adjectifs en ***-er → -ère***	*léger → lég**ère** ; fier → f**ière***
Adjectifs se terminant par ***-f → -ve***	*naïf → naï**ve***
Adjectifs se terminant par ***-x → -se*** Sauf : *vieux, faux, roux, doux*	*heureux → heureu**se*** *v**ieille**, fau**sse**, rou**sse**, dou**ce***
Adjectifs en ***-g → -gue***	*long → lon**gue***
Adjectifs en ***-eur → -euse*** Sauf : – adjectifs en ***-teur → -trice*** – *enchanteur, vengeur* ***→ -eresse*** – *meilleur, postérieur, antérieur, citérieur, ultérieur, extérieur, intérieur, majeur, mineur, supérieur, inférieur* ***→ -eure***	*menteur → ment**euse*** *protecteur → protec**trice*** *vengeur → veng**eresse*** *supérieur → supéri**eure***
Cas particuliers de transformation : – *blanc, franc* – *frais* – *tiers* – *caduc, public, turc* – *grec* – *bénin, malin* – *fou, mou* – *beau, nouveau, jumeau, tourangeau, morvandeau*	 *blan**che**, fran**che*** *fra**îche*** *tier**ce*** *cadu**que**, publi**que**, tur**que*** *grec**que*** *béni**gne**, mali**gne*** *fo**lle**, mo**lle*** *be**lle**, nouve**lle**, jume**lle**, tourange**lle**, morvande**lle***

N. ORTH L'adjectif *aigu* fait son féminin en *aiguë* mais la réforme de 1990 autorise à écrire *aigü* au masculin.

- Certains adjectifs ont la **même forme** au masculin et au féminin.
  un bateau insubmersible → une embarcation insubmersible

282 Le pluriel de l'adjectif

- Pour marquer le pluriel de l'adjectif, on ajoute généralement un ***-s*** à la forme du singulier.
  une performance exceptionnelle → des performances exceptionnelles
- Le pluriel est marqué par une autre terminaison dans les cas suivants.

ADJECTIFS	EXEMPLES
Adjectifs en ***-eau*** + *esquimau* et *hébreu* → ***-x***	*beau → beau**x*** *esquimau → esquimau**x*** *hébreu → hébreu**x***
Adjectifs en ***-al*** → ***-aux*** Sauf : *banal, bancal, fatal, fractal, natal, naval, tombal*	*matinal → matin**aux*** *bancal → bancal**s***

- Les adjectifs en ***-s*** ou en ***-x*** ont la **même forme** au singulier et au pluriel.
  un tapis épais → des tapis épais

283 Les règles d'accord de l'adjectif

- L'adjectif **s'accorde en genre et en nombre** avec le nom ou le pronom dont il dépend.
  un goût sucré ; une saveur sucrée ; des mets sucrés
- Lorsque l'adjectif dépend d'un infinitif ou d'un groupe infinitif, il se met au masculin singulier.
  Prendre la route ce soir serait imprudent.
- Lorsque l'adjectif se rapporte à plusieurs noms de genres différents, il se met au masculin pluriel.
  Ils ont une fille et un gendre charmants.

284 Les adjectifs invariables

• Certains adjectifs ne s'accordent pas. C'est notamment le cas pour :
– les adjectifs de couleur déterminés par un autre adjectif ou par un nom ainsi que la plupart des adjectifs de couleur issus d'un nom ;

des costumes bleu clair, une robe vert olive
un pull marron, une chemise marron

Mais on trouve indifféremment : *des gants orange, des gants oranges* ;
– le premier adjectif d'un adjectif composé, s'il est senti comme un adverbe ;

des jeunes filles court-vêtues (vêtues d'une manière courte)

– le premier élément en *-o* des composés ethniques ;

les échanges franco-allemands

– *nu-, demi-, mi-* lorsqu'ils constituent le premier élément d'un mot composé.

une demi-heure, mais *une heure et demie*

LES DEGRÉS DE SIGNIFICATION DE L'ADJECTIF

Le sens d'un adjectif peut être nuancé pour prendre une force plus ou moins grande : on appelle ces nuances les degrés de signification de l'adjectif.

285 Les types de degrés de signification

• On distingue :
– les **degrés d'intensité**, qui évaluent la qualité en elle-même, en la situant sur une échelle ;

Cette voiture est peu écologique, assez écologique, très écologique.
Il s'agit de situer la voiture sur l'échelle de l'écologie.

– les **degrés de comparaison**, qui évaluent la qualité par comparaison avec un élément de référence.

Notre voiture est plus écologique que la tienne, moins écologique que la tienne, aussi écologique que la tienne.

REMARQUE

Certains adjectifs ne peuvent pas être employés avec des degrés de signification :
– les adjectifs relationnels → 275 ;
– les adjectifs qui expriment une propriété qui ne peut pas être graduée ;

⊖ *Le périmètre est plus circulaire.*
⊖ *Elle est moins enceinte.*

– les adjectifs qui comportent par eux-mêmes une idée d'intensité ou de comparaison.

⊖ *Réussir est une préoccupation très principale.*
⊖ *Marie a joué avec son enfant le plus aîné.*

286 Les degrés d'intensité de l'adjectif

- Pour les adjectifs, on distingue trois degrés sur l'échelle de l'intensité : l'intensité faible, l'intensité moyenne et l'intensité forte.
- Ces trois degrés s'expriment par divers moyens.

⊕ Le superlatif absolu
Le degré d'intensité forte, lorsqu'il est marqué par *très*, *bien*, *tout*, *fort*, prend parfois le nom de *superlatif absolu*, c'est-à-dire de superlatif dépourvu de point de comparaison.

MARQUER L'INTENSITÉ	INTENSITÉ FAIBLE	INTENSITÉ MOYENNE	INTENSITÉ FORTE
Adverbe ou locution adverbiale	*à peine, un peu, faiblement, légèrement...*	*assez, moyennement, plutôt, quasi, presque...*	*très, tout, fort, bien, complètement, extrêmement, formidablement... on ne peut plus, des plus, tout ce qu'il y a de plus...*
Préfixe	*sous- ; hypo- (sous-développé, hypotendu...)*		*archi-, extra-, super-, hyper-, ultra- (archiconnu, extra-plat, super-intelligent, hyper-fort, ultraléger...)*
Suffixe			*-issime (bellissime...)*
groupe prépositionnel avec infinitif			*bête à pleurer*
Comparaison figée			*rapide comme l'éclair, bavard comme une pie*
Répétition			*Il est fou, fou, fou.*

L'ORAL ET L'ÉCRIT ⊖ *Elle est trop belle !*

L'adverbe *trop* est très souvent employé comme un équivalent de *très*, pour marquer l'intensité forte : ⊖ *Elle est trop belle*. Cet emploi est fautif et reste une marque d'oralité.

287 Les degrés de comparaison de l'adjectif : le comparatif

• Le comparatif compare un élément à un autre ou à d'autres qui possèdent la même propriété. Il peut marquer la **supériorité**, l'**égalité** ou l'**infériorité**.

COMPARATIF	EXEMPLE
Comparatif de supériorité	*Il est plus nerveux que toi.*
Comparatif d'égalité	*Il est aussi nerveux que toi. Il est nerveux autant que toi.*
Comparatif d'infériorité	*Il est moins nerveux que toi.*

• Le complément du comparatif peut être :

– un groupe nominal, un nom ou un pronom ;
Il est moins directif que son prédécesseur.

– un adjectif ;
Il est plus bête que méchant.

– un groupe prépositionnel ;
Il est plus détendu qu'au début de l'année.

– un adverbe ;
Il est plus détendu qu'hier.

– une proposition.
Il est plus drôle qu'il n'en a l'air.

REMARQUE

Selon la grammaire traditionnelle, le complément du comparatif est une proposition subordonnée même quand ne figure aucun verbe conjugué. On peut restituer un verbe conjugué.

Il est plus détendu qu'hier. → *Il est plus détendu qu'il ne l'était hier.*
L'expression *qu'hier* est considérée comme une proposition subordonnée car elle équivaut à *qu'il ne l'était hier.*

288 Les degrés de comparaison de l'adjectif : le superlatif relatif

• Le superlatif isole un élément dans un groupe en affirmant qu'il possède moins ou plus que tous les autres telle propriété ou tel état.

SUPERLATIF	EXEMPLE
Superlatif d'infériorité	*Il est le moins expérimenté de tous les stagiaires.* *Il est le moins expérimenté parmi les stagiaires.* *Il est le moins expérimenté d'entre les stagiaires.*
Superlatif de supériorité	*Il est le plus expérimenté de tous les stagiaires.* *Il est le plus expérimenté parmi tous les stagiaires.* *Il est le plus expérimenté d'entre les stagiaires.*

REMARQUE
Le superlatif peut être renforcé par : *de beaucoup, de loin, du monde, possible, qui soit.*
Parmi tous les stagiaires, il est de beaucoup le plus expérimenté.

POUR MIEUX ÉCRIRE **Attention à l'accord de *le* dans le superlatif.**

De nous tous, c'est elle qui a les yeux les plus sensibles à la lumière.
Cas général : *le* a la valeur d'un déterminant et s'accorde au masculin pluriel.

C'est en hiver que ses yeux sont le plus sensibles à la lumière.
En hiver, ses yeux sont *extrêmement sensibles* à la lumière. *Le plus* a une valeur adverbiale et reste invariable.

289 Les formes particulières de comparatifs et de superlatifs

• Trois adjectifs ont des degrés de comparaison irréguliers.

ADJECTIF	DEGRÉS DE COMPARAISON	FORMES CONCURRENTES
bon	*meilleur, le meilleur*	
mauvais	*pire, le pire*	*plus mauvais, le plus mauvais*
petit	*moindre, le moindre*	*plus petit, le plus petit*

POUR MIEUX ÉCRIRE ***Moindre* ou *plus petit* ?**

Moindre s'emploie essentiellement dans un sens abstrait, et *plus petit* dans un sens concret : *un vin de moindre qualité,* mais *un appartement plus petit.*

LA PLACE DE L'ADJECTIF ÉPITHÈTE

290 L'adjectif épithète se place le plus souvent après le nom

• L'adjectif **relationnel** se place toujours après le nom.

• La place de l'adjectif **qualificatif** est moins stable et ne répond pas à des règles strictes. Il est cependant postposé dans les cas suivants :
– quand il exprime une propriété objective (couleur, forme…) ;
un pantalon noir, une silhouette longiligne
– quand il est suivi d'un complément.
des parents fiers de leurs enfants

291 Les cas d'antéposition de l'adjectif qualificatif épithète

- L'adjectif qualificatif est souvent antéposé dans les cas suivants.

ADJECTIFS QUALIFICATIFS SOUVENT ANTÉPOSÉS	EXEMPLE
Adjectifs courants et courts : *petit, vieux, bon, grand, joli, autre, mauvais, jeune, beau...*	*J'ai visité un joli village.* *Un grand homme est entré.*
Valeur affective ou appréciative	*C'est une merveilleuse surprise.* *Quelle horrible nouvelle !* *Il a fait de notables progrès.*
Épithètes de nature (caractéristique traditionnellement attribuée à la personne ou à la chose)	*les vertes prairies* *le bouillant Achille*
Expressions figées	*un fieffé menteur* *pleurer à chaudes larmes*
Adjectif qualifiant un nom suivi d'un complément du nom	*le chaud soleil de juillet*

REMARQUE

Dans la mesure où la place de l'adjectif dépend en partie de son sens, certains adjectifs changent de sens en changeant de place.

Elle porte un pantalon noir. Mais *Il est hanté par de noirs pressentiments.*
Placé après le nom, *noir* désigne une couleur. Placé avant le nom, il prend le sens affectif d'*inquiétant*.

L'ESSENTIEL

- Il existe deux grandes catégories d'adjectifs : l'**adjectif qualificatif**, qui exprime un état ou une propriété ; l'**adjectif relationnel**, qui est dérivé d'un nom et qui met quelque chose ou quelqu'un en relation avec ce nom.
- L'adjectif qualificatif constitue le noyau d'un groupe adjectival et peut souvent varier en **degré** : degré d'intensité, degré de comparaison.
- L'adjectif peut avoir trois fonctions : **épithète**, **attribut** (du sujet ou du COD) ou **apposé**.

Les mots invariables

Comme l'été est bientôt là, j'ai réservé un gîte et un billet de train.
Comme les vacances sont bientôt là, nous avons réservé deux gîtes et des billets de train.

Lorsqu'on transpose la première phrase au pluriel, *comme, bientôt, là, et, de* ne changent pas de forme : ces mots sont invariables.

LA PRÉPOSITION

292 Qu'est-ce qu'une préposition ?

Deux caractéristiques essentielles

La préposition présente deux caractéristiques essentielles.

• Elle permet de **relier des mots et des groupes de mots** dans une phrase.

Le viaduc de Millau attire une foule nombreuse.
La préposition *de* permet d'articuler entre eux les mots *viaduc* et *Millau*.

• Elle forme avec les mots qui la suivent un **groupe prépositionnel** dont elle constitue le **noyau**.

Elsa raconte à ses camarades des histoires à dormir debout.
Elsa leur raconte des histoires incroyables.
Les groupes *à ses camarades* et *à dormir debout* peuvent être remplacés par un mot unique *(leur, incroyables)* : la préposition est indissociable des mots qui la suivent et tout le groupe se construit à partir d'elle. C'est pourquoi l'on parle de groupe prépositionnel.

Préposition et locution prépositionnelle

• On distingue :

– les **prépositions** : *à, de, par, pour, sans, chez, en, avec, dans, sur, vers, outre,* etc. ;

REMARQUES

1. L'article défini se contracte avec les prépositions *à* et *de* au masculin singulier et au pluriel →75 : *le tour du jardin*.

2. Le mot *lequel* (pronom interrogatif →271, pronom relatif →273 ou déterminant relatif →90) se contracte aussi avec *à* et *de* (*auquel*, *duquel*, *desquels*, etc.).

– les **locutions prépositionnelles** : *à force de, par rapport à, à côté de, au lieu de, pour cause de, grâce à, à l'aide de, conformément à*, etc. →3.

293 La syntaxe de la préposition

- La préposition peut être suivie de mots de différentes natures :

– un groupe nominal : *Appuie sur le bouton.*
– un infinitif ou un groupe infinitif : *J'ai le plaisir de t'inviter.*
– un pronom : *Je n'ai goût à rien.*
– un adverbe : *Elle est sortie d'ici.*
– un autre groupe prépositionnel : *Je suis garée derrière chez toi.*
– une proposition : *Ils se souviennent de ce que tu leur as dit.*

- Elle permet de construire de **nombreux compléments**.

COMPLÉMENT	EXEMPLE
Complément du nom	*L'arrivée de la course est prévue dimanche.*
Complément de l'adjectif	*Je suis curieux de connaître nos nouveaux voisins.*
COI	*J'ai téléphoné à la mairie.*
COS	*Tu dois adresser ta demande à la mairie.*
Complément essentiel de lieu	*Il se rendra directement sur les lieux.*
Complément circonstanciel	*Nous sommes sortis malgré la pluie.*
Attribut du sujet	*Antoine est d'un piètre secours.*
Attribut du COD	*Ils me prennent pour un naïf.*
Groupe apposé à un GN	*Ce médecin, d'une exceptionnelle disponibilité, reçoit jusqu'à 20 heures.*

294 Le sens des prépositions

- Certaines prépositions et locutions prépositionnelles ont un **sens stable**.

Il a couru jusqu'à la ligne d'arrivée.

Il a couru jusqu'à épuisement.

Même si *jusqu'à épuisement* a un sens plus abstrait que *jusqu'à la ligne d'arrivée*, *jusqu'à* permet dans les deux cas d'indiquer une limite.

- D'autres prépositions ou locutions prépositionnelles ont des **sens multiples** qui varient selon les contextes.

Il nous a envoyé une carte de Grèce.

Ses rêves de voyage se sont réalisés.

Nous avons apprécié la gentillesse de l'hôtesse.

La préposition *de* permet tour à tour d'exprimer l'origine (de la carte), l'objet (du rêve), l'appartenance (celle à qui appartient la gentillesse).

POUR MIEUX ÉCRIRE **Utiliser correctement les prépositions.**

Il faut veiller à éviter quelques erreurs très répandues. On doit dire :

- *Il est allé chez le coiffeur.* Non : ⊖ *Il est allé au coiffeur.*
- *Je me souviens de cette aventure / je m'en souviens.*
  Mais : *Je me rappelle cette aventure / je me la rappelle.*
- *Elle le remercie pour son cadeau.* (concret)
  Mais : *Elle le remercie de son aide.* (abstrait)
- *Il faut pallier cette insuffisance.*
  Non : ⊖ *Il faut pallier à cette insuffisance.*
- *Cette réaction atteste sa générosité.*
  De préférence à : *Cette réaction atteste de sa générosité.*
- *As-tu trouvé le sac de ta sœur ?*
  Jamais : ⊖ *As-tu trouvé le sac à ta sœur ?*

LA CONJONCTION DE SUBORDINATION

295 Qu'est-ce qu'une conjonction de subordination ?

Deux caractéristiques essentielles

La conjonction de subordination présente deux caractéristiques essentielles.

- Elle **relie une proposition subordonnée** → 355 à une autre proposition.

  [Appelle-moi][quand tu es prêt.]

  La conjonction de subordination *quand* relie la proposition subordonnée *quand tu es prêt* à la proposition principale *Appelle-moi.*

  J'ai trouvé un médecin [qui est toujours disponible][quand les enfants sont malades.]

  La conjonction de subordination *quand* relie la proposition subordonnée *quand les enfants sont malades* à la proposition subordonnée *qui est toujours disponible.*

- Elle n'a **pas de fonction** à l'intérieur de la proposition subordonnée.

  [Il faut] [que je trouve rapidement un emploi.]

  La conjonction de subordination *que* sert uniquement à relier les deux propositions.

REMARQUE

Contrairement à la conjonction de subordination, le pronom relatif → 272 a une fonction à l'intérieur de la proposition subordonnée. Cela permet de les distinguer.

L'emploi que j'ai trouvé me convient parfaitement.

Que sert à relier les deux propositions, mais il est également COD de *ai trouvé :* c'est un pronom relatif et non une conjonction de subordination.

Conjonction de subordination et locution conjonctive

• On distingue :
– les **conjonctions de subordination** : *quand, si, comme, que, lorsque*, etc. ;
– les **locutions conjonctives** : *en attendant que, parce que, en admettant que, chaque fois que, du moment où, pendant que, dès que*, etc. →3.

296 La syntaxe de la conjonction de subordination

• La conjonction de subordination et la locution conjonctive permettent de construire des **subordonnées conjonctives** qui ont les fonctions :
– complément circonstanciel ; la subordonnée est dite circonstancielle →380 ;

[Si vous achetez vos places avant le 15 novembre], nous vous ferons une remise.

– complément d'objet, sujet, attribut... ; la subordonnée est dite complétive →361.

Il veut [que nous achetions nos places avant le 15 novembre.]

297 Le sens des conjonctions de subordination

• La plupart des conjonctions de subordination et des locutions conjonctives ont un sens : elles **précisent le rapport** qu'entretiennent les deux propositions.

[Je les ai prévenus très tôt] [de manière qu'ils puissent réserver leur week-end.]

La locution conjonctive *de manière que* indique ici que la proposition subordonnée *de manière qu'ils puissent réserver leur week-end* constitue la finalité de la principale *je les ai prévenus très tôt*. Elle est une locution conjonctive de but →387.

[Bien que tu les aies prévenus très tôt],[ils n'ont pas pu réserver leur week-end.]

Le fait de les *avoir prévenus très tôt* aurait dû leur permettre de réserver leur week-end. *Bien que* est une locution conjonctive de concession →388.

• La conjonction de subordination ***que*** n'apporte **aucune précision de sens**. C'est pourquoi elle prend parfois le nom de « connecteur pur ». →362.

LA CONJONCTION DE COORDINATION

298 Qu'est-ce qu'une conjonction de coordination ?

• La conjonction de coordination est un mot invariable qui permet de **relier** des **phrases** ainsi que des **mots**, des **groupes de mots** ou des **propositions** ayant la même fonction dans la phrase.

J'ai rencontré un homme beau et intelligent.
Beau et *intelligent* sont tous deux épithètes du nom *homme*.

- Les conjonctions de coordination sont : *mais, ou, et, or, ni, car.*

REMARQUES

1. Deux groupes de mots coordonnés n'ont pas nécessairement la même nature.
   J'ai rencontré un homme serviable et qui connaît tout le monde dans la région.
   La conjonction de coordination *et* relie ici un adjectif qualificatif *(serviable)* et une subordonnée relative *(qui connaît tout le monde dans la région).*
2. *Donc* n'est pas une conjonction de coordination, mais un adverbe de liaison → 302.

299 Le sens des conjonctions de coordination

Les conjonctions de coordination ont différents sens :

Les conjonctions copulatives *et, ni*

- Les conjonctions *et* et *ni* ont une valeur copulative, c'est-à-dire qu'elles marquent l'adjonction, l'accumulation.

Je lui téléphone et je pars le rejoindre.
Et indique ici que les actions se succèdent, s'ajoutent l'une à l'autre.

REMARQUE

La conjonction *et* peut prendre d'autres valeurs, notamment lorsqu'elle coordonne deux propositions.

Je lui ai écrit et il ne m'a même pas répondu.
Et a une valeur adversative *(mais).*

Je vais le voir et il sera bien obligé de me dire ce qui se passe.
Et a une valeur consécutive *(ainsi).*

GRAMMAIRE ET STYLE

La répétition de et

Dans une énumération, la conjonction *et* peut être répétée entre chaque élément. Elle prend alors une valeur emphatique.

Et les palais antiques,
et les graves portiques,
et les blancs escaliers [...]
et les ponts, et les rues,
et les mornes statues,
et le golfe mouvant, [...]
tout se tait.

ALFRED DE MUSSET, *Premières poésies*, « Venise ».

La répétition de *et* souligne l'extraordinaire accumulation de beautés qu'offre Venise, pour mieux préparer la chute : *tout se tait.*

POUR MIEUX S'EXPRIMER **Faut-il répéter *ni* ?**

La conjonction *ni* s'emploie souvent de manière redoublée.

Il n'aime ni les brocolis ni les choux-fleurs.

Mais on peut dire :

– *Ni ses parents ni ses amis ne l'ont soutenu ;*

ou : *Ses parents ni ses amis ne l'ont soutenu.*

– *Il n'en veut ni à ses parents ni à ses amis ;*

ou : *Il n'en veut pas à ses parents ni à ses amis.*

La conjonction disjonctive *ou*

- La conjonction *ou* a une valeur disjonctive, c'est-à-dire qu'elle marque la disjonction ou l'alternative.

REMARQUE

La conjonction *ou* peut :

– exprimer une alternative en suggérant qu'un terme exclut l'autre : *ou* est alors **exclusif** ;

Voulez-vous un café ou un chocolat chaud ?

– souligner la différence entre plusieurs éléments sans suggérer que l'un exclut l'autre : *ou* est alors **inclusif**.

Voulez-vous du sucre ou du citron avec votre thé ?

La conjonction causale *car*

- La conjonction *car* a une valeur causale, c'est-à-dire qu'elle marque la cause.

POUR MIEUX S'EXPRIMER **Il ne faut pas construire *car* comme *parce que*.**

Dans certains cas, *parce que* peut être remplacé par *que*. Ce n'est pas le cas de *car*.

On peut dire :

Nous partîmes pour la côte parce qu'il faisait beau et que nous avions tous besoin de dépaysement.

Il ne faut pas dire :

⊖ *Nous partîmes pour la côte car il faisait beau et que nous avions tous besoin de dépaysement.*

La conjonction *mais*

- La conjonction *mais* sert à marquer une opposition.

Il est fatigué mais il va bien.

Il y a opposition dans la mesure où *il est fatigué* entraîne normalement *il ne va pas bien*. La proposition *mais il va bien* s'oppose à cette conclusion.

La conjonction *or* : une conjonction difficile à classer

• La conjonction *or* est difficile à classer. Elle introduit généralement une nouvelle donnée décisive pour la suite du raisonnement ou du récit.

Je lui ai écrit et il ne m'a pas répondu. Or il sait très bien que j'attends des nouvelles. Il lui est peut-être arrivé quelque chose.

L'ADVERBE

300 Qu'est-ce qu'un adverbe ?

Quatre caractéristiques essentielles

L'adverbe présente quatre caractéristiques essentielles.

• Il est **invariable**.

Il a beaucoup changé. Ils ont beaucoup changé.

• On peut généralement **le supprimer**.

Nous trions scrupuleusement nos déchets. Nous trions nos déchets.

REMARQUE

Certains adverbes, indispensables au sens de la phrase, peuvent difficilement être supprimés.

Il s'est comporté admirablement dans l'épreuve.

La phrase ⊖ *Il s'est comporté dans l'épreuve* a un sens incomplet.

• Il **modifie** un élément de la phrase ou la phrase elle-même.

Cette situation est absolument inadmissible ! Bien sûr, on ne nous a donné aucune explication.

Absolument renforce *inadmissible* : l'adverbe modifie un mot de la phrase. *Bien sûr* indique que l'absence d'explication est habituelle : l'adverbe modifie la phrase entière.

• À la différence d'une conjonction ou d'une préposition, l'adverbe n'introduit aucun mot ou groupe de mots.

Un grand maigre s'est installé devant nous.

Devant est suivi du pronom *nous* : il s'agit ici d'une préposition.

Il n'y a plus de place devant.

Devant n'introduit aucun mot : il s'agit ici d'un adverbe.

Adverbe et locution adverbiale

• On distingue :

– les **adverbes** : *aussitôt, autrefois, longtemps, surtout, très, ici, là, heureusement, certainement, joyeusement,* etc. ;

– les **locutions adverbiales** : *au fur et à mesure, sans cesse,* etc.

REMARQUE

Certains adjectifs sont employés comme des adverbes. Ils sont alors invariables.

Ces gens sont haut placés.

Il faut comprendre : *Ces gens sont très bien placés dans la société.*

POUR MIEUX ÉCRIRE **Attention aux adverbes variables !**

Dans un petit nombre de cas, l'adverbe s'accorde :

• *Tout* s'accorde devant un adjectif féminin commençant par une consonne ou un *h* aspiré.

Elle est toute rouge.

• *Grand, large* et *frais* employés comme adverbes peuvent s'accorder avec l'adjectif qu'ils modifient.

La porte est grand ouverte ou *grande ouverte.*

301 Le sens des adverbes

• On peut distinguer différents types d'adverbes selon leur sens et leur rôle dans la phrase.

ADVERBES	EXEMPLES
Adverbes de lieu	*ici, là, devant, derrière*
Adverbes de temps	*maintenant, hier, tôt, tard*
Adverbes de manière	*bien, mal, vite, lentement*
Adverbes de degré ou de quantité	*beaucoup, peu, assez, plus, moins, très*
Adverbes interrogatifs	*où, quand, comment*
Adverbes exclamatifs	*que, comme, combien*
Adverbes de négation	*non, guère, ne... pas*
Adverbes d'opinion	*naturellement, évidemment*
Adverbes énonciatifs	*franchement, vraiment*
Adverbes de liaison	*cependant, pourtant, donc, enfin*

REMARQUE

Cette classification a ses limites. Certains adverbes appartiennent à deux catégories à la fois.

– *Jamais* est à la fois un adverbe de temps et un adverbe de négation.

– *Ainsi* est, selon les cas, un adverbe de liaison ou un adverbe de manière.

– *Alors* est, selon les cas, un adverbe de liaison ou un adverbe de temps.

302 Les adverbes de liaison

• Les **adverbes de liaison** (également appelés **adverbes conjonctifs**) permettent de coordonner deux propositions ou deux phrases : *ainsi, aussi, en effet, par conséquent, ensuite, puis, enfin...*

• Contrairement aux conjonctions de coordination, les adverbes de liaison peuvent :

– **se déplacer** dans la phrase ;

Ils décidèrent de ne plus évoquer cette question. Ainsi n'y aurait-il plus entre eux le moindre différend. / Il n'y aurait plus ainsi entre eux le moindre différend.

– **être précédés** d'une conjonction de coordination ;

Mais ensuite ils décidèrent de ne plus évoquer cette question.

– **se cumuler**.

Ils décidèrent de ne plus évoquer cette question. Ainsi, en effet, il n'y aurait plus entre eux le moindre différend.

REMARQUE

Dans la mesure où *donc* répond à l'ensemble de ces critères, il n'y a aucune raison de le classer parmi les conjonctions de coordination comme le fait la grammaire traditionnelle. Il s'agit d'un adverbe de liaison.

Je n'ai pas pu assister à la réunion d'hier. Donc vous me ferez un compte rendu. / Vous me ferez donc un compte rendu. / Et donc vous me ferez un compte rendu.

303 La fonction des adverbes

On distingue deux cas.

• L'adverbe **modifie un mot ou un groupe de mots** dans la phrase.

Il est excessivement occupé. (*Excessivement* renforce l'adjectif *occupé*.)

Il a répondu très honnêtement. (*Très* renforce l'adverbe *honnêtement*.)

Les éléments modifiés peuvent avoir des natures variées.

ÉLÉMENT MODIFIÉ	EXEMPLE
Adjectif	*Il est terriblement têtu.*
Adverbe	*Il a très sagement agi.*
Verbe	*À l'heure qu'il est, il court encore.*
Groupe prépositionnel ou nominal	*Je l'ai laissé exactement à cet endroit.* *Il est exactement minuit.*
Pronom	*Il les a presque tous lus.*
Proposition subordonnée	*Il est parti à peu près quand vous êtes arrivés.*

REMARQUE

Lorsque l'adverbe est modifié par un autre adverbe, il forme un **groupe adverbial**.
Il ne faut pas confondre la locution adverbiale, dans laquelle aucun des éléments ne peut être supprimé, et le groupe adverbial, dans lequel l'adverbe modifieur peut être supprimé.

Il a très sagement agi.
On peut dire : *Il a sagement agi. Très* modifie *sagement* et peut être supprimé.
Très sagement forme un groupe adverbial, dont *sagement* est le noyau.

Tu es habillé n'importe comment.
On ne peut pas dire ⊖ *Tu es habillé n'importe*, ni ⊖ *Tu es habillé comment.*
N'importe comment forme un tout et aucun terme ne peut être supprimé : il s'agit d'une locution adverbiale.

• L'adverbe **modifie l'ensemble de la phrase** ou permet l'**articulation** entre deux propositions ou phrases.

Surtout, n'oubliez pas vos chaussures de marche !
Surtout souligne l'importance du fait de *ne pas oublier ses chaussures de marche* : cet adverbe porte sur l'ensemble de la phrase. C'est un complément de phrase.

Nous sommes allés en montagne cet été. Ainsi avons-nous découvert les plaisirs de la randonnée.
Ainsi relie la seconde phrase à la première. C'est un adverbe de liaison.

REMARQUE

La fonction de l'adverbe a une influence sur le sens de la phrase.

Ici, il travaille.
Ici porte sur toute la phrase. Il faut comprendre : *ici, il travaille et ne fait pas autre chose.*

Il travaille ici.
Ici est intégré à la phrase : il fait partie du groupe verbal. Il faut comprendre : *il travaille ici et pas ailleurs.*

L'ESSENTIEL

Il existe quatre catégories de mots invariables.

• La **préposition** permet de construire de nombreux compléments.
• La **conjonction de subordination** permet de construire une subordonnée conjonctive.
• La **conjonction de coordination** relie des mots ou des groupes de mots qui ont la même fonction.
• L'**adverbe** modifie un mot, un groupe de mots ou une phrase entière.

LA PHRASE

304 Les types de phrases

MAÎTRE JACQUES. – Combien serez-vous de gens à table ?
HARPAGON. – Nous serons huit ou dix ; mais il ne faut prendre que huit. Quand il y a à manger pour huit, il y en a bien pour dix.
VALÈRE. – Cela s'entend.
MAÎTRE JACQUES. – Eh bien, il faudra quatre grands potages et cinq assiettes. Potages... Entrées...
HARPAGON. – Que diable ! Voilà pour traiter toute une ville entière !

MOLIÈRE, *L'Avare*.

L'efficacité du dialogue de Molière repose notamment sur la diversité des phrases utilisées par les personnages. On repère dans cet extrait trois types de phrases différents : la phrase interrogative, la phrase déclarative et la phrase exclamative.

QU'EST-CE QU'UN TYPE DE PHRASE ?

304 Quels sont les quatre types de phrases ?

• Chaque phrase :
– relie un **sujet** et un **prédicat**, c'est-à-dire quelque chose qui est dit à propos du sujet →6 ;
– relève d'un **type** fondamental, qui indique le point de vue du locuteur sur ce qu'il dit.

• Il existe quatre types de phrases :
– la phrase **déclarative** ;

Le magasin est ouvert le lundi.
Le prédicat *est ouvert le lundi* est affirmé par le locuteur.

– la phrase **interrogative** ;

Le magasin est-il ouvert le lundi ?
Le prédicat n'est pas affirmé car le locuteur ne sait pas si le magasin est ouvert le lundi. Il pose une question.

– la phrase **injonctive** ;

Manon, sortez tout de suite !
Le prédicat *sortez tout de suite* doit être exécuté par l'interlocuteur, *Manon*.

– la phrase **exclamative**.

Manon est arrivée !
Le prédicat est renforcé par le locuteur, qui ajoute l'expression d'un sentiment : joie, étonnement, etc.

⊕ La modalité de phrase
Le type de phrase est aussi appelé modalité de phrase, la modalité désignant traditionnellement l'attitude prise par le locuteur à l'égard de ce qu'il dit.

REMARQUE
Il existe aussi, à côté des types de phrases, des **formes de phrases** → 324-340.

305 Type de phrase et acte de langage

• Les différents types de phrases correspondent, dès que la phrase est prononcée, à un **acte de langage** accompli par le locuteur. Parler, en effet, ce n'est pas seulement dire quelque chose à propos du monde qui nous entoure, c'est aussi, souvent, agir sur son interlocuteur pour exiger de lui tel comportement, pour lui faire admettre telle vérité, etc.

N'oubliez pas de sortir la tarte du four.
La phrase injonctive permet d'exprimer un ordre, un souhait, un conseil, une recommandation, etc.

Où se trouve la piscine olympique de la ville ?
La phrase interrogative permet de demander une information.

• Il est fréquent qu'un type de phrase n'ait pas la valeur d'acte de langage qui lui est généralement associée. On dit alors que l'acte de langage réellement accompli est **indirect**.

Peux-tu me passer le sel ?
Cet énoncé ne demande aucune information. L'interrogation sert à exprimer poliment un ordre *(Passe-moi le sel)*. Celui qui répond *oui* sans passer le sel, par exemple, s'expose à une réaction irritée.

REMARQUE
Certains grammairiens estiment que l'**exclamation** n'est pas associée à un acte de langage spécifique et ne constitue donc pas un type de phrase, mais une forme de phrase. Elle peut pourtant avoir une valeur d'acte. Quand on dit *Quelle belle musique !*, on attend que l'interlocuteur réponde par exemple : *Oui, c'est magnifique !* Par ailleurs, la phrase exclamative possède une intonation spécifique à l'oral. Elle est donc considérée, dans cet ouvrage, comme un type fondamental.

LA PHRASE DÉCLARATIVE

306 Les marques de la phrase déclarative

• La phrase **déclarative** présente quatre caractéristiques :
– elle se termine par un **point** ;

– elle est le plus souvent au mode **indicatif** (ou au conditionnel, qui est classé dans les temps de l'indicatif) ;
– elle place le plus souvent **le sujet avant le groupe verbal** ;
– elle possède, à l'oral, une intonation ascendante puis descendante.

Zoé veut s'acheter un téléphone portable.

307 L'inversion du sujet dans la phrase déclarative

• Dans une phrase déclarative, le sujet est parfois **inversé**, c'est-à-dire placé **après le verbe**. Cette inversion se produit en particulier après certains mots ou groupes de mots situés en tête de phrase :

– un adverbe de liaison *(aussi, ainsi, aussi bien, du moins, encore...)* → **302** ;

Cette île est isolée. Aussi est-elle rarement visitée.

– un groupe de mots complément circonstanciel ;

Sous le pont Mirabeau coule la Seine [...]

GUILLAUME APOLLINAIRE, *Le Pont Mirabeau*, © Éditions Gallimard.

– un adjectif attribut.

Grande fut sa déception quand il découvrit sa note.

• L'inversion se produit aussi avec certains verbes intransitifs placés en tête de phrase.

Arrive alors le président à la tribune.

308 Les emplois de la phrase déclarative

• La phrase déclarative permet au locuteur de **communiquer une information** à son interlocuteur. C'est le type de phrase le plus courant, le plus neutre.

Le magasin est fermé le lundi.

• Elle peut aussi servir à promettre, à imposer une vérité qui peut être contestée, à prophétiser, etc.

Je viendrai demain.

Cette phrase déclarative transmet une information mais elle constitue aussi **une promesse** : le locuteur s'engage à faire ce qu'il dit.

En 2050, les hommes mangeront des insectes.

Cette phrase déclarative présente comme une certitude ce qui peut être mis en doute : elle **impose** la vérité du prédicat *mangeront des insectes*.

• Elle peut, parfois, prendre une valeur d'ordre.

On ouvre son livre à la page 140.

Cette phrase ne décrit pas ce qui est en train d'être fait mais pose comme un constat ce qui **doit** être fait. Elle signifie donc : *Ouvrez votre livre à la page 140 !* L'acte de langage accompli est indirect.

LA PHRASE INTERROGATIVE

309 Les marques de la phrase interrogative

• La phrase interrogative présente quatre caractéristiques :
– elle se termine par un **point d'interrogation** ;
– elle présente souvent un **sujet inversé**, c'est-à-dire placé après le verbe ;
– elle comporte fréquemment un **mot interrogatif** (pronom, déterminant ou adjectif *quel*, adverbe →313-315) ;
– elle possède, à l'oral, une intonation ascendante.

Quand avez-vous vu le suspect pour la dernière fois ?

310 L'interrogation totale et l'interrogation partielle

• L'**interrogation totale** concerne la phrase entière et appelle une réponse par ***oui*** ou par ***non***.

Est-elle malade ? Oui, elle est malade. Non, elle n'est pas malade.

• L'**interrogation partielle** porte sur un élément de la phrase et appelle une réponse plus précise. Elle comporte toujours un mot interrogatif.

Qui vient dîner ce soir ? Manon et Jacques viennent dîner ce soir.

311 L'inversion du sujet dans l'interrogation totale

• L'interrogation totale se caractérise, dans l'usage soigné, par l'**inversion du sujet**. Le sujet est placé après le verbe. On parle d'**inversion simple**.

As-tu essayé de modifier ton mot de passe ?

• Lorsque le **sujet** est un groupe nominal ou un pronom autre que *ce* ou un pronom personnel *(je, il, on...)*, ce sujet est placé **avant le verbe** et il est repris par un pronom personnel de troisième personne. On parle alors d'**inversion complexe**.

Luc a-t-il essayé de modifier son mot de passe ?

L'ORAL ET L'ÉCRIT *Elle reprend le travail lundi ?*

Il est fréquent que le sujet ne soit pas inversé à l'oral : *Luc a modifié son mot de passe ?* L'intonation seule distingue alors la phrase interrogative de la phrase déclarative.

• La locution adverbiale ***est-ce que*** est souvent utilisée, à l'écrit comme à l'oral, pour rétablir l'ordre sujet-verbe.

Est-ce qu'il reste des places pour le concert de samedi ?

312 L'inversion du sujet dans l'interrogation partielle

- L'interrogation partielle se caractérise souvent par l'**inversion du sujet**.
  Où est-il parti ? Que signifie le mot « coquecigrue » ?
- L'inversion peut être complexe.
  Où Zoé est-elle allée ?

L'ORAL ET L'ÉCRIT *Il est parti où ?*

On rencontre souvent, à l'oral, des interrogations partielles sans inversion du sujet : *Ce mot signifie quoi ? Tu viens quand ?* Cette structure ne relève pas de l'usage soigné et ne doit pas être employée à l'écrit.

- Quand l'interrogation porte sur le sujet, celui-ci, en général, n'est pas repris par un pronom (il n'y a pas d'inversion complexe).
  Qui pourrait me donner une recette de couscous ?
  Quel accordéoniste a enregistré cette chanson ?
- Pour beaucoup d'interrogations, on a le choix entre inversion simple et inversion complexe.
  Combien coûte ce costume ? (construction préférée dans la langue courante)
  Combien ce costume coûte-t-il ?
- Les locutions pronominales *qu'est-ce qui, qu'est-ce que...* →313 et les locutions adverbiales *où est-ce que, quand est-ce que...* →315 permettent de rétablir l'ordre sujet-verbe.
  Qu'allons-nous boire avec ce fromage ?
  Qu'est-ce que nous allons boire avec ce fromage ?
  La locution pronominale *qu'est-ce que* permet de placer le sujet *nous* avant le verbe.

313 Les pronoms interrogatifs

Les pronoms interrogatifs *qui, que, quoi*

Ce sont des **pronoms nominaux** →241.

- ***Qui*** est employé pour les **personnes** et peut occuper toutes les fonctions du groupe nominal ou prépositionnel.
  Qui viendra chercher les enfants à l'école ? (l'interrogation porte sur le sujet)
  À qui pensez-vous ? (l'interrogation porte sur le COI)
- ***Que*** et ***quoi*** sont employés pour les **choses** et les **animaux**. *Que* est surtout COD *(Que dis-tu ?)* ou attribut du sujet *(Que devient-il ?)*. *Quoi* s'emploie principalement avec une préposition *(À quoi pensez-vous ?)*.

Les locutions pronominales *qu'est-ce qui, qu'est-ce que...*

- À chacun des pronoms interrogatifs *qui, que, quoi* correspond une locution pronominale formée à partir de *est-ce qui* (fonction sujet) ou de *est-ce que* (autres fonctions) : *qui est-ce qui, qu'est-ce qui, à quoi est-ce que*, etc. Ces **formes renforcées** du pronom interrogatif sont souvent utilisées car elles rétablissent l'ordre sujet-verbe.

Que fais-tu ?

Qu'est-ce que tu fais ?

La locution pronominale *qu'est-ce que* est COD du verbe.

REMARQUE

La locution pronominale *qu'est-ce qui* est obligatoire quand on veut interroger sur le sujet et que ce sujet est une chose ou un animal.

Qu'est-ce qui est jaune et qui court vite ?

Le pronom interrogatif composé *lequel*

- Il est formé de l'article défini *le* et du mot *quel* et varie donc en genre et en nombre *(lequel, laquelle, lesquels, lesquelles)*. C'est un pronom **représentant** →239. Il renvoie en effet à une notion présente dans le contexte.

Tu as beaucoup de jeux vidéo, mais lequel préfères-tu ?

- Il se contracte au masculin singulier et au pluriel avec les prépositions *à* et *de* →271.

Auquel avez-vous joué ?

314 Le mot *quel*

- Il varie en genre et en nombre : *quel, quelle, quels, quelles*. Il est :

– soit déterminant du nom ;

Quel CD as-tu acheté la semaine dernière ?

– soit adjectif attribut.

Quel est ton CD préféré ?

315 Les adverbes interrogatifs *où, quand, comment, combien, pourquoi*

- Ils sont surtout utilisés quand l'interrogation porte sur les circonstances.

Quand as-tu perdu ton téléphone portable ?

L'interrogation porte sur les circonstances temporelles. L'adverbe *quand* est complément circonstanciel de temps.

Pourquoi ne dites-vous rien ?

L'interrogation porte sur les raisons susceptibles d'expliquer le silence de l'interlocuteur ou des interlocuteurs. L'adverbe *pourquoi* est complément circonstanciel de cause.

• Les adverbes possèdent aussi des formes renforcées par *est-ce que* : *où est-ce que, quand est-ce que*, etc. Ces locutions adverbiales sont souvent utilisées car elles rétablissent l'ordre sujet-verbe.

Quand est-ce que tu as perdu ton téléphone portable ?
La locution adverbiale *quand est-ce que* est complément circonstanciel de temps.

316 Les emplois de la phrase interrogative

• Le locuteur, en employant une phrase interrogative, **pose une question** et attend de son interlocuteur une réponse.

Pourquoi le train de 8h37 a-t-il du retard ?

• La phrase interrogative peut aussi être utilisée à la place d'une **phrase injonctive** pour exprimer un ordre atténué.

Pourriez-vous faire attention aux plantes en entrant ?
L'acte de langage est indirect. L'interrogation est utilisée pour exprimer poliment un ordre : *Faites attention aux plantes en entrant.*

• L'**interrogation rhétorique** n'est pas non plus une demande d'information. Elle présente comme évident un contenu qui pourrait être exprimé par une phrase déclarative.

Qui peut croire à une fable pareille ?
La phrase signifie : *Personne ne peut croire à une chose pareille.*

Ne te l'avais-je pas dit ?
La phrase peut signifier : *Je te l'avais bien dit.*

Dans ces constructions, si la phrase interrogative est positive, la phrase déclarative correspondante est négative, et inversement.

LA PHRASE INJONCTIVE

317 Les marques de la phrase injonctive

• La phrase injonctive présente trois caractéristiques :
– elle se termine par un **point** ou par un **point d'exclamation** ;
– elle est au mode **impératif**, **subjonctif** ou **infinitif** → 318 ;
– elle possède généralement, à l'oral, une intonation descendante.

Qu'il prépare les exercices de la page 140 !

REMARQUE

Certaines grammaires parlent parfois de « phrase impérative », mais la phrase injonctive n'est pas toujours formée à partir d'un impératif. Il est donc préférable d'abandonner cette terminologie.

318 Le mode de la phrase injonctive

• La phrase injonctive est :
– à l'**impératif** →185 si l'ordre est adressé à un ou plusieurs interlocuteurs ;
Ouvre ton livre ! Ouvrons nos livres ! Ouvrez vos livres !
– au **subjonctif** →147 si l'ordre concerne une troisième personne ;
Qu'elle n'oublie pas de prendre son médicament chaque soir.
– à l'**infinitif** si l'ordre ne concerne aucune personne en particulier →131.
Agiter avant de servir.

• Le subjonctif de la phrase injonctive est en général associé au mot *que*, qu'on appelle **béquille** ou **introducteur** du subjonctif. Ce mot ne doit pas être confondu avec la conjonction de subordination *que*. Dans certaines expressions figées, ce *que* est absent.
Soit un triangle isocèle. – Dieu vous garde !

319 Les emplois de la phrase injonctive

• La phrase injonctive **exprime un ordre** :
– positif : *Allez, Paul, accélère !*
– négatif (on parle alors de **défense**) : *Ne cours pas trop vite.*

• Elle peut aussi avoir une **valeur atténuée** et exprimer le souhait, le désir, le conseil, etc.
Dormez bien. – Puisses-tu revenir vite !

LA PHRASE EXCLAMATIVE

320 Les marques de la phrase exclamative

• La phrase exclamative présente trois caractéristiques :
– elle se termine par un **point d'exclamation** ;
– elle comporte parfois un **mot exclamatif** (déterminant ou adjectif *quel*, adverbe →322) ;
– elle possède, à l'oral, une intonation particulière, fortement contrastée, qui met souvent un mot en relief.
Comme il est drôle avec son faux nez rouge !

• La phrase exclamative peut présenter, comme la phrase interrogative à laquelle elle ressemble parfois, un **sujet inversé**.
Est-il bête !

321 Les structures exclamatives incomplètes

- La structure d'une phrase exclamative est souvent incomplète.

  Ah, si elle avait plus de vacances !
  La phrase exclamative correspond à une proposition subordonnée hypothétique sans proposition principale : *Si elle avait plus de vacances, elle serait moins fatiguée ou elle partirait en voyage.*

- La phrase exclamative peut être nominale →343.

  Quel chapeau ! – Cette musique ! – Un chef-d'œuvre !

322 Les mots exclamatifs

Le mot *quel*

- Comme *quel* interrogatif, il varie en genre et en nombre et il peut être déterminant ou attribut du sujet.

  Quel voyage ! (*quel* est déterminant)

  Quelle fut sa surprise quand il la rencontra le lendemain !
  (*quelle* est attribut du sujet)

Les adverbes exclamatifs *comme, combien, que*

- Ils permettent de modifier en intensité le contenu ou une partie du contenu de la phrase.

  Comme il a changé !

  Qu'il fait sombre dans cette maison !

REMARQUE

Toutes les phrases exclamatives ne comportent pas un mot exclamatif.
Tu rentres tard !

L'ORAL ET L'ÉCRIT *Ce qu'il a changé !*

L'oral utilise également les locutions familières *ce que* et *qu'est-ce que* : *Ce qu'il a changé ! Qu'est-ce qu'il fait sombre !* Ces expressions ne doivent pas être employées à l'écrit.

323 Les emplois de la phrase exclamative

- La phrase exclamative exprime une **réaction affective** du locuteur (amour, surprise, joie, tristesse, colère, soulagement...). En raison de cette valeur affective, la phrase exclamative est plus fréquente à l'oral qu'à l'écrit.

  Manon est d'une beauté ce soir !
  Le locuteur exprime sa surprise et son admiration.

- Il est fréquent qu'elle s'associe à l'indication du **haut degré**.
  Comme il paraît fatigué ! (Il est très fatigué)

Mais cette indication n'est pas obligatoire.
  Gabrielle est née cette nuit !

GRAMMAIRE ET STYLE

La phrase exclamative dans la poésie

Les poètes font souvent grand usage de la phrase exclamative pour suggérer une émotion ou une sensation.

Briques et tuiles,
Ô les charmants
Petits asiles
Pour les amants !

Houblons et vignes,
Feuilles et fleurs,
Tentes insignes
Des francs buveurs !

Guinguettes claires,
Bières, clameurs,
Servantes chères
À tous fumeurs !

Gares prochaines,
Gais chemins grands...
Quelles aubaines,
Bons juifs-errants !

PAUL VERLAINE, « Walcourt », *Paysages belges.*

Ce poème est exclusivement composé de phrases nominales exclamatives. Celles-ci traduisent la réaction affective du poète à ce qu'il décrit, un « paysage » belge.

L'ESSENTIEL

- Il existe quatre types de phrases : la phrase **déclarative**, la phrase **interrogative**, la phrase **injonctive** et la phrase **exclamative**. Chacun de ces types est lié à un acte de langage.
- Les éléments qui permettent d'identifier un type de phrase sont : la ponctuation, le mode du verbe, l'ordre des mots, la présence de certains types de mots et, à l'oral, l'intonation.

Les formes de phrases

Non, je n'ai pas changé d'avis. C'est vous qui avez déplacé le problème.

Ces deux phrases sont déclaratives et elles relèvent donc du même type de phrase. Mais elles se distinguent par leurs formes : la première est négative, la seconde fait apparaître la construction *c'est... qui*.

QU'EST-CE QU'UNE FORME DE PHRASE ?

324 Type de phrase et forme de phrase

- Chaque phrase relève obligatoirement d'un **type** fondamental : elle est déclarative, interrogative, injonctive ou exclamative →304.
- Elle peut aussi faire apparaître, facultativement, une **forme de phrase**. On appelle forme de phrase une construction particulière qui est ajoutée à l'un des quatre types de phrases.
- Les formes de phrases sont au nombre de quatre : la **négation**, le **passif**, la forme **impersonnelle** et l'**emphase**.

LA NÉGATION

325 Négation totale et négation partielle

La négation totale

- La négation totale porte sur la **phrase entière**. Elle indique que la totalité de la phrase est fausse.

  Il ne fait pas beau.
  Cette phrase signifie : *Il est faux qu'il fasse beau.*

- La négation totale est exprimée par les adverbes *ne... pas*.

  Lucas ne dort pas.

REMARQUE

L'adverbe *point* a le même sens que *pas*, mais c'est un mot ancien qui est peu utilisé à l'écrit. Il reste utilisé à l'oral dans certaines régions.

Cet homme n'a point d'argent.

POUR MIEUX ÉCRIRE Attention à *n'* que l'on n'entend pas toujours !

L'adverbe *n'* ne s'entend pas toujours à l'oral, mais il ne faut pas l'oublier à l'écrit.

On n'entre pas dans la cabine. On n'est pas encore arrivé.

La négation partielle

- La négation partielle porte uniquement sur **une partie de la phrase**.

Il n'a vu aucun film cet hiver.

La négation porte plus particulièrement sur le déterminant du nom *film* : *aucun* signifie *pas un*.

- La négation partielle peut être exprimée, comme la négation totale, par les adverbes *ne... pas* ou *ne... point*.

Adrien n'aime pas les pizzas aux olives.

Cette phrase peut signifier : *Adrien aime les pizzas, mais pas celles qui sont aux olives.* La négation est partielle car elle porte uniquement sur le groupe *aux olives*.

- Elle est aussi exprimée par des mots négatifs spécifiques associés à l'adverbe *ne* :

– pronoms indéfinis →267-268 : *personne, rien, nul, aucun* ;
– déterminants indéfinis →86-87 : *nul, aucun* ;
– adverbes ou locutions adverbiales : *jamais, plus, guère, nulle part*.

Personne n'a téléphoné aujourd'hui.

La négation porte uniquement sur le sujet : le pronom indéfini *personne* représente la négation de *quelqu'un*.

- Ces mots négatifs peuvent parfois se cumuler.

Personne n'a jamais vu ce suspect.

La négation partielle porte à la fois sur le sujet *(personne)* et sur le complément de temps *(jamais)*.

326 La négation restrictive *ne... que*

- La négation exprimée par les adverbes *ne... que* est dite **restrictive**. Elle a le sens de l'adverbe « seulement » et aboutit à une idée positive.

Cette petite épicerie ne vend que des produits chinois.

La phrase signifie : *Cette petite épicerie vend seulement des produits chinois.*

- L'adverbe *que* peut se combiner avec *pas* ou *point*. La restriction est alors annulée.

Cette petite épicerie ne vend pas que des produits chinois.

La phrase signifie : *Cette petite épicerie vend aussi des produits qui ne viennent pas de Chine.*

327 La place des mots négatifs

• Dans la phrase négative, la négation est en général exprimée par une **corrélation**. Le premier élément est l'adverbe *ne*, le second élément est un adverbe *(pas, point, que, jamais...)*, un pronom *(rien, personne...)* ou un déterminant *(aucun...)*.

⊕ La corrélation
On appelle *corrélation* la relation établie entre deux mots grammaticaux qui ne sont pas situés côte à côte mais qui fonctionnent ensemble. La corrélation ne concerne pas uniquement la négation : *Plus le thé est infusé, plus il est fort.*

• Cette corrélation encadre le verbe et certains de ses compléments (pronoms personnels conjoints →251).

Je ne te le dirai pas.

À la forme composée, c'est l'auxiliaire qui est encadré par *ne... pas* ou *ne... plus.*

Je ne te l'ai pas dit.

Mais d'autres mots négatifs sont placés après le verbe complet.

Elle n'a vu personne.

• Quand la négation partielle porte sur le sujet, les mots négatifs *personne, rien, aucun, nul* précèdent en général l'adverbe *ne.*

Rien n'a été fait pour sécuriser cette départementale.

• Les adverbes *ne pas* et *ne plus* sont placés devant l'infinitif (il n'y a pas corrélation).

Couvre-toi bien pour ne pas être enrhumé.

L'ORAL ET L'ÉCRIT ⊖ ***Pour ne pas que*** **ou** ***pour que ne pas ?***

Les adverbes *ne pas* sont souvent placés, à l'oral, devant la conjonction *que* dans la locution *pour que.*

⊖ *On doit badigeonner la pâte avec de l'huile pour ne pas qu'elle sèche.*

On doit dire normalement, et on doit écrire : *pour qu'elle ne sèche pas.* La négation doit encadrer le verbe de la proposition subordonnée.

328 Les emplois de *ne* seul

• L'adverbe *ne* peut avoir une valeur négative pleine :

– dans certaines expressions figées ;

N'ayez crainte ! (N'ayez pas de crainte !)

– avec les verbes *oser, cesser, pouvoir* et *savoir.*

Elle n'ose vous le dire. (Elle n'ose pas vous le dire.)

• Il n'a pas une valeur négative pleine et peut être supprimé dans certaines propositions subordonnées. On dit alors qu'il est **explétif**.

Je crains qu'elle ne soit en retard ce matin.

→ *Je crains qu'elle soit en retard ce matin.*

GRAMMAIRE ET STYLE

La double négation

Certaines phrases comportent une double négation.

Il ne pouvait pas ne pas faire le rapprochement.

La double négation équivaut toujours à une affirmation renforcée.

Il fit le rapprochement très facilement.

329 Les emplois de *non*

• L'adverbe *non* peut être employé seul pour indiquer que la phrase entière est fausse. Il se distingue alors de *oui* et de *si*.

Est-ce qu'il reste des places pour le concert ? Non.

Cet emploi de *non* en fait un **mot-phrase** → 347.

• Il peut aussi, dans cet emploi, être juxtaposé à une phrase « ordinaire ».

Non, il n'en reste aucune.

• Le mot *non* sert encore à exclure un élément juxtaposé ou coordonné.

Le spectacle a lieu ce soir et non demain.

• Il peut servir de préfixe : *la non-violence*. Il n'est alors plus adverbe.

330 Les emplois de *ni*

• La **conjonction de coordination** *ni* s'emploie en corrélation avec l'adverbe *ne*. Elle est souvent répétée devant les mots ou groupes de mots coordonnés.

Elle n'aime ni les blettes ni les épinards !

Pour les particularités d'emploi de *ni* → 196, 299.

LE PASSIF

331 La voix passive

• On distingue traditionnellement deux voix pour le verbe : la **voix active** et la **voix passive**. La **voix passive** se caractérise par une **forme composée** particulière, qui associe l'auxiliaire *être* et le participe passé **→ 124**. L'auxiliaire est au même temps et au même mode que la forme conjuguée du verbe actif. Voici quelques exemples.

TEMPS		VOIX ACTIVE	VOIX PASSIVE
Temps simples	Présent de l'indicatif	*Le pâtissier offre la pièce montée.*	*La pièce montée est offerte par le pâtissier.* → présent passif
	Futur simple	*... offrira...*	*... sera offerte...* → futur simple passif
Temps composés	Passé composé	*... a offert...*	*... a été offerte...* → passé composé passif
	Plus-que-parfait	*... avait offert...*	*... avait été offerte...* → plus-que-parfait passif

332 La phrase passive

• La **phrase passive** est obtenue par **transformation** de la phrase active correspondante. Dans la phrase passive :
– le verbe se met à la voix passive ;
– le sujet de la phrase active est changé en complément d'agent ;
– le COD de la phrase active est changé en sujet.

Les services secrets ont intercepté cette lettre.
sujet — voix active — COD

L'information que donne le locuteur concerne les services secrets. Cette phrase peut répondre à la question : *Qu'ont fait les services secrets ?*

Cette lettre a été interceptée par les services secrets.
sujet — voix passive — complément d'agent

L'information que donne le locuteur concerne la lettre. Cette phrase peut répondre à la question : *Qui a intercepté cette lettre ?* La transformation passive modifie la répartition du sujet et du prédicat, du thème et du propos **→ 6, 395**.

333 Les verbes pouvant être mis à la voix passive

• Les **verbes transitifs directs**, c'est-à-dire qui se construisent avec un COD, peuvent être mis à la voix passive : *intercepter, lire, regarder*... Certains verbes font cependant exception : *avoir, comporter*... sont sans passif.

• Quelques **verbes transitifs indirects** peuvent être mis au passif car ils se construisaient autrefois avec un COD.

Il est obéi de ses hommes par la crainte qu'il inspire.

334 Le complément d'agent

• Le complément d'agent correspond, dans la phrase passive, au **sujet de la phrase active**. Il prend la forme d'un groupe prépositionnel introduit par la préposition *par* ou, plus rarement, *de*. Il fait partie du **groupe verbal**.
La préposition *de* apparaît surtout avec des verbes de sentiment ou avec des constructions indiquant le résultat de l'action.

Tous apprécient son sérieux.
→ *Son sérieux est apprécié de tous.* (verbe de sentiment)
Des rosiers grimpants recouvrent le mur de l'allée.
→ *Le mur de l'allée est recouvert de rosiers grimpants.* (indication d'un résultat)

• Le complément d'agent n'est pas toujours exprimé.

Son sérieux est apprécié.

LA FORME IMPERSONNELLE

335 Qu'est-ce que la forme impersonnelle ?

• On appelle forme impersonnelle la construction d'un verbe dans laquelle le sujet est le **pronom impersonnel *il***. Ce pronom possède deux caractéristiques :
– il ne renvoie à rien de précis (ni une personne, ni une chose) ;
– il ne peut pas être remplacé par un autre mot ou par un groupe de mots.

Il faudrait un peu plus de patience.

336 Les verbes impersonnels

• Les verbes impersonnels sont employés uniquement avec le sujet impersonnel *il*. Il s'agit principalement :
– de verbes et de locutions verbales évoquant le temps qu'il fait ;

Il pleut. Il fait frais.

– des verbes ou des locutions verbales *falloir, être question de, en aller ainsi...* ;

Il faudrait un peu plus de temps.

Il est question de transformer l'abbaye en hôtel de luxe.

– des verbes *être* et *avoir* dans *il est, il y a*. Ces expressions constituent des **présentatifs**. Elles sont examinées dans le chapitre suivant →341.

• Les verbes impersonnels introduisent parfois des **compléments**. Ces compléments peuvent être directs (sans préposition) ou indirects (avec préposition). Mais il ne s'agit pas d'authentiques compléments d'objet →38.

Imagine un peu la patience qu'il a fallu pour faire cette prouesse !

Le participe passé de *falloir* ne s'accorde pas avec le complément placé avant →202.

Il s'agit de ton avenir !

REMARQUE

Quand il est en emploi figuré, un verbe météorologique peut, parfois, recevoir un complément.

Il pleut des amendes au tribunal de police.

Il peut même se construire comme un verbe personnel ordinaire et recevoir un authentique sujet.

Les coups pleuvent sur le ring !

337 Les constructions impersonnelles

• Les constructions impersonnelles associent le sujet impersonnel *il* à un verbe qui connaît par ailleurs des emplois personnels.

Il est tombé cette nuit cinquante centimètres de neige.

Le verbe *tomber* n'est pas en emploi personnel comme dans *Manon est tombée dans l'escalier*. Associé au pronom impersonnel *il*, il est employé dans une construction impersonnelle.

• Une construction impersonnelle résulte toujours d'une transformation.

Cinquante centimètres de neige sont tombés cette nuit.

→ *Il est tombé cette nuit cinquante centimètres de neige.*

Le groupe nominal *cinquante centimètres de neige* correspond au sujet du verbe en emploi personnel.

Une telle transformation est impossible avec les verbes impersonnels.

• On appelle **séquence** le groupe de mots qui suit le verbe et qui correspond au sujet dans la phrase personnelle. Dans l'exemple ci-dessus, cette fonction est exercée par le groupe nominal *cinquante centimètres de neige.*

REMARQUE

La transformation impersonnelle rend parfois possible la mise au passif de certains verbes transitifs indirects.

Il sera répondu à votre commande dans la limite des stocks disponibles.

⊕ Le sujet réel

La grammaire traditionnelle parle de « sujet réel » à propos de cette séquence, et considère le pronom impersonnel *il* comme un « sujet apparent ». Il y a pourtant un seul sujet grammatical, *il*, car c'est lui qui transmet ses marques de personne et de nombre au verbe. Il est donc préférable d'abandonner les notions de sujet réel et de sujet apparent.

L'EMPHASE

338 Qu'est-ce que l'emphase en grammaire ?

• Le terme d'emphase désigne en grammaire les procédés de mise en relief d'un élément de la phrase. On distingue l'**extraction** et la **dislocation**.

339 L'extraction

• L'**extraction**, comme son nom l'indique, **extrait un élément** de la phrase et le met en relief au moyen du présentatif ***c'est… qui, c'est… que***.

Julien a acheté un saxophone ténor.
→ *C'est Julien qui a acheté un saxophone ténor.*

• L'élément qui est extrait s'oppose à d'autres éléments qu'on peut expliciter. L'extraction a donc, implicitement, une valeur négative.

C'est Julien qui a acheté un saxophone ténor.
La phrase signifie : *C'est Julien (et non Léo) qui l'a acheté.*

• L'élément extrait constitue le **propos** de l'énoncé, c'est-à-dire l'information nouvelle, tandis que le reste de l'énoncé constitue le **thème** →395.

C'est Julien qui a acheté un saxophone ténor.
Le propos est *Julien* et le thème est *qui a acheté un saxophone ténor*. L'extraction met en valeur l'identité de celui qui a acheté cet instrument.

Les éléments mis en relief par l'extraction

ÉLÉMENT À EXTRAIRE	EXEMPLE SANS EXTRACTION	FORME DE L'EXTRACTION	EXEMPLE AVEC EXTRACTION
Sujet	*L'équipe de Clermont a gagné.*	***c'est … qui***	*C'est l'équipe de Clermont qui a gagné.*
COD	*Zoé a acheté ce pull à Londres.*	***c'est … que***	*C'est ce pull que Zoé a acheté à Londres.*
COI	*Vous devriez écrire au directeur.*		*C'est au directeur que vous devriez écrire.*
Complément du verbe impersonnel	*Il me faut du beurre.*		*C'est du beurre qu'il me faut.*
Complément circonstanciel	*Zoé a acheté ce pull à Londres.*		*C'est à Londres que Zoé a acheté ce pull.*
Complément essentiel de lieu	*Nous irons demain à la piscine.*		*C'est à la piscine que nous irons demain.*

REMARQUE

Le pronom personnel passe à la forme disjointe → **251** quand il est extrait.

Elle l'a rencontré à New York.

→ *C'est lui qu'elle a rencontré à New York.*

Les formes particulières d'extraction

Deux autres constructions sont utilisées pour extraire un élément.

- ***Voilà*** (ou ***voici***)... ***que*** et ***il y a... que*** mettent en relief un complément circonstanciel de temps.

J'attends depuis trois heures.

→ *Voilà trois heures que j'attends.*

Cette extraction s'accompagne de la disparition de la préposition *depuis*.

- ***Il n'y a que... qui / que***, comme ***c'est... qui / que***, met en relief un sujet, un COD, un COI, etc.

Elle ne se sent bien qu'en été.

→ *Il n'y a qu'en été qu'elle se sente bien.*

L'extraction porte sur le complément circonstanciel de temps *en été*.

340 La dislocation

- La **dislocation détache un élément** et le reprend ou l'annonce par un pronom personnel ou démonstratif. Dans la phrase *Marie commence son stage de voile en août*, la dislocation peut porter :

– sur le sujet : *Marie, elle commence son stage de voile en août.*

– sur le COD : *Son stage de voile, Marie le commence en août.*

- L'élément détaché par dislocation est mobile dans la phrase.

Son stage de voile, Marie le commence en août.

Le pronom personnel *le* reprend *son stage de voile* : il est **anaphorique → 239**.

Marie le commence en août, son stage de voile.

Le pronom personnel *le* annonce *son stage de voile* : il est **cataphorique → 239**.

- L'élément détaché a simplement valeur de rappel et relève du **thème** de l'énoncé, le reste de la phrase contenant le **propos**.

Son stage de voile, Marie le commence en août.

Son stage de voile constitue simplement le point de départ de l'énoncé. L'interlocuteur sait que Marie doit suivre un stage de voile. Il ignore en revanche quand elle le commence : le reste de la phrase contient le propos.

Comment analyser la dislocation ?

- Le pronom personnel ou démonstratif reçoit la fonction qui est la sienne dans la phrase (sujet, COD, COI, etc.) et l'élément détaché est **complément détaché par dislocation**.

Son stage de voile, Marie le commence en août.

Dans cette phrase, le pronom personnel *le* est COD, et *son stage de voile* est complément détaché par dislocation.

Les éléments détachés par dislocation

ÉLÉMENT À DÉTACHER	EXEMPLE SANS DISLOCATION	EXEMPLE AVEC DISLOCATION
Un nom ou un groupe nominal	*Il a rencontré Manon au Mexique.* *La musique le passionne.*	*Manon, il l'a rencontrée au Mexique.* *La musique, ça le passionne.*
Un groupe prépositionnel	*J'ai répondu à Pauline.*	*Je lui ai répondu, à Pauline.*
Un pronom ou un groupe pronominal	*J'ai terminé mon travail.*	*Moi, j'ai terminé mon travail.*
Un infinitif	*Se lever plus tôt est la seule solution.*	*Se lever plus tôt, c'est la seule solution.*
Une proposition subordonnée complétive conjonctive	*Qu'elle soit en colère peut se comprendre.*	*Qu'elle soit en colère, cela peut se comprendre.*
Un adjectif	*Elle est jolie.*	*Jolie, elle l'est !*

L'ORAL ET L'ÉCRIT ***Pierre, il vous a déjà transmis les dossiers.***

L'usage soigné évite les dislocations familières. On dit souvent, mais on évite d'écrire des phrases du type *Pierre, il vous a déjà transmis les dossiers.* Certaines dislocations se rencontrent cependant à l'écrit : *Ce serait étonnant que nous soyons tous d'accord.*

L'ESSENTIEL

Il existe quatre **formes de phrases** :
- la **négation** : *Julie n'aime pas la glace au chocolat.*
- le **passif** : *La pièce montée sera offerte par le pâtissier.*
- la **forme impersonnelle** : *Il est tombé cinquante centimètres de neige.*
- l'**emphase** : *C'est demain que nous irons à la piscine* (extraction). *La musique, ça le passionne* (dislocation).

Phrase à présentatif, phrase nominale, mot-phrase interjection, apostrophe

– *Il y a une fuite dans la salle de bains.*

– *Non ? – Si ! – Mince !*

Ces quatre phrases sont des phrases particulières : la première contient le présentatif *il y a*, les trois autres sont constituées d'un mot-phrase : *Non !*, *Si !* et l'interjection *Mince !*

LA PHRASE À PRÉSENTATIF

341 Qu'est-ce qu'un présentatif ?

• Le présentatif est une expression plus ou moins figée qui sert, comme son nom l'indique, à présenter une personne ou une chose (objet, événement...).

• On distingue trois types de présentatifs :

– ***c'est*** précise l'identité : *C'est moi.*

– ***voici*** et ***voilà*** indiquent la survenue : *Voilà le facteur !*

– ***il y a*** et ***il est*** indiquent l'existence ou la présence.

Il y aura du clafoutis au dessert.

Il est sert aussi à exprimer le temps.

Il est huit heures !

342 Les caractéristiques d'un présentatif

• Un présentatif est formé autour d'un verbe : *être, avoir, voir* (*voici* et *voilà* viennent de l'impératif de *voir* à la deuxième personne du singulier et des particules adverbiales *ci* et *là*). Il sert donc de verbe à la phrase qu'il introduit.

• Les présentatifs *voici* et *voilà* sont invariables, mais *il y a* et *c'est* connaissent des variations en temps et en mode.

Il y avait / a / aura Jules à la fête. Il faut qu'il y ait Jules à la fête.

Le présentatif *c'est* varie aussi en nombre.

C'est un château. / Ce sont des ruines.

• Le présentatif possède un **complément** qui peut être :

– un nom ou un groupe nominal ;

C'est Pierre. Voici votre colis. Il est huit heures !

– un pronom ;

Il y a moi. Me voilà. Prends donc le livre que voici.

– une proposition subordonnée complétive.

Voilà que le train a encore du retard. (subordonnée conjonctive ➜ **362**)

Voilà comment nous allons procéder.

(subordonnée interrogative indirecte partielle ➜ **367**).

• Les présentatifs, quand ils sont associés à *qui* ou à *que*, peuvent servir à **extraire** un élément de l'énoncé.

C'est le miroir de l'entrée qu'elle a cassé.

Voilà deux heures qu'elle attend.

Ces expressions sont examinées ➜ **339**.

LA PHRASE NOMINALE

343 Qu'est-ce qu'une phrase nominale ?

• La phrase nominale est une **phrase sans verbe**, en général constituée autour d'un nom ou d'un groupe nominal. Elle peut être :

– déclarative : *La nuit. Le Président au Japon.*

– interrogative : *Comment, ce café ?*

– injonctive : *Vos papiers !*

– exclamative : *Ce tableau, vraiment extraordinaire !*

344 Le sujet et le prédicat dans la phrase nominale

• Malgré l'absence de verbe, on peut souvent distinguer, dans une phrase nominale, un **prédicat**.

Ce tableau, vraiment extraordinaire !

On peut rétablir le verbe attributif *être* dans cette phrase : *ce tableau est vraiment extraordinaire* ; *vraiment extraordinaire* est le prédicat et le groupe nominal *ce tableau* représente un sujet sans verbe.

- Certaines phrases se réduisent au prédicat.

  Vraiment extraordinaire !

- D'autres ne livrent qu'un sujet sans prédicat.

  Ce tableau !

  Cette phrase exclamative n'explicite pas ce que le locuteur pense du tableau.

345 Les phrases tronquées

- Il existe aussi des phrases non verbales constituées de fragments de phrases de toutes sortes : adverbes, groupes prépositionnels, etc.

  Il est arrivé. Avant-hier. Par le train. De Naples.

  Les mots et groupes de mots *avant-hier, par le train* et *de Naples* ne sont pas autonomes sur le plan grammatical mais ils sont traités comme des phrases.

LE MOT-PHRASE

346 Qu'est-ce qu'un mot-phrase ?

- Le mot-phrase est un **mot invariable** qui représente une phrase complète.

  Merci ! (Je vous remercie !)

  – *Ouf !* (Je suis soulagé !)

347 Les différents types de mots-phrases

- Le plus souvent, le **mot-phrase** est une **interjection** → 348-350.

- Les **adverbes *oui*, *non*** et ***si*** peuvent être employés comme mots-phrases pour confirmer ou pour nier.

  Est-ce que tu as fini de repeindre la chambre ?

  Oui. (J'ai fini de repeindre la chambre.)

  Non. (Je n'ai pas fini de repeindre la chambre.)

  Tu n'auras pas le temps de terminer aujourd'hui.

  Si. (J'aurai le temps de terminer aujourd'hui.)

  Ces mots-phrases peuvent aussi être juxtaposés à une phrase « ordinaire ». Ils servent alors à renforcer cette phrase.

  Oui, j'ai fini de repeindre la chambre.

- D'autres adverbes peuvent former à eux seuls une phrase.

  Assurément. Parfaitement. Aucunement.

L'INTERJECTION

348 Qu'est-ce qu'une interjection ?

• L'interjection est l'une des neuf catégories de mots →2. C'est un **mot-phrase** qui représente une phrase complète.

Chut ! (Taisez-vous !) *Allô ?* (Qui est à l'appareil ?) *Aïe !* (J'ai mal !)

• On distingue trois types d'interjections :
– celles qui sont adressées à un interlocuteur pour lui transmettre un ordre, lui demander une information, le féliciter, etc. ;

Chut ! Halte ! Allô ? Bravo ! Bonjour !

– celles par lesquelles le locuteur exprime un sentiment ou une émotion ;

Ouf ! Aïe ! Mince !

– celles qui permettent d'imiter un bruit ou un mouvement.

Plouf ! Pffft...

Ces interjections sont des **onomatopées**.

L'ORAL ET L'ÉCRIT Les interjections pour communiquer.

En raison de leur caractère spontané, les interjections sont très fréquentes à l'oral. Elles permettent une communication rapide, efficace et expressive. Elles sont, pour cette même raison, beaucoup plus rares à l'écrit.

349 Les caractéristiques d'une interjection

• L'interjection est un **mot invariable**. On distingue :
– les interjections simples : *Chut ! Allô ?*
– les locutions interjectives : *Tout doux ! Bonté divine ! Au revoir.*

• L'interjection peut être formée à partir de mots ou de groupes de mots appartenant à différentes natures :
– un nom ou un groupe nominal : *Attention ! Chapeau !* (je vous félicite)
– un groupe prépositionnel : *À la bonne heure !*
– un adjectif ou un groupe adjectival : *Mince ! Tout doux !*
– un verbe : *Tiens ! Allons !*
– un adverbe : *Bien ! Alors !*

• Elle peut être constituée d'une **phrase figée**.

Sauve qui peut ! Le diable l'emporte !

REMARQUE

Les noms, les adjectifs et les verbes qui sont devenus des interjections sont en **emploi figé** et ne varient pas.

• Certaines interjections ont toujours le même sens *(Chut ! Allô ? Pouah !...)*. Mais, le plus souvent, le sens d'une interjection varie selon le contexte. Par exemple, *Ah !* peut évoquer : la surprise (*Te voilà enfin !)* ; le plaisir (*Ce cheese-cake est délicieux !)* ; l'indifférence (*Vous m'en direz tant.)*, etc.

350 Les constructions de l'interjection

• L'interjection, tout en étant employée comme mot-phrase, reçoit parfois des **expansions**.

Hélas pour moi ! Paf dans la figure !

• Elle peut aussi être juxtaposée à une phrase « ordinaire ». Elle sert alors à renforcer cette phrase.

Pouah, j'ai horreur de la cervelle !

L'APOSTROPHE

351 Qu'est-ce qu'une apostrophe ?

• L'apostrophe est une expression par laquelle le locuteur **attire l'attention** de son interlocuteur en le désignant.

Paul, accélère !

Les enfants, au travail !

352 Les mots pouvant exercer la fonction d'apostrophe

• Divers mots ou groupes de mots peuvent exercer cette fonction :

– un nom ou un groupe nominal. Le plus souvent, le nom commun se présente sans déterminant ;

Pierre, attention !

Garçon, deux cafés !

Le nom *garçon* n'a pas besoin d'être déterminé car l'interlocuteur est facilement identifiable à partir de la situation d'énonciation → **410**.

Mes chers amis, je vous remercie d'avoir accepté mon invitation.

– un pronom personnel de deuxième personne du singulier ou du pluriel, de forme disjointe → **251**.

Toi, tu passeras me voir à cinq heures.

Ce pronom peut recevoir une expansion.

Vous qui avez lu le livre, qu'en avez-vous pensé ?

353 Les constructions de l'apostrophe

• L'apostrophe peut constituer une phrase à elle seule.

Manon ! Les enfants ! Monsieur ! Garçon !

• Cependant, le plus souvent, elle est insérée dans une phrase « ordinaire ». Elle est alors isolée et détachée par une ou deux virgules (par une ou deux pauses à l'oral) et peut être placée au début, au milieu ou à la fin de la phrase.

Marie, si tu le souhaites, tu peux venir plus tôt.
Si tu le souhaites, Marie, tu peux venir plus tôt.
Si tu le souhaites, tu peux venir plus tôt, Marie.

• L'apostrophe s'emploie fréquemment dans une phrase injonctive. En association avec l'impératif, elle indique le destinataire de l'ordre, qui correspond au sujet non exprimé.

Camille, fais attention au vase chinois.
Le nom propre *Camille* est en apostrophe. Il indique qui doit *faire attention*.

• Cependant, l'apostrophe se combine avec tout type de phrase :

– une phrase déclarative ;

Manon, la piscine est fermée aujourd'hui.

– une phrase interrogative ;

Madame, pouvez-vous m'indiquer où se trouve la pharmacie ?

– une phrase exclamative.

Quel beau dessin, Lola !

L'ESSENTIEL

• Il existe trois grands types de phrases particulières : les phrases à **présentatif**, les phrases **nominales** et les **mots-phrases** (principalement les adverbes *oui, non, si* et les interjections).
• L'apostrophe peut aussi constituer une phrase à elle seule mais elle est souvent insérée dans une phrase « ordinaire ».

LA PHRASE COMPLEXE ET LES PROPOSITIONS SUBORDONNÉES

La phrase complexe

Écoute-moi et cesse de te lamenter.
Dès que j'en saurai davantage, je vous informerai afin que vous puissiez prendre vos dispositions.

Ces deux phrases comportent plusieurs verbes conjugués et plusieurs propositions : ce sont des phrases complexes.

QU'EST-CE QU'UNE PHRASE COMPLEXE ?

354 Comment reconnaître une phrase complexe ?

• Une phrase complexe comporte **au moins deux propositions**, c'est-à-dire qu'elle présente au moins deux fois la structure **sujet + groupe verbal** → 18.

Éric s'est mis au régime.
sujet groupe verbal

La phrase comporte une seule proposition : c'est une **phrase simple**.

Dès que l'été approche, Éric se met au régime.
sujet groupe verbal sujet groupe verbal

La phrase comporte deux propositions : c'est une **phrase complexe**.

GRAMMAIRE ET STYLE

La valeur stylistique de la phrase complexe

La phrase complexe offre une richesse infinie de constructions possibles. Ces constructions peuvent prendre une valeur stylistique.

Maintenant tous les matins, bien avant l'heure où elle sortait, j'allais par un long détour me poster à l'angle de la rue qu'elle descendait d'habitude, et, quand le moment de son passage me semblait proche, je remontais d'un air distrait, regardant dans une direction opposée et levant les yeux vers elle dès que j'arrivais à sa hauteur mais comme si je ne m'étais nullement attendu à la voir. Marcel Proust, *À la recherche du temps perdu, Le Côté de Guermantes.*

La complexité de la phrase souligne toutes les précautions et stratagèmes dont use le personnage pour avoir l'air de croiser la duchesse de Guermantes par hasard.

355 Les types de propositions

La proposition indépendante

• Dans certaines phrases, les propositions ont une véritable autonomie syntaxique. Les séparer n'entraîne aucun changement de temps, de mode ni de structure. Ces propositions sont indépendantes.

[Il ne mange plus de fromage] et [il évite les gâteaux].

→ Il ne mange plus de fromage. Et il évite les gâteaux.

Proposition principale et proposition subordonnée

• Il est parfois impossible de séparer deux propositions sans entraîner un changement de structure, de temps, de mode ou de sens :

– l'une des propositions gouverne l'autre : la proposition principale ;

– l'une des propositions dépend de l'autre : la proposition subordonnée.

[Je lui promets un menu diététique] [pour qu'il vienne dîner ce soir.]

→ Je lui promets un menu diététique. Il vient dîner ce soir.

La séparation des propositions entraîne la disparition de la conjonction et le changement de mode du verbe. Le sens est moins précis. *Je lui promets un menu diététique* est la proposition principale. *Pour qu'il vienne dîner ce soir* est la proposition subordonnée.

JUXTAPOSITION ET COORDINATION

356 La construction par juxtaposition

• On dit que des propositions sont **juxtaposées** lorsqu'elles sont séparées par une virgule, un point-virgule ou deux points.

[Le hibou hulule], [l'aigle glatit], [l'albatros piaule].
(Le hibou : S ; hulule : GV ; l'aigle : S ; glatit : GV ; l'albatros : S ; piaule : GV)

REMARQUE

L'absence de mot de liaison n'implique pas l'absence de lien sémantique.

Le renard glapit, l'aigle glatit.

On pourrait écrire *Le renard glapit, mais l'aigle glatit.* Les deux propositions juxtaposées entretiennent un lien d'opposition. C'est pourquoi l'on parle parfois de coordination implicite.

• On peut juxtaposer des propositions indépendantes ou des propositions subordonnées qui ont la même fonction dans la phrase.

Il dit [qu'il l'aimait], [qu'il n'avait pas voulu la blesser], [qu'elle devait lui pardonner].

Les trois propositions juxtaposées sont des propositions subordonnées COD de *dit*.

GRAMMAIRE ET STYLE

Juxtaposition et asyndète

L'asyndète est une figure de style qui consiste à supprimer les liens logiques explicites. Elle prend notamment la forme de la juxtaposition des propositions. Elle permet :

– de renforcer une opposition ;

Les paroles s'envolent, les écrits restent.

– de souligner la rapidité d'enchaînement des actions.

Les bonnes fondent sur moi ; je leur échappe ; je cours me barricader dans la cave de la maison. CHATEAUBRIAND, *Mémoires d'outre-tombe.*

357 La construction par coordination

• Deux propositions peuvent être **coordonnées**, c'est-à-dire reliées entre elles par une **conjonction de coordination** →298 *(mais, ou, et, or, ni, car)* ou par un **adverbe de liaison** →302 *(cependant, pourtant, puis, ensuite...).*

[J'ai appris les noms de cris d'animaux], mais [je les ai oubliés].
S GV S GV

[J'ai oublié les noms de cris d'animaux], pourtant [je les ai appris].
S GV S GV

• On peut coordonner des propositions indépendantes ou des propositions subordonnées qui ont la même fonction dans la phrase.

[Quand il fait froid] ou [que le ciel est gris], nous allumons un feu de cheminée.

Les deux propositions coordonnées par *ou* sont des propositions complément circonstanciel.

LES PROPOSITIONS SUBORDONNÉES

358 Le classement des propositions subordonnées selon leur nature

• La subordination peut être marquée par différents connecteurs, voire par une absence de connecteur.

NATURE DU CONNECTEUR	NATURE DE LA SUBORDONNÉE	EXEMPLE
Conjonction de subordination ou locution conjonctive → 295	Conjonctive	*Il faut que je réserve des places. Appelle-moi dès que tu auras réservé nos places.*
Pronom relatif → 272	Relative	*Les places que j'ai réservées sont au premier rang.*
Mot interrogatif → 313-315	Interrogative	*Demande-lui quelles places il a réservées.*
Mot exclamatif → 322	Exclamative	*Regarde comme nous sommes bien placés.*
Aucun connecteur	Infinitive → 371	*J'ai entendu mon père réserver des places.*
Aucun connecteur	Participiale → 392	*Les places étant réservées, nous pouvons arriver tard.*
Aucun connecteur	Autres subordonnées sans connecteur → 388, 390	*Entendait-il parler d'un bon spectacle, aussitôt il réservait des places.*

359 Le classement des propositions subordonnées selon leur rôle dans la phrase

• On distingue trois grands types de propositions subordonnées, selon leur rôle dans la phrase :

– les propositions subordonnées **complétives** → 361-372, qui jouent souvent dans la phrase le rôle d'un groupe nominal ;

Nous avons réaffirmé que le projet nous plaisait.
On pourrait dire : *Nous avons réaffirmé notre adhésion au projet.*

– les propositions subordonnées **relatives** → 373-379, qui jouent souvent dans la phrase le rôle d'un adjectif qualificatif ;

Mets de côté les vêtements dont tu auras besoin.
On pourrait dire : *Mets de côté les vêtements nécessaires.*

– les propositions subordonnées **circonstancielles** → 380-393, qui jouent souvent dans la phrase le rôle d'un adverbe ou d'un groupe prépositionnel.

Nous nous lèverons dès que le réveil sonnera.
On pourrait dire : *Nous nous lèverons dès la sonnerie du réveil / tôt.*

LE CAS PARTICULIER DES PROPOSITIONS INSÉRÉES

360 Qu'est-ce qu'une proposition insérée ?

• On appelle proposition insérée une proposition :
– qui est placée à l'intérieur ou à la fin d'une autre proposition ;
– qui n'est introduite par aucun mot de liaison ;
– qui est nettement détachée par la ponctuation (virgules, tirets, parenthèses).

Il cria – je m'en souviens encore – qu'il était le plus heureux des hommes.

• Parmi les propositions insérées, on distingue la proposition **incise** et la proposition **incidente**.

La proposition incise

• La proposition incise est une proposition insérée qui permet d'indiquer que l'on rapporte les paroles ou les pensées de quelqu'un.

Je suis le plus heureux des hommes, pensa-t-il.

• La proposition incise présente les caractéristiques suivantes :
– elle comporte un verbe de communication ou de pensée ;
– elle a un sujet inversé ;
– la proposition dans laquelle elle est insérée équivaut souvent à son COD :

Il pensa qu'il était le plus heureux des hommes.

La proposition incidente

• La proposition incidente est une proposition insérée qui introduit un commentaire.

Je suis le plus heureux des hommes, c'est certain.

L'ESSENTIEL

• Les propositions **indépendantes** sont autonomes. Elles peuvent être **juxtaposées** ou **coordonnées**.

• Une proposition **subordonnée** dépend toujours d'une proposition **principale**. On distingue notamment, selon leur connecteur, les propositions subordonnées **conjonctives** (avec une conjonction de subordination ou une locution conjonctive), **relatives** (avec un pronom relatif), **interrogatives** (avec un mot interrogatif), **exclamatives** (avec un mot exclamatif), **infinitives** et **participiales** (sans connecteur).

• On peut également classer les subordonnées selon leur rôle dans la phrase : la proposition subordonnée **complétive** joue souvent le rôle d'un groupe nominal, la proposition subordonnée **relative** celui d'un adjectif et la proposition subordonnée **circonstancielle** celui d'un adverbe ou d'un groupe prépositionnel.

La proposition subordonnée complétive

Qu'attends-tu ? J'attends son départ. J'attends qu'il parte.

Le verbe *attendre* peut être complété par un pronom interrogatif *(qu')*, par un groupe nominal *(son départ)*, mais aussi par une proposition subordonnée *(qu'il parte)*, qui prend le nom de subordonnée complétive.

QU'EST-CE QU'UNE SUBORDONNÉE COMPLÉTIVE ?

361 Comment reconnaître une subordonnée complétive ?

La subordonnée complétive est une proposition **subordonnée** →355 qui présente deux caractéristiques clés.

• Elle est **essentielle** à la construction et au sens de la phrase et ne peut pas, en général, être supprimée, contrairement à la subordonnée circonstancielle →380.

Il lui demande quel est son numéro de téléphone.
La phrase ⊖ *Il lui demande* a un sens incomplet.

• Elle est souvent l'**équivalent d'un groupe nominal** (tandis que la subordonnée relative a souvent une valeur d'adjectif →374).

Il voudrait qu'elle lui donne son numéro de téléphone.
On pourrait dire : *Il voudrait son numéro de téléphone.*

POUR MIEUX ÉCRIRE **Remplacer une complétive par un groupe nominal.**

Lorsque c'est possible, il faut penser à remplacer une subordonnée complétive par un groupe nominal (ou un groupe prépositionnel), pour alléger la phrase.

Mes parents ont refusé que je les aide.
→ *Mes parents ont refusé mon aide.*
Le contrôleur s'est aperçu qu'il s'était trompé.
→ *Le contrôleur s'est aperçu de son erreur.*

362 Trois natures de subordonnées complétives

On distingue trois natures de subordonnées complétives, selon le connecteur utilisé.

• La subordonnée **complétive conjonctive** est introduite par la conjonction *que* ou les locutions conjonctives *à ce que* et *de ce que* → 363-366.

Ils constatent que leur fille passe ses soirées au téléphone.

⊕ Le connecteur pur
On dit que la conjonction *que* est un connecteur pur parce qu'elle est vide de sen
Elle sert seulement à relier la principale et la subordonnée conjonctive. Les locutions *à ce que* et *de ce que* sont formées avec le connecteur pur *que*.

• La subordonnée **interrogative indirecte** et la subordonnée **exclamative indirecte** sont introduites par un mot interrogatif ou par un mot exclamatif → 367-370.

Ils se demandent à qui leur fille téléphone chaque soir.
subordonnée interrogative indirecte

Ils admirent quel temps elle est capable de passer au téléphone.
subordonnée exclamative indirecte

• La proposition **infinitive** est organisée autour d'un infinitif, sans connecteur → 371-372.

Ils entendent leur fille téléphoner des heures durant.

LA SUBORDONNÉE COMPLÉTIVE CONJONCTIVE

Elle est introduite le plus souvent par la conjonction de subordination *que*, parfois par les locutions conjonctives *à ce que* ou *de ce que*.

363 La subordonnée complétive conjonctive complément d'objet

La subordonnée complétive conjonctive peut être complément d'objet direct ou indirect.

Complément d'objet direct

• Lorsqu'elle est COD, la subordonnée complétive conjonctive est introduite par ***que***. On peut la remplacer par le pronom ***le***.

Elle m'a dit que les soldes commençaient demain. → Elle me l'a dit.

Complément d'objet indirect

• Lorsqu'elle est COI, la subordonnée complétive conjonctive est introduite par la conjonction ***que*** ou par les locutions conjonctives ***à ce que*** ou ***de ce que***. On peut la remplacer par le pronom ***en*** ou ***y***.

Il se plaint qu'elle soit trop dépensière. → *Il s'en plaint.*

Je m'attends à ce qu'elle fasse des achats inconsidérés.

→ *Je m'y attends.*

• Les locutions conjonctives *à ce que* et *de ce que* sont les plus répandues. On dit : *travailler à ce que, veiller à ce que, s'indigner de ce que, se réjouir de ce que...* Mais on peut trouver d'autres locutions conjonctives. On dit par exemple : *consister en ce que.*

REMARQUE

Il ne faut pas confondre la subordonnée relative introduite par la locution pronominale *ce que* → **379** et la subordonnée conjonctive introduite par *à ce que / de ce que*.

Nous adhérons à ce que tu proposes.

Tu proposes cela. La locution pronominale *ce que* est COD de *proposes*. Elle introduit une subordonnée relative.

Nous nous opposons à ce que tu sortes encore ce week-end.

On ne peut pas dire ⊖ *tu sortes cela. Que* n'a pas de fonction dans la proposition, à la différence de *ce que*, locution pronominale : *à ce que* introduit une subordonnée conjonctive.

364 Les autres fonctions de la subordonnée complétive conjonctive

La subordonnée complétive conjonctive peut également exercer d'autres fonctions.

Sujet du verbe

Que je réussisse tous mes examens tiendrait du miracle.
subordonnée conjonctive sujet de *tiendrait*

L'ORAL ET L'ÉCRIT ***Que je réussisse tous mes examens, ça m'étonnerait !***

Il arrive que la subordonnée conjonctive soit détachée et reprise (ou annoncée) par un pronom sujet du verbe.

Qu'il vienne nous voir demain, ça serait une belle surprise !

Cette tournure, qui constitue une dislocation → **340**, est souvent une marque d'oralité.

Complément ou séquence d'une forme impersonnelle

- La subordonnée conjonctive peut être **complément** d'un **verbe impersonnel** → 336.

Il faut que j'obtienne la moyenne pour valider mon année.
La subordonnée est complément du verbe impersonnel *Il faut*.

- Elle peut aussi représenter la **séquence** (« sujet réel ») d'une **construction impersonnelle** → 337.

Il serait étonnant que je puisse valider mon année.
Cette phrase est une construction impersonnelle obtenue par transformation à partir de : *Que je puisse valider mon année serait étonnant.* La subordonnée conjonctive est séquence de cette construction impersonnelle.

Attribut du sujet

Le malheur est que je ne pourrai pas repasser mes examens.
attribut du sujet *le malheur*

Complément d'un nom ou d'un adjectif

Mes parents vivent dans la crainte que je ne réussisse pas.
complément du nom *crainte*

Je suis bien consciente qu'ils se font un sang d'encre.
complément de l'adjectif *consciente*

REMARQUES

1. La subordonnée conjonctive qui suit un nom a parfois le comportement d'une **apposition** → 109.
2. La subordonnée conjonctive peut également être complément d'un présentatif → 342.
3. Elle peut aussi être détachée par dislocation → 340.

365 Tableau récapitulatif des fonctions de la subordonnée complétive conjonctive

FONCTION		EXEMPLE
Complément d'objet	COD	*Je veux que tu l'aides.*
	COI	*Je me réjouis que tu l'aides.* *Je me félicite de ce que tu l'aides.* *Je m'attends à ce que tu l'aides.*
Sujet	d'un verbe personnel	*Que tu l'aides importe beaucoup.*
Complément ou séquence d'une forme impersonnelle	Complément	*Il faut que tu l'aides.*
	Séquence	*Il est important que tu l'aides.*

Autres fonctions	Attribut du sujet	*Son désir est que tu l'aides.*
	Complément du nom	*Il vit dans l'espoir que tu l'aideras.*
	Complément de l'adjectif	*Il est très désireux que tu l'aides.*
	Apposition	*Il n'attend qu'une chose : que tu l'aides.*
	Complément d'un présentatif	*Voilà qu'il a du retard.*
	Constituant détaché par dislocation	*Qu'elle soit en colère, cela peut se comprendre.*

366 Le mode dans la subordonnée complétive conjonctive

• Selon que le fait exprimé par le verbe est présenté comme certain ou comme possible, douteux, etc. →143, la subordonnée complétive conjonctive est à l'**indicatif** ou au **subjonctif**.

MODE UTILISÉ	LE VERBE OU LE MOT COMPLÉTÉ EXPRIME...	EXEMPLE
Indicatif	une perception	*Il s'aperçoit qu'il a perdu ses clés.*
	un jugement	*Il pense qu'il les a perdues dans le bus.*
	un savoir	*Il sait qu'il ne les retrouvera pas.*
	une déclaration	*Il m'annonce, inquiet, qu'il a perdu ses clés.*
Subjonctif	un souhait	*J'aimerais que tu m'aides à retrouver mes clés.*
	une nécessité	*Il faut que tu sois plus soigneux.*
	un doute	*Je doute que tu retrouves tes clés.*
	un sentiment	*Il se plaint de ce qu'il perde souvent des affaires.*
	un jugement	*Je trouve étrange qu'il ne soit pas plus ordonné.*
	une possibilité	*Il se peut que nous ne retrouvions jamais ces clés.*

REMARQUES

1. Certains verbes sont suivis tantôt de l'indicatif tantôt du subjonctif selon le sens qu'ils prennent dans la phrase → 149.

Les conditions météo font que nous avons renoncé à notre sortie.
Faire que prend le sens d'*avoir pour résultat que* : le fait est présenté comme vrai, on emploie l'indicatif.

Mon Dieu, faites qu'ils parviennent à bon port.
Faire que prend le sens de *faire en sorte que* : le fait est présenté comme possible, on emploie le subjonctif.

2. La complétive conjonctive en tête de phrase se met au subjonctif → 149.

LA SUBORDONNÉE INTERROGATIVE INDIRECTE ET LA SUBORDONNÉE EXCLAMATIVE INDIRECTE

367 Reconnaître une subordonnée interrogative indirecte

- Comme son nom l'indique, la subordonnée interrogative indirecte rapporte une **question posée** par quelqu'un de **manière indirecte**, c'est-à-dire par l'intermédiaire d'un verbe. À partir d'une subordonnée interrogative indirecte, on peut toujours former une question directe.

Le directeur demande si la monitrice a son brevet.
→ *La monitrice a-t-elle son brevet ?*

- Elle complète un verbe exprimant le plus souvent une demande ou un manque d'information : *demander, chercher, ignorer, oublier, ne pas savoir, dire, expliquer,* etc.

Le directeur ignore si la monitrice a son brevet.
Le directeur explique quelle est la formation des moniteurs.

- Dans le cas d'une interrogation totale, la subordonnée interrogative indirecte est introduite par la conjonction *si.* Quand l'interrogation est partielle, les connecteurs sont souvent les mots interrogatifs introduisant la phrase interrogative → 313-315. Mais quand l'interrogation porte sur le sujet, l'objet ou l'attribut non animés, on utilise *ce* + *qui* ou *que.*

Que fais-tu ? → *Je ne sais pas ce que tu fais.*

TYPE D'INTERROGATION	CONNECTEUR	EXEMPLE
Interrogation totale	Conjonction *si*	*J'ignore si elle a de l'expérience.*
Interrogation partielle	Pronom interrogatif (parfois précédé d'une préposition) : *qui, à qui, de qui*, etc. *lequel, lesquels, auxquels*, etc.	*J'ignore à qui je vais confier cette tâche. J'ignore lesquels il faut choisir.*
	Locution pronominale : *ce qui, ce que, à quoi, de quoi*, etc.	*J'ignore ce que nous allons faire.*
	Déterminant ou adjectif interrogatif : *quel, quelle, quels, quelles*	*J'ignore à quel moment il faut partir.*
	Adverbe interrogatif : *quand, où, pourquoi, comment*, etc.	*J'ignore quand nous pourrons intervenir.*

L'ORAL ET L'ÉCRIT ⊖ ***Je me demande qu'est-ce qu'il veut.***

Est-ce que est une marque de l'interrogation directe. Il arrive qu'on l'utilise pour l'interrogative indirecte à l'oral, mais cette utilisation est tout à fait incorrecte.

On n'écrira et on ne dira donc pas :

⊖ *Je me demande qu'est-ce qu'il veut.* Mais : *Je me demande ce qu'il veut.*

POUR MIEUX ÉCRIRE Il faut faire attention à la place du sujet dans la proposition subordonnée interrogative indirecte.

La place du sujet, dans la subordonnée interrogative indirecte, dépend de la nature du sujet. L'usage est le suivant.

- Si le sujet est le **pronom démonstratif *ce*** ou un **pronom personnel** (y compris le pronom *on*), il est placé devant le verbe.

  Il demande quand nous partons.

- Si le sujet est d'une **autre nature** :

– il est le plus souvent placé devant le verbe dans une interrogation totale ;

Il demande si le responsable est là.

– il est placé après le verbe dans une interrogation partielle avec *quel* ou *qui* attributs ;

Il demande quel est le problème. Il demande qui est le responsable.

– il est parfois inversé dans les autres interrogations partielles.

Il demande quand le responsable arrive.

Ou : *Il demande quand arrive le responsable.*

368 Les fonctions de la subordonnée interrogative indirecte

- La plupart des subordonnées interrogatives indirectes sont **complément d'objet direct** du verbe.

J'ignore à quelle heure les enfants vont à la piscine.
COD de *ignore*

À quelle heure les enfants vont à la piscine est le COD de *ignore* comme le serait le GN *l'heure de la séance de piscine* dans la phrase : *j'ignore l'heure de la séance de piscine.*

REMARQUE

Plus rarement, l'interrogative indirecte peut être :
- sujet du verbe ;
  Peu importe qui l'a dit. (Qui l'a dit importe peu.)
- complément d'objet indirect (langue littéraire) ;
  On disputait s'il fallait être barrésiste ou barrésien. MAURICE BARRÈS, *L'Homme libre.*
- complément du nom (langue littéraire) ;
  Mais à cette première incertitude si je les verrais ou non le jour même, venait s'en ajouter une plus grave.
  MARCEL PROUST, *À la recherche du temps perdu, À l'ombre des jeunes filles en fleurs.*
- complément du présentatif → 342.

369 Le mode dans la subordonnée interrogative indirecte

- Le mode de l'interrogative indirecte est **en général l'indicatif**.
- Mais il existe des interrogatives indirectes à l'**infinitif**.

Je me demande quel chemin emprunter.

370 La subordonnée exclamative indirecte

- Elle rapporte une **exclamation**.
- Les connecteurs de l'exclamative indirecte sont, en général, les mots exclamatifs introduisant la phrase exclamative → 322.

CONNECTEUR	EXEMPLE
Adverbe exclamatif : *combien, comme, si*	*Voyez s'il a grandi.* *Voyez combien il a subitement grandi.* *Voyez comme il est grand.*
Déterminant ou adjectif exclamatif : *quel, quelle, quels, quelles*	*Voyez quelle taille est la sienne.* *Voyez quelle est désormais sa taille.*

- Comme l'interrogative indirecte, la subordonnée exclamative indirecte est le plus souvent **complément d'objet direct** du verbe.

GRAMMAIRE ET STYLE

Les subordonnées complétives dans le discours rapporté

• Les subordonnées complétives sont en particulier utilisées dans le discours indirect →421. La subordonnée complétive conjonctive permet de rapporter une parole ou une pensée *(Il affirma qu'il n'y croyait pas)* ; la subordonnée complétive interrogative indirecte permet de rapporter une question *(Elle lui demanda pourquoi il n'y croyait pas)*.

• Les discours direct et indirect peuvent prendre une valeur stylistique.

La Reine y ajoutait beaucoup de foi ; elle soutint qu'après tant de choses qui avaient été prédites, et que l'on avait vues arriver, on ne pouvait douter qu'il n'y eût quelque certitude dans cette science. D'autres soutenaient que, parmi ce nombre infini de prédictions, le peu qui se trouvaient véritables faisait bien voir que ce n'était qu'un effet du hasard. « J'ai eu autrefois beaucoup de curiosité pour l'avenir, dit le Roi. »

MME DE LA FAYETTE, *La Princesse de Clèves*.

La reine et les courtisans s'interrogent sur la possibilité de prédire l'avenir. Leur conversation est rapportée au discours indirect, avec une accumulation de complétives conjonctives. La parole du roi, elle, est au discours direct. La rupture syntaxique souligne l'interruption des conversations : quand le roi prend la parole, tous se taisent (et tous se rallieront à l'avis du roi).

LA PROPOSITION INFINITIVE

371 Reconnaître une proposition infinitive

• La proposition infinitive est composée d'un **infinitif** qui a un **sujet propre**, différent de celui du verbe conjugué.

Nous regardons les étoiles se lever.
Regardons a pour sujet *nous. Se lever* a pour sujet *les étoiles.* Chaque verbe a son sujet.

Les enfants aiment observer les étoiles.
Aiment a pour sujet *les enfants. Observer* n'a pas de sujet propre. *Oberver les étoiles* est un groupe infinitif et non une proposition infinitive.

REMARQUE

Dans une proposition infinitive, l'infinitif n'est jamais introduit par une préposition.

Rien n'empêche les enfants d'observer les étoiles.
Observer a son agent propre *(les enfants)*, mais il est précédé d'une préposition. De fait, *d'observer les étoiles* doit être analysé comme un groupe infinitif COS ; il peut être remplacé par un pronom : *Rien ne les en empêche.*

372 La construction de la proposition infinitive

• On trouve la proposition infinitive après des **verbes de perception** : *voir, regarder, écouter, entendre, sentir,* etc.

REMARQUE

Dans une langue recherchée et uniquement dans les relatives, on peut également trouver la proposition infinitive après des verbes d'opinion ou de connaissance.

Voilà la solution que j'estime convenir.

Je me suis adressé à un ami que je savais être de bon conseil.

• La proposition infinitive est, le plus souvent, **complément d'objet direct** du verbe.

Ils ont entendu le réveil sonner.
COD de *ont entendu*

• Le sujet d'une proposition infinitive peut se placer **avant ou après l'infinitif** quand il n'est pas un pronom.

Ils ont vu la nuit tomber. Ils ont vu tomber la nuit.

Mais lorsque l'infinitif a un groupe nominal sujet et un groupe nominal COD, le groupe nominal sujet se place toujours devant lui.

Ils ont senti la pluie mouiller leurs vêtements.
sujet de *mouiller*

L'ESSENTIEL

• Une proposition subordonnée complétive est essentielle à la construction et au sens de la phrase. Elle occupe différentes fonctions : COD, COI, sujet...

• On distingue trois natures de subordonnées complétives : la subordonnée complétive **conjonctive**, introduite par un connecteur pur ; la subordonnée **interrogative indirecte** ou **exclamative indirecte**, introduite par un mot interrogatif ou exclamatif ; la proposition **infinitive**, qui n'est introduite par aucun connecteur.

La proposition subordonnée relative

Les voyageurs pressés n'attendent pas l'arrêt du train.
Les voyageurs qui sont pressés n'attendent pas l'arrêt du train.

Le nom *voyageurs* peut être précisé par un adjectif qualificatif, mais aussi par une proposition subordonnée qui est introduite par un pronom relatif et prend le nom de subordonnée relative.

QU'EST-CE QU'UNE SUBORDONNÉE RELATIVE ?

373 Comment reconnaître une subordonnée relative ?

La subordonnée relative est une proposition **subordonnée** →355 introduite par un **pronom relatif**. Le pronom relatif présente deux caractéristiques clés.

- Il reprend un groupe nominal ou un pronom de la proposition principale : son **antécédent**.

Le train que tu prendras est direct.
On pourrait écrire : *Ce train est direct. Tu prendras ce train.* Le pronom relatif *que* reprend *le train*.

REMARQUE
Cette caractéristique ne se vérifie pas toujours :
- certains pronoms relatifs ont un adjectif qualificatif pour antécédent ;
  Pressé qu'il était de partir, il a oublié son portefeuille.
- certains pronoms relatifs reprennent toute une proposition ;
  Tu dois prendre des leçons, sans quoi tu resteras un piètre cavalier.
- certains pronoms relatifs n'ont pas d'antécédent →374, 378.
  Rira bien qui rira le dernier.

- Il a une **fonction** dans la subordonnée relative.

Le train que tu prendras est direct.
Que est COD de *prendras*, comme le serait *ce train* dans *tu prendras ce train*.

À l'inverse :

Il veut que tu prennes ce train.
Que n'a pas de fonction dans la subordonnée. Ce n'est pas ici un pronom relatif, mais une conjonction de subordination. La subordonnée n'est pas une relative, mais une complétive.

374 Les deux types de subordonnées relatives

On distingue deux types de subordonnées relatives, qui n'ont pas les mêmes fonctions dans la phrase.

La subordonnée relative adjective

- Elle a la fonction d'un adjectif.

Les inondations qui ont récemment affecté notre ville ont fait deux victimes.
On pourrait dire : *Les récentes inondations ont fait deux victimes dans notre ville.*

> **Le complément de l'antécédent**
> La grammaire traditionnelle dit dans ce cas que la relative est complément de l'antécédent *inondations*. Elle fonctio[nne] cependant comme un adjectif qualificati[f] et non comme un complément du nom.

La subordonnée relative substantive

- Elle n'a pas d'antécédent et a la fonction d'un groupe nominal.

Qui construit en terrain inondable s'expose à de graves ennuis.
On pourrait dire : *Le promoteur de cette résidence s'expose à de graves ennuis.*

LA SUBORDONNÉE RELATIVE ADJECTIVE

375 La relative épithète et la relative apposée

Comme un adjectif, la relative adjective peut être épithète ou apposée à l'antécédent.

La relative épithète de l'antécédent

- Elle figure en position liée après l'antécédent, c'est-à-dire qu'elle n'est séparée de lui par aucune ponctuation.
- Elle permet en général d'identifier précisément l'antécédent. Elle est alors **déterminative** et ne peut pas être supprimée sans que l'énoncé devienne imprécis ou change de sens.

Il m'a montré le jeu vidéo qu'il vient d'acheter.
C'est la relative déterminative *qu'il vient d'acheter* qui permet de comprendre de quel jeu vidéo il est question. Elle est épithète du nom *jeu vidéo*.

La relative apposée à l'antécédent

- Elle figure en construction détachée → 108, c'est-à-dire qu'elle est séparée de l'antécédent par un signe de ponctuation.
- Elle n'est pas nécessaire à l'identification de l'antécédent. Elle ne fait qu'apporter une information supplémentaire. Elle est **explicative** et peut donc être supprimée.

Les jeux de guerre, qui font de lui un héros, sont ses préférés.
On peut tout à fait écrire *Les jeux de guerre sont ses préférés* sans changer le sens de la phrase. La relative est explicative.

REMARQUE
La relative explicative peut avoir toutes sortes de nuances circonstancielles : cause, condition, concession, etc.
Les jeux de guerre, qui font de lui un héros, sont ses préférés.
La relative précise la cause de la préférence : *parce qu'ils font de lui un héros.*

376 Le mode dans la subordonnée relative adjective

- La relative adjective se met normalement à l'**indicatif**.
J'ai découvert une station de ski qui te plaira beaucoup.
- Elle se met au **subjonctif** lorsque :
– l'antécédent comporte un superlatif ou les adjectifs *seul, premier, dernier* ;
C'est la station de ski la plus conviviale que je connaisse.
– l'antécédent est une chose ou une personne dont l'existence est présentée comme possible, et non certaine ;
Je recherche une station de ski qui plaise à toute la famille.
– l'antécédent est une chose ou une personne qui n'existe pas.
Il n'existe aucune station qui garantisse la neige toute la saison.
- Elle est parfois à l'**infinitif**. Le verbe *pouvoir* est alors sous-entendu.
Je recherche une station de ski où partir en famille.
Il faut comprendre : *Je recherche une station de ski où nous puissions partir en famille.*

377 Les cas particuliers de subordonnées relatives adjectives

La relative à valeur concessive

- La relative à valeur concessive a la valeur d'un **complément circonstanciel de concession**.
Quoi qu'on en dise, il faudra bien indemniser les victimes.
Il faut comprendre : *Bien que certains disent le contraire...*
- Elle peut être introduite par *qui que, quoi que, quel que, où que,* plus rarement *comment que.*
Qui que vous soyez, passez votre chemin !
Quoi qu'il arrive, garde ton calme.
- Elle peut aussi être introduite par une corrélation → 327.
Quelques prouesses qu'il accomplisse, il ne me séduira jamais.
Quelque est un déterminant indéfini et s'accorde avec le nom *prouesses.*
Quelque déterminées qu'elles soient, elles devront accepter des compromis.
Quelque devant un adjectif (ou un adverbe) est un adverbe et reste invariable.
Aussi (pour, si) surprenant que cela puisse paraître, elle a gardé son calme.
Tout déterminé qu'il est, il devra accepter des compromis.

REMARQUE
Dans les subordonnées construites avec *tout... que*, on trouve l'indicatif ou le subjonctif.
Tout occupé qu'il était, il nous accueillit très bien.
Tout occupé qu'il soit, il nous accueille toujours très bien.

La relative attributive

• Elle a une fonction d'attribut et apporte un élément essentiel au sens de la phrase.

• Elle est toujours introduite par le pronom *qui* et est au même temps que la principale.

• On la trouve notamment après :

– des verbes de perception ;

Je vois les secours qui arrivent.
On peut dire : *Je les vois qui arrivent. Qui arrivent* est attribut du COD *les secours*.

– le verbe *avoir*.

Cet enfant a les yeux qui pétillent.

REMARQUE
On trouve la relative attributive dans d'autres structures où elle constitue le prédicat, notamment :
– avec les présentatifs *voici, voilà, c'est*, et *il y a* : *Voici les secours qui arrivent.*
– dans des exclamations : *Midi déjà et les secours qui n'arrivent toujours pas !*

LA SUBORDONNÉE RELATIVE SUBSTANTIVE

378 La relative substantive introduite par *qui, quoi, où*

• La relative substantive est construite avec un pronom relatif **sans antécédent**. Elle est l'équivalent d'un groupe nominal ou prépositionnel dans la phrase.

Dis-le à qui tu voudras.
On pourrait dire : *Dis-le à ta sœur.*

• Elle peut être introduite par les **pronoms relatifs** ***qui, quoi, où, quiconque,*** éventuellement précédés d'une préposition.

Qui veut devenir cavalier doit apprendre à soigner son cheval.

Quiconque veut devenir cavalier doit apprendre à soigner son cheval.
Ces relatives substantives sont sujets du verbe *doit apprendre*.

Elle a de quoi s'offrir un cheval de course.
Cette relative substantive est COD du verbe *a*.

J'ai rangé mes bottes où j'ai trouvé de la place.
Cette relative substantive est complément de lieu du verbe *ai rangé*.

REMARQUE

Il ne faut pas confondre *où* pronom relatif et *où* adverbe interrogatif.

Je n'ai pas où ranger mes bottes.

On pourrait dire : *je n'ai pas d'endroit où ranger mes bottes* ; *où* est un pronom relatif.

Je lui demande où ranger mes bottes.

La proposition est construite avec un verbe qui implique une question. C'est une interrogation indirecte ➜ **367**. *Où* est un adverbe interrogatif.

GRAMMAIRE ET STYLE

Relative substantive et proverbes

Cette tournure est caractéristique des proverbes.

Qui veut voyager loin ménage sa monture.

Elle introduit souvent une tonalité didactique dans un texte.

À qui perd tout, Dieu reste encore. ALFRED DE MUSSET, *Poésies nouvelles, Nuit d'août.*

Le poète, pour consoler sa muse, évoque un oiseau qu'il a entendu chanter sur sa branche alors que ses petits venaient de mourir. La relative sans antécédent est utilisée pour donner la morale de ce bref apologue.

379 La relative substantive introduite par une locution pronominale

- La relative substantive peut être introduite par les **locutions pronominales *celui qui, ce qui, ce que***, etc.

  Ceux qui ont peur de l'eau doivent le signaler.

  Cette relative substantive est sujet du verbe *doivent signaler.*

  Nous ne la forcerons pas à faire ce dont elle a peur.

  Cette relative substantive est COD du verbe *faire.*

L'ESSENTIEL

- La proposition subordonnée relative se construit avec un **pronom relatif**, qui reprend souvent un groupe nominal, un pronom ou un adjectif de la proposition principale, l'**antécédent**.
- La **relative adjective** a la fonction d'un adjectif. Elle est souvent déterminative lorsqu'elle est **épithète** de l'antécédent et elle est explicative lorsqu'elle est **apposée** à l'antécédent. Elle peut aussi être attribut ou prendre part à une construction concessive.
- Elle peut avoir la fonction d'un nom : c'est la **relative substantive**. Elle est introduite par un pronom relatif sans antécédent ou par une locution pronominale du type *celui qui, ce qui.*

La proposition subordonnée circonstancielle

Quand nous avons visité Syracuse, il faisait très chaud.

Certaines propositions subordonnées précisent les circonstances dans lesquelles se déroule l'action de la proposition principale : à quel moment ? pourquoi ? dans quel but ? etc. Elles prennent le nom de propositions subordonnées circonstancielles.

QU'EST-CE QU'UNE SUBORDONNÉE CIRCONSTANCIELLE ?

380 Comment reconnaître une subordonnée circonstancielle ?

- La subordonnée circonstancielle n'est **pas essentielle** à la construction de la phrase. Elle peut être supprimée.

  Quand ils partent en voyage, nos voisins nous confient leur chat.

  La phrase *Nos voisins nous confient leur chat* est également correcte grammaticalement.

- Elle peut généralement être **déplacée**.

  Nos voisins nous confient leur chat quand ils partent en voyage.

- La subordonnée circonstancielle a la même fonction qu'un groupe prépositionnel **complément circonstanciel**.

  Dès que l'automne arrive, il s'enrhume.

  Dès le début de l'automne, il s'enrhume.

REMARQUE

Il n'est cependant pas toujours possible de remplacer une proposition subordonnée circonstancielle par un groupe prépositionnel de même sens. Les propositions subordonnées de conséquence et de condition, en particulier, n'ont pas d'équivalent dans la phrase simple.

381 Les différents sens de la subordonnée circonstancielle

Reconnaître la circonstance exprimée

- Il existe différents types de subordonnées circonstancielles, qui ont des sens différents.

Puisqu'il pleut, allons au cinéma.
Puisqu'il pleut justifie l'idée d'aller au cinéma : c'est une subordonnée circonstancielle de cause.

Quand il pleut, il n'a pas envie de sortir.
Quand il pleut précise les moments où il préfère rester chez lui : c'est une subordonnée circonstancielle de temps.

- On distingue les subordonnées circonstancielles de **temps** *(lorsque, quand, chaque fois que...)*, de **cause** *(parce que, puisque, vu que...)*, de **conséquence** *(de telle sorte que, si bien que...)*, de **but** *(pour que, afin que...)*, de **concession** *(bien que, quoique...)*, d'**opposition** *(alors que, au lieu que...)*, de **condition** *(si, à condition que...)* et de **comparaison** *(comme, de même que...)*.

REMARQUE
Ces catégories ne permettent pas de classer toutes les propositions subordonnées circonstancielles. C'est pourquoi des grammaires en proposent d'autres, comme les subordonnées circonstancielles d'addition *(outre que)* et d'exception *(sauf que).*

Les particularités de certaines subordonnées circonstancielles

- Une **même conjonction** peut introduire des subordonnées circonstancielles de **sens différents**.

Si ta mère s'installe ici, je vais à l'hôtel.
Subordonnée circonstancielle de condition

Si sa belle-mère était charmante, elle pouvait être envahissante.
Subordonnée circonstancielle d'opposition

- Certaines subordonnées circonstancielles combinent **deux conjonctions** et deux sens.

Nous nous sommes retrouvés comme si nous ne nous étions jamais quittés.
La subordonnée circonstancielle combine la comparaison et la condition. Il faut comprendre : *Si nous ne nous étions jamais quittés, nous nous serions retrouvés comme cela.*

- Il est parfois difficile de déterminer le sens exact d'une subordonnée circonstancielle.

Comme ils étaient au bord de la mer, elle ramassa des coquillages.
On peut comprendre qu'elle ramassa des coquillages *pendant qu'ils étaient au bord de la mer* (subordonnée circonstancielle de temps) ou *parce qu'ils étaient au bord de la mer* (subordonnée circonstancielle de cause). Il est difficile de trancher ici entre les deux sens possibles de *comme.*

POUR MIEUX ÉCRIRE **Subordonnée circonstancielle ou groupe infinitif ?**

Quand le sujet est le même dans la subordonnée et dans la principale, certaines subordonnées circonstancielles peuvent être remplacées par un groupe infinitif.

Cette substitution est :

– obligatoire avec *avant que, pour que* ;

Je préfère en rire pour ne pas me mettre en colère.

On ne doit pas dire : ⊖ *Je préfère en rire pour que je ne me mette pas en colère.*

– possible, mais non obligatoire, avec *après que, à moins que, parce que.*

On peut dire : *J'ai perdu trois points parce que j'ai grillé un feu rouge.*

Ou : *J'ai perdu trois points pour avoir grillé un feu rouge.*

382 Les différentes constructions de la subordonnée circonstancielle

Toutes les subordonnées circonstancielles ne se construisent pas de la même manière. On distingue principalement la subordonnée conjonctive, la subordonnée conjonctive corrélative et la subordonnée participiale.

La subordonnée circonstancielle conjonctive

• Elle est introduite par une conjonction de subordination ou une locution conjonctive → 295.

Je l'invite parce qu'il m'a rendu de nombreux services.

La subordonnée circonstancielle conjonctive corrélative

• Elle est introduite par une conjonction de subordination indissociable d'un mot (adjectif, adverbe ou déterminant) qui se trouve dans la principale. C'est un système corrélatif.

Il est moins désagréable qu'on ne le dit.

Les subordonnées circonstancielles corrélatives les plus fréquentes sont des subordonnées comparatives (→ 391) ou consécutives (→ 386)

• Contrairement aux autres subordonnées circonstancielles, la subordonnée corrélative n'est pas mobile.

On ne peut pas dire : ⊖ *Qu'on ne le dit, il est beaucoup moins désagréable.*

La subordonnée participiale

• Elle se construit sans connecteur. Son verbe est un participe présent ou passé.

Notre hôtel étant près de la gare, nous n'aurons pas besoin de taxi.

REMARQUE

Certaines subordonnées circonstancielles, sans être des participiales, sont également dépourvues de connecteur.

Notre hôtel a beau être proche de la gare, nous prendrons un taxi.

On pourrait écrire : *Bien que notre hôtel soit proche de la gare, nous prendrons un taxi.* La proposition *Notre hôtel a beau être proche de la gare* est une proposition circonstancielle de concession sans connecteur.

Tableau des subordonnées circonstancielles les plus courantes

• Certaines propositions subordonnées circonstancielles n'admettent pas toutes les constructions.

CIRCONSTANCE	CONJONCTIVE	CONJONCTIVE CORRÉLATIVE	PARTICIPIALE
Temps	*Dès que l'orage gronda, ils rentrèrent.*	*À peine l'orage gronda-t-il qu'ils rentrèrent.*	*L'orage grondant, ils rentrèrent.*
Cause	*Ils rentrent parce que l'orage gronde.*	*Ils rentrent d'autant plus vite que l'orage gronde.*	*L'orage grondant, ils rentrent.*
Conséquence	*L'orage grondait de sorte qu'ils rentrèrent.*	*L'orage grondait si fort qu'ils rentrèrent.*	
But	*Rentrez pour que l'orage ne vous surprenne pas.*		
Concession	*Bien que l'orage gronde, ils restent dehors.*		
Condition	*Si l'orage gronde, il faudra rentrer.*		*L'orage éclatant, il nous faudrait rentrer.*
Comparaison	*Ils sont rentrés très vite, comme tu l'imagines.*	*Ils sont rentrés plus vite que tu ne peux l'imaginer.*	
Opposition	*Alors que l'orage gronde en montagne, il fait beau en plaine.*		

REMARQUE

Certaines subordonnées relatives peuvent exercer la fonction de complément circonstanciel de concession → 377.

383 Le mode dans la subordonnée circonstancielle

Le mode dans la subordonnée circonstancielle obéit à deux principes.

• Quand la subordonnée précise le cadre ou la situation dans lesquels se déroule le fait de la principale, elle est souvent à l'**indicatif**.

Lorsque tu sortiras, n'oublie pas de poster cette lettre.
Le fait de *sortir* est donné comme certain : c'est le cadre temporel de l'action principale.

• Quand la subordonnée présente un fait comme possible, elle est généralement au **subjonctif**.

J'ai posté ta carte ce matin pour que ta grand-mère la reçoive avant le week-end.
La subordonnée énonce un objectif, mais rien ne dit qu'il sera atteint.

Pour une présentation détaillée de l'emploi des modes dans la subordonnée circonstancielle → 384-391.

LES SUBORDONNÉES CIRCONSTANCIELLES CONJONCTIVES

384 La subordonnée circonstancielle conjonctive de temps

Le rapport chronologique des actions

• L'action de la principale peut se dérouler :

– au même moment que l'action de la subordonnée (**simultanéité**) ;
Il quittera l'école lorsque ses parents déménageront.

– après l'action de la subordonnée (**succession**) ;
Après qu'il aura déménagé, tu ne pourras plus le voir.

– avant l'action de la subordonnée (**anticipation**).
Invite-le avant qu'il ne déménage.

Le mode dans la subordonnée circonstancielle de temps

• Dans la subordonnée circonstancielle de temps, le mode dépend du rapport chronologique des actions.

CHRONOLOGIE DES ACTIONS	CONJONCTIONS	MODE
Simultanéité	*quand, lorsque, pendant que, tandis que, comme, tant que, aussi longtemps que* (durée), *chaque fois que, toutes les fois que* (répétition), etc.	Indicatif
Succession	*après que, dès que, aussitôt que* (rapidité), *depuis que*, etc.	Indicatif
Anticipation	*avant que, jusqu'à ce que*	Subjonctif

POUR MIEUX ÉCRIRE **Attention au mode avec *après que.***

Peut-être par analogie avec *avant que*, l'emploi du subjonctif avec *après que* est fréquent. Il n'en est pas moins fautif. On doit dire *après qu'il a*, et jamais ⊖ *après qu'il ait.*

REMARQUE

Il commençait à s'inquiéter de son silence quand il reçut enfin une lettre.

Du point de vue de la syntaxe, la subordonnée circonstancielle de temps est *quand il reçut enfin une lettre*. Du point de vue du sens, l'action principale est le fait de recevoir la lettre. L'inquiétude n'est que le cadre de cette action. On pourrait écrire : *Alors qu'il commençait à s'inquiéter de son silence, il reçut enfin une lettre*. C'est pourquoi l'on parle de **subordination inverse**.

385 La subordonnée circonstancielle conjonctive de cause

Les différents types de cause

• La subordonnée circonstancielle de cause peut :

– **donner la cause** d'un fait ;

La terrasse est trempée parce qu'il a plu.

– **justifier** un énoncé ;

Il a plu, puisque la terrasse est trempée.

Il ne s'est évidemment pas mis à pleuvoir parce que la terrasse était trempée, mais le fait que la terrasse soit trempée autorise à affirmer qu'il a plu.

– **rejeter une cause**.

La terrasse est trempée, non qu'il ait plu, mais parce que la voisine vient d'arroser ses fleurs.

Le mode dans la subordonnée circonstancielle de cause

• Dans la subordonnée circonstancielle de cause, le mode dépend du type de cause énoncée.

CAUSE	CONJONCTIONS	MODE
Cause d'un fait ou justification d'un énoncé	*parce que* (exclusivement cause d'un fait) *puisque, vu que, du moment que, étant donné que,* etc.	Indicatif
Cause rejetée	*non que, au lieu que*	Subjonctif

386 La subordonnée circonstancielle conjonctive de conséquence

La subordonnée circonstancielle de conséquence indique le **résultat d'une action**.

Deux types de constructions

- La subordonnée circonstancielle de conséquence est rattachée à la principale par une conjonction ou une locution conjonctive du type *si bien que, de telle sorte que, au point que*, ou par un système corrélatif du type *tellement... que, tel... que*.

- On distingue différents systèmes corrélatifs selon la nature du corrélatif et celle du mot sur lequel il porte.

NATURE DU CORRÉLATIF	NATURE DU MOT SUR LEQUEL IL PORTE	SYSTÈME CORRÉLATIF
Adverbe	Adjectif, verbe, adverbe... Adjectif, adverbe Verbe	*tellement... que* *trop, assez, suffisamment... pour que* *si... que* *tant... que*
Déterminant	Nom	*assez de, trop de, tant de, tellement de... que*
Adjectif	Nom	*tel... que*

Le mode dans la subordonnée circonstancielle de conséquence

- La subordonnée de conséquence est souvent à l'indicatif. Mais elle peut être au subjonctif si la conséquence est niée ou seulement envisagée.

  Le mal est-il si grand qu'il soit irréparable ? MOLIÈRE.

- Avec *trop, assez, suffisamment... pour que*, le subjonctif s'impose.

387 La subordonnée circonstancielle conjonctive de but

But positif et but négatif

- La subordonnée circonstancielle de but (aussi appelée finale) peut :

– indiquer un **but** à atteindre : *afin que, pour que, de manière que,* etc. ;

Le plombier conseille de changer le robinet pour que les fuites cessent.

– indiquer un **résultat** à éviter : *de peur que, de crainte que,* etc.

Nous avons changé le robinet de peur que les fuites ne recommencent.

La subordonnée est l'équivalent d'un but à la forme négative : *Nous avons changé le robinet pour que les fuites ne recommencent pas.*

Le mode dans la subordonnée circonstancielle de but

- La subordonnée circonstancielle de but est toujours au subjonctif.

Il s'est comporté de manière (à ce) que nous lui pardonnions ses écarts.

La proposition est au subjonctif. C'est une subordonnée finale.

Il s'est comporté de telle manière que nous avons tous été choqués.

La proposition est à l'indicatif. C'est une subordonnée consécutive : elle indique un résultat, et non une intention.

388 La subordonnée circonstancielle conjonctive de concession

- La subordonnée circonstancielle de concession souligne qu'**un fait**, présenté comme réel, **n'entraîne pas la conséquence attendue** → 48.

Bien que le chômage ait augmenté, la consommation des ménages n'a pas diminué.

Le fait que *le chômage ait augmenté* aurait dû entraîner une diminution de la consommation des ménages. La subordonnée de concession indique que cette conséquence ne s'est pas réalisée.

- Les conjonctions et locutions conjonctives introductrices sont *bien que, quoique, encore que...* Elles entraînent le subjonctif.

REMARQUES

1. La subordonnée circonstancielle de concession peut aussi être construite sans connecteur.
Le chômage a beau augmenter, la consommation des ménages ne diminue pas.
2. Une subordonnée relative peut aussi être complément circonstanciel de concession *(qui que, quoi que...)* → 377.

389 La subordonnée circonstancielle conjonctive d'opposition

- La subordonnée circonstancielle d'opposition souligne le **contraste** entre deux faits.

Alors que son mari est immense, elle est toute petite.

La subordonnée d'opposition permet de souligner le contraste entre la grandeur de l'époux et la petitesse de l'épouse.

Sur la différence entre concession et opposition → 48.

• Elle est introduite par une locution conjonctive du type *alors que, au lieu que, loin que, bien loin que*.

• Le mode dépend de la locution conjonctive employée :
– *alors que* entraîne l'indicatif ;

Alors que les villes sont surpeuplées, les campagnes sont désertes.

– *loin que* et *bien loin que* entraînent le subjonctif ;

Loin qu'il m'ait convaincu, je ne suivrai aucun de ses conseils.

– *au lieu que* entraîne le subjonctif lorsque l'on veut souligner l'incompatibilité des deux faits que l'on oppose et l'indicatif pour une simple opposition.

L'apprentissage de la musique, au lieu qu'il soit réservé à une élite, devrait être proposé à tous les enfants.

Il s'agit d'opposer deux conceptions incompatibles de l'apprentissage de la musique : une conception élitiste et une conception démocratique : subjonctif.

Il espérait une médaille d'or au lieu qu'il n'a eu que celle de bronze.

Il s'agit seulement d'opposer un brillant succès à un succès médiocre : indicatif.

390 La subordonnée circonstancielle conjonctive de condition

La subordonnée circonstancielle de condition introduite par *si*

• Son verbe est à l'indicatif. Le temps utilisé indique la manière dont l'hypothèse est envisagée. On distinguera en particulier quatre systèmes hypothétiques.

TYPE D'HYPOTHÈSE	MODE ET TEMPS	EXEMPLE
Éventuel : l'hypothèse est envisagée comme probable.	[*si* + indicatif présent] [indicatif futur]	*[Si demain elle n'a pas de nouvelles,] [elle l'appellera.]*
Potentiel : l'hypothèse est envisagée comme possible.	[*si* + indicatif imparfait] [conditionnel présent]	*[Si demain elle n'avait pas de nouvelles,] [elle l'appellerait.]*
Irréel du présent : l'hypothèse est envisagée comme contraire à l'état actuel des choses.	[*si* + indicatif imparfait] [conditionnel présent]	*[Si elle avait des nouvelles plus régulièrement,] [elle serait moins inquiète.]*
Irréel du passé : l'hypothèse porte sur un fait passé qui s'est révélé faux.	[*si* + indicatif plus-que-parfait] [conditionnel présent ou passé]	*[Si elle avait eu des nouvelles plus tôt,] [elle aurait été moins inquiète.]*

Sur le subjonctif plus-que-parfait après *si* → 152.

Les autres subordonnées circonstancielles de condition

• La subordonnée de condition peut être introduite par d'autres locutions conjonctives : *pourvu que* (si du moins), *à moins que* (sauf si), *pour peu que* (si seulement), *au cas où*, etc.

• Certaines de ces locutions conjonctives sont suivies du subjonctif.

Pourvu que tu prennes le temps de l'écouter, il se montrera conciliant.

REMARQUE

La subordonnée de condition peut également se construire sans connecteur.

Prends le temps de l'écouter, il se montrera conciliant.

Il faut comprendre : *Si tu prends le temps de l'écouter, il se montrera conciliant.*

391 La subordonnée circonstancielle conjonctive de comparaison

Deux types de comparaison

• La subordonnée circonstancielle de comparaison peut introduire :

– un rapport d'équivalence ou de conformité entre deux faits ;

Ce chien aboie comme un loup hurlerait à la mort.

– un rapport de supériorité, d'infériorité ou d'égalité entre deux faits.

Ce chien est plus nerveux qu'il ne l'était.

• Elle est toujours à l'indicatif.

Les différentes constructions

• La subordonnée circonstancielle de comparaison peut se construire :

– avec une simple conjonction ou locution conjonctive : *comme, ainsi que, de même que* ;

– avec une conjonction précédée d'un adverbe, d'un déterminant ou d'un adjectif corrélatifs : *plus... que, moins... que, autant... que ; plus de... que, moins de... que, autant de... que, tel... que* ;

– avec une structure parallèle : *de même que... de même, tel... tel..., plus... plus..., moins... moins...*

REMARQUE

La proposition corrélative est souvent elliptique.

Il travaille mieux que Pierre (ne travaille).

LA SUBORDONNÉE PARTICIPIALE

392 La construction de la subordonnée participiale

• La subordonnée participiale présente deux caractéristiques :
– son verbe est un participe passé ou présent ;
– son sujet est toujours différent du sujet de la principale.

Les inscriptions étant closes, elle n'espère plus obtenir une place.

393 Les fonctions de la subordonnée participiale

• La subordonnée participiale peut avoir principalement trois fonctions :

– complément circonstanciel de **temps** ;

Une fois les inscriptions closes, il restera à saisir les nouveaux dossiers.
→ *Lorsque les inscriptions seront closes, il restera à saisir les nouveaux dossiers.*

– complément circonstanciel de **cause** ;

Les inscriptions étant closes, elle n'espère plus obtenir une place.
→ *Puisque les inscriptions sont closes, elle n'espère plus obtenir une place.*

– complément circonstanciel de **condition**.

Les inscriptions closes, il me faudrait renoncer.
→ *Si les inscriptions étaient closes, il me faudrait renoncer.*

L'ESSENTIEL

• Une proposition subordonnée circonstancielle a la même fonction dans la phrase qu'un groupe prépositionnel complément circonstanciel. Elle peut exprimer notamment le **temps**, la **cause**, la **conséquence**, le **but**, la **concession**, l'**opposition**, la **condition** et la **comparaison**.

• Selon leur construction, on distingue principalement les **subordonnées circonstancielles conjonctives** (construites avec une conjonction de subordination ou une locution conjonctive), les **conjonctives corrélatives** (construites avec un corrélatif et une conjonction de subordination) et les **participiales** (construites avec un participe et sans connecteur).

TEXTE ET DISCOURS

La cohésion du texte

Souvent, il se forme au ciel des paysages d'une variété singulière, où se rencontrent les formes les plus bizarres. On y voit des promontoires, des rochers escarpés, des tours, des hameaux. La lumière y fait succéder toutes les couleurs du prisme. C'est peut-être à la richesse de ces couleurs qu'il faut attribuer la beauté des oiseaux de l'Inde et des coquillages de ces mers.

BERNARDIN DE SAINT-PIERRE, *Voyage à l'île de France* (île Maurice).

Les phrases de ce texte s'enchaînent les unes aux autres grâce au pronom adverbial *y* qui renvoie aux *paysages*, et au groupe nominal *ces couleurs* qui renvoie à *toutes les couleurs du prisme*. Ces reprises sont des marques de cohésion du texte.

QU'EST-CE QUE LA COHÉSION DU TEXTE ?

394 Cohérence et cohésion

• La **cohérence** concerne le **sens** du texte. Un texte est **cohérent** quand il contient des informations que le lecteur peut comprendre et quand il peut donc être **interprété**.

Barbara arrive souvent en retard à l'entraînement. Le gymnase est loin du centre-ville.

Ce petit texte est cohérent. La deuxième phrase explique la raison pour laquelle Barbara est souvent en retard.

Le soleil se lève. Brice a arrêté de fumer et il fume trop.

Ce petit texte est incohérent : la deuxième phrase comporte deux informations contradictoires et elle est sans rapport avec la première.

• La **cohésion** concerne l'**organisation du texte**. Elle repose sur des mots et sur des procédés grammaticaux qui relient les phrases entre elles et donnent au texte son unité. La succession des phrases dans un texte, en effet, obéit à certaines règles.

Le violoniste, distrait, a perdu son instrument dans un taxi. Il ne pourra donc pas monter sur scène ce soir.

La cohésion de ce petit texte repose notamment sur le pronom personnel *Il*, qui est anaphorique → 402 du groupe nominal *Le violoniste*, et sur le connecteur → 405 *donc*, qui exprime une relation de conséquence.

REMARQUE
Les marques de cohésion ne sont pas nécessairement des marques de cohérence. Elles peuvent apparaître dans un texte incohérent.

Le soleil se lève. En outre, Brice a arrêté de fumer et, d'ailleurs, il fume trop.

• Les marques de la cohésion d'un texte sont : les **progressions thématiques**, les **anaphores** et les **connecteurs**.

LA PROGRESSION THÉMATIQUE

395 Thème et propos

• Avant d'examiner la progression thématique d'un texte, il faut distinguer, pour chaque énoncé, ce qui relève du thème et ce qui relève du propos. Le **thème** représente ce qui est déjà connu, le **propos** l'information nouvelle → 21.

Pierre ira à Brest la semaine prochaine.

Cet énoncé peut répondre à différentes questions :
– Que fera Pierre ? → *Pierre* (le sujet) est le thème, *ira à Brest la semaine prochaine* (le prédicat) est le propos.
– Quand Pierre ira-t-il à Brest ? → *Pierre ira à Brest* est le thème, *la semaine prochaine* (le complément circonstanciel de temps) est le propos.
– Qui ira à Brest la semaine prochaine ? → *ira à Brest la semaine prochaine* (le prédicat) est le thème, *Pierre* (le sujet) est le propos.

396 Qu'est-ce qu'une progression thématique ?

• Au niveau du texte, on appelle **progression thématique** la manière dont les thèmes et les propos se succèdent et s'enchaînent d'une phrase à l'autre.

REMARQUE
Quand on parle du texte, on utilise, par commodité, le terme de phrase, même si le terme d'**énoncé** peut paraître plus juste : l'analyse en thème et propos relève davantage de l'énoncé que de la phrase proprement dite.

• Il existe trois grands types de progression thématique : la **progression à thème constant**, la **progression linéaire** et la **progression à thèmes dérivés**.

397 La progression à thème constant

• Le même thème apparaît dans des phrases successives, qui présentent des propos différents. Cette progression, la plus courante, est utilisée en particulier dans le récit ou dans la description quand le même personnage ou le même objet est désigné.

En plus de toutes les raisons qu'il a d'être excité, Jerphanion n'a pour ainsi dire pas dormi. Hier soir, à Saint-Étienne, il n'a pas eu le courage de se coucher de bonne heure. Il est allé au café. Il a traîné dans les rues. Il a respiré les ombres de la place de la République [...].

JULES ROMAINS, *Le Six Octobre*, © éditions Robert Laffont.

Le nom propre *Jerphanion* est repris par le pronom personnel *Il* au début de chaque phrase. Le récit avance en associant à un même thème des propos différents : *n'a pour ainsi dire pas dormi, n'a pas eu le courage de se coucher de bonne heure, est allé au café*, etc.

398 La progression linéaire

- Le propos d'une phrase est à l'origine du thème de la phrase suivante.

Madame Vauquer, née de Conflans, est une vieille femme qui, depuis quarante ans, tient à Paris une pension bourgeoise établie rue Neuve-Sainte-Geneviève, entre le Quartier latin et le faubourg Saint-Marceau. Cette pension, connue sous le nom de la Maison-Vauquer, admet également des hommes et des femmes, des jeunes gens et des vieillards, sans que jamais la médisance ait attaqué les mœurs de ce respectable établissement.

HONORÉ DE BALZAC, *Le Père Goriot*.

Une partie du propos de la première phrase fournit le thème de la deuxième phrase : *Cette pension*.

399 La progression à thèmes dérivés

- Un thème principal est divisé en thèmes secondaires.

Cependant, par la porte grande ouverte, le quartier regardait et était de la noce. Des passants s'arrêtaient dans le coup de lumière élargi sur les pavés, et riaient d'aise, à voir ces gens avaler de si bon cœur. Les cochers, penchés sur leurs sièges, fouettant leurs rosses, jetaient un regard, lâchaient une rigolade : « Dis donc, tu ne paies rien ?... Ohé ! la grosse mère, je vas chercher l'accoucheuse !... » Et l'odeur de l'oie réjouissait et épanouissait la rue ; les garçons de l'épicier croyaient manger de la bête, sur le trottoir d'en face ; la fruitière et la tripière, à chaque instant, venaient se planter devant leur boutique, pour renifler l'air, en se léchant les lèvres. Positivement, la rue crevait d'indigestion. Mmes Cudorge, la mère et la fille, les marchandes de parapluie d'à côté, qu'on n'apercevait jamais, traversèrent la chaussée l'une derrière l'autre, les yeux en coulisse, rouges comme si elles avaient fait des crêpes. Le petit bijoutier, assis à son établi, ne pouvait plus travailler, soûl d'avoir compté les litres, très excité au milieu de ses coucous joyeux. Oui, les voisins en fumaient ! criait Coupeau.

ÉMILE ZOLA, *L'Assommoir*.

La cohésion de ce texte, véritable petit « tableau » descriptif, repose notamment sur deux progressions à thèmes dérivés.
– Le thème principal de la première est fourni par *le quartier*, les thèmes secondaires par *des passants* et *les cochers*.
– Le thème principal de la seconde est fourni par *la rue*, les thèmes secondaires par *les garçons de l'épicier, la fruitière et la tripière, Mmes Cudorge* et *le petit bijoutier*.
Le passage du *quartier* à la *rue* sert à resserrer, en un effet de « zoom », la description sur les proches *voisins*.

400 La combinaison des différents types

• Dans les faits, un texte combine souvent des progressions thématiques différentes.

Le commandant partit, convaincu qu'il lui restait deux lieux à faire. Néanmoins il aperçut bientôt à travers quelques arbres un premier groupe de maisons, puis enfin les toits du bourg ramassés autour d'un clocher qui s'élève en cône et dont les ardoises sont arrêtées sur les angles de la charpente par des lames de fer-blanc étincelant au soleil. Cette toiture, d'un effet original, annonce les frontières de la Savoie, où elle est en usage.

HONORÉ DE BALZAC, *Le Médecin de campagne*.

Le texte fait apparaître une progression à thème constant *(Le commandant il)*, puis une progression linéaire (*cette toiture* est un thème extrait du propos de la phrase précédente).

LES DIFFÉRENTS TYPES D'ANAPHORE

401 Qu'est-ce qu'une anaphore ?

• Pour qu'un texte progresse correctement, il faut qu'il apporte régulièrement un certain nombre d'informations nouvelles. Mais cette progression repose aussi sur la **reprise d'éléments déjà mentionnés**, qui assurent au texte une sorte de fil conducteur. Un équilibre s'établit ainsi entre la progression de l'information, qui fait « avancer » le texte, et la répétition d'éléments connus.

⊕ L'anaphore

L'anaphore est à l'origine une figure de style qui consiste à répéter le même mot ou groupe de mots au début de plusieurs phrases ou membres de phrases : *Madame se meurt, Madame est morte* (BOSSUET). L'anaphore grammaticale, elle, ne répète pas (ou pas intégralement) l'expression.

• L'anaphore consiste à reprendre par un mot ou un groupe de mots (pronom, groupe nominal, etc.) un élément déjà mentionné.

Manon est malade. Elle doit prendre du repos. Elle retournera au travail la semaine prochaine.

Le nom propre *Manon* est repris par le pronom personnel *elle* dans les deuxième et troisième phrases. Ce pronom est **anaphorique** de *Manon*.

• Les expressions anaphoriques font partie d'une **chaîne de référence**. On désigne par ce terme l'ensemble des expressions renvoyant, dans un texte, à la même personne ou à la même chose.

Ainsi, dans l'exemple donné ci-dessus, la chaîne de référence qui renvoie à Manon est composée du nom propre *Manon* (qui n'est pas un mot anaphorique) et des deux pronoms personnels de troisième personne *elle*.

• L'anaphore, lorsqu'elle porte sur plusieurs phrases, participe à la **cohésion du texte**. Mais l'anaphore est aussi fréquente à l'intérieur d'une phrase.

Manon est malade et elle doit donc se reposer.

• On distingue l'**anaphore** de la **cataphore**. Une expression est **anaphorique** quand elle **rappelle** un élément de la phrase ou du texte. Elle est **cataphorique** quand elle **annonce** un élément qui est donné après.

Elle retournera au travail la semaine prochaine, Manon.

Le pronom personnel *elle* est cataphorique du nom propre *Manon*.

L'anaphore constitue cependant le procédé le plus courant et c'est sur elle principalement que repose la cohésion du texte.

• Différentes catégories de mots peuvent avoir un emploi anaphorique. On distingue : les **anaphores pronominales**, les **anaphores nominales**, les **anaphores adverbiales**, **adjectivales** et **verbales**.

402 L'anaphore pronominale

• Elle est la plus employée. Elle repose sur l'emploi de **pronoms représentants** → 239. Les pronoms représentants sont, le plus souvent, des pronoms personnels de troisième personne, mais on rencontre aussi des pronoms démonstratifs, possessifs, indéfinis, etc.

• Le plus souvent, le pronom anaphorique et le groupe de mots remplacé désignent la même personne ou la même chose. L'anaphore est alors dite **totale**.

Jacques a téléphoné. Il sera en retard.

Le pronom personnel *il* et le nom propre *Jacques* désignent la même personne.

• Cependant, le pronom anaphorique peut renvoyer à une partie seulement de ce que désigne le groupe de mots remplacé. L'anaphore est alors dite **partielle**.

Les plages de cette île sont magnifiques mais certaines sont vraiment trop fréquentées.

Le pronom indéfini *certaines* est anaphorique du groupe nominal *Les plages de cette île* mais il désigne une partie seulement des plages.

• Le pronom anaphorique peut renvoyer seulement au sens du nom qui n'est pas répété.

Ton gâteau est plus réussi que le mien.
Le pronom possessif *le mien* est anaphorique mais il ne désigne pas le même gâteau. Il reprend uniquement l'idée de gâteau pour l'appliquer à un autre objet.

• Le pronom peut aussi représenter une phrase entière ou une partie de texte. On parle alors d'**anaphore résomptive**.

Est-il acceptable de se résigner à un taux de chômage aussi élevé ? Je ne le crois pas.
Le pronom personnel neutre *le* résume la phrase précédente : *Je ne crois pas qu'il soit acceptable de se résigner à un taux de chômage aussi élevé.*

⊕ L'anaphore résomptive
L'anaphore est résomptive quand elle porte sur une phrase entière ou sur une partie de texte.

403 L'anaphore nominale

• L'anaphore nominale intervient aussi régulièrement pour renforcer la cohésion du texte. Elle est formée d'un groupe nominal construit avec un article défini ou un déterminant démonstratif.

• On distingue quatre anaphores nominales : l'**anaphore fidèle,** l'**anaphore infidèle,** l'**anaphore nominale résomptive** et l'**anaphore associative**.

L'anaphore nominale fidèle

• Dans le cas de l'anaphore fidèle, le groupe nominal anaphorique répète le nom mais modifie le déterminant.

Le village de Carville s'étend au milieu des prairies dans une vallée presque parallèle à la mer, que l'on aperçoit dès que l'on s'élève de quelques pieds. Cette vallée fort agréable est dominée par le château, mais ce n'était que de jour que mon âme pouvait être sensible aux beautés tranquilles de ce paysage. STENDHAL, *Lamiel*.
Le groupe nominal *Cette vallée fort agréable* est anaphorique de *une vallée presque parallèle à la mer...* La reprise du nom noyau s'accompagne de la modification du déterminant : l'article indéfini *une* est remplacé par le déterminant démonstratif *cette*.

L'anaphore nominale infidèle

Dans le cas de l'anaphore infidèle, le groupe nominal anaphorique modifie le noyau du groupe nominal qu'il remplace.

• Le groupe nominal anaphorique peut remplacer un **nom propre**. Il indique alors une caractéristique de la personne ou de la chose désignée par le nom propre.

En 1851, Victor Hugo quitte la France. Après être passé par Jersey, l'écrivain s'installe en 1856 dans une grande maison, à Guernesey.
Le groupe nominal *l'écrivain* est anaphorique du nom propre *Victor Hugo*.

• Quand il remplace un groupe nominal formé à partir d'un **nom commun**, le groupe nominal anaphorique peut utiliser :

– un **synonyme** ;

Vincent a acheté sa bicyclette à Tourcoing. C'est grâce à ce vélo qu'il a remporté de nombreuses courses.

Le groupe nominal *ce vélo* est anaphorique du groupe nominal *sa bicyclette*. Le nom *vélo* est un synonyme de *bicyclette*.

– un **mot générique**.

Le thon rouge vit en pleine mer. Nageant en petits bancs, ce poisson fuit les températures trop froides.

Le groupe nominal *ce poisson* est anaphorique du groupe nominal *Le thon rouge*. Le nom *poisson* est le mot générique qui correspond au nom spécifique *thon rouge*.

• L'anaphore nominale infidèle est en fait possible avec toutes sortes de groupes nominaux fondés sur des métaphores, des termes subjectifs → 413, etc.

L'aîné des voisins ne travaille pas assez. Ce paresseux n'arrivera à rien !

L'anaphore nominale résomptive

• Elle représente, comme le pronom résomptif → 402, une phrase entière ou une partie de texte.

La voiture a glissé sur la chaussée et est entrée en collision avec un camion. Blessé dans l'accident, le conducteur du camion a été transporté à l'hôpital.

Le groupe nominal *l'accident* résume toute la phrase qui précède.

L'anaphore nominale associative

• Le groupe nominal anaphorique renvoie à une personne ou à une chose qu'on peut associer à ce qui vient d'être mentionné.

Nous arrivâmes enfin au village. Les rues étaient désertes. L'horloge de l'église sonna onze heures.

Il s'agit d'une anaphore associative : *les rues* et *l'église* sont des « parties » du village et renvoient donc au village mentionné dans la première phrase.

404 Les autres anaphores

• D'autres catégories que le pronom et le nom peuvent, parfois, être en emploi anaphorique :

– **un adverbe** *(ainsi, pareillement, là...)* ;

Nadine est allée ensuite aux États-Unis. C'est là qu'elle a rencontré son mari.

– **un adjectif** *(précédent, suivant, pareil, tel...)* ;

Ce collègue a été odieux. Un tel comportement n'est pas admissible.

– **un verbe** (*faire*, éventuellement accompagné du pronom neutre *le*).

Dans une vingtaine d'années, la technologie aidera les pilotes mieux qu'elle ne le fait aujourd'hui.

LES CONNECTEURS

405 Qu'est-ce qu'un connecteur ?

- Un **connecteur** est un **mot de liaison**. Il contribue à la cohésion et à la structuration du texte en précisant la relation qui existe entre des propositions, des phrases ou des ensembles de phrases.

- Deux catégories de mots jouent le rôle de connecteur :
– les **conjonctions de coordination** → 298 : *mais, ou, et, or, ni, car* ;
– certains adverbes, appelés **adverbes de liaison** (dits aussi **conjonctifs**) → 302 : *ainsi, aussi, ensuite, puis, enfin*... Certains de ces adverbes de liaison sont des groupes prépositionnels figés en locutions : *en effet, par conséquent, d'une part, d'autre part*...

- On distingue différents connecteurs du point de vue du sens : les **connecteurs temporels**, les **connecteurs spatiaux**, les **connecteurs logiques** et les **connecteurs de reformulation**.

REMARQUE
Beaucoup de connecteurs peuvent avoir plusieurs emplois. Le connecteur *alors*, par exemple, peut, selon les contextes, avoir un sens temporel ou simplement logique (consécutif).

⊕ Le terme « connecteur »
Ce terme s'applique à des mots assurant la liaison des phrases dans un texte mais aussi à des mots assurant la liaison des propositions à l'intérieur d'une phrase complexe (conjonctions de coordination ou adverbes de liaison, mais aussi conjonctions de subordination, notamment *parce que, de sorte que*, etc.). Les connecteurs examinés ici relient des phrases ou des propositions indépendantes → 355.

406 Les connecteurs temporels

- Ils précisent le **déroulement chronologique** : *et, alors, après, ensuite, puis, enfin, finalement*... Le plus souvent, ils ordonnent les différentes étapes d'un récit.

Les canons renversèrent d'abord à peu près six mille hommes de chaque côté ; ensuite la mousqueterie ôta du meilleur des mondes environ neuf à dix mille coquins qui en infectaient la surface. VOLTAIRE, *Candide*.

L'ORAL ET L'ÉCRIT Le connecteur *alors*.

Le récit oral utilise fréquemment le connecteur *alors*.

Alors il est arrivé et il m'a dit : « On part en vacances ». Alors on a préparé les valises et on est partis.

407 Les connecteurs spatiaux

• Ils précisent l'**organisation spatiale** de ce qui est représenté par le texte : *à gauche, à droite, en haut, en bas, devant, derrière...*
Ils interviennent fréquemment dans les descriptions.

Denise fut reprise par une vitrine, où étaient exposées des confections pour dames. Chez Cornaille, à Valognes, elle était spécialement chargée des confections. Et jamais elle n'avait vu cela, une admiration la clouait sur le trottoir. Au fond, une grande écharpe en dentelle de Bruges, d'un prix considérable, élargissait un voile d'autel, deux ailes déployées, d'une blancheur rousse ; des volants de point d'Alençon se trouvaient jetés en guirlandes ; puis, c'était, à pleines mains, un ruissellement de toutes les dentelles, les malines, les Valenciennes, les applications de Bruxelles, les points de Venise, comme une tombée de neige. À droite et à gauche, des pièces de drap dressaient des colonnes sombres, qui reculaient encore ce lointain de tabernacle. ÉMILE ZOLA, *Au Bonheur des dames*.

Différents connecteurs spatiaux structurent cet extrait : les locutions adverbiales *au fond*, *à droite et à gauche*, et l'adverbe *puis*, qui n'a pas ici un sens temporel : il sert à introduire le *ruissellement de toutes les dentelles* qui remplissent l'espace central.

408 Les connecteurs logiques

• Ils font progresser le texte en indiquant une **relation logique**. Ils sont fréquents dans les raisonnements et dans les argumentations visant à défendre ou à combattre une idée, mais ils se rencontrent aussi dans d'autres types de textes (narratifs, descriptifs...). On distingue principalement les relations suivantes :

– **l'opposition** : *mais, pourtant, cependant, néanmoins, toutefois, en revanche...* ;

Il est petit, mais il est malin.

– **la concession** : *certes, il est vrai*, souvent en association avec un connecteur d'opposition ;

Certes, nous avons commis des erreurs. Mais la bonne volonté présidait à toutes nos entreprises. ZITA DE HABSBOURG.

La première phrase est concédée par le locuteur, mais elle est corrigée par *Mais...*

– **la justification** : *car, en effet* ;

Les mesures prises sont insuffisantes. Le changement climatique, en effet, menace la planète entière.

– **l'addition** : *or, d'ailleurs, de plus, en outre, non seulement... mais encore...* ;

Presque tous les mois, Bouthemont allait ainsi en fabrique, vivant des journées à Lyon, descendant dans les premiers hôtels, ayant l'ordre de traiter les fabricants à bourse ouverte. Il jouissait d'ailleurs d'une liberté absolue, il achetait comme bon lui semblait, pourvu que, chaque année, il augmentât dans une proportion fixée d'avance le chiffre d'affaires de son comptoir.

ÉMILE ZOLA, *Au Bonheur des dames.*

Certains connecteurs d'addition interviennent dans des suites ou des énumérations : *et, ou, aussi, également, de même...*

Les déménageurs sont arrivés en retard et, de plus, la facture a été multipliée par deux !

– **la conséquence** : *donc, ainsi, en conséquence, par conséquent, c'est pourquoi...*

Il a beaucoup neigé hier. La route est donc sans doute dangereuse.

409 Les connecteurs de reformulation

Ils sont de deux types.

• Certains connecteurs permettent de préciser le sens d'une expression ou soulignent le passage à une formulation plus appropriée : *autrement dit, c'est-à-dire, en un mot, pour ainsi dire...*

Il n'est pas sûr de pouvoir se libérer. Autrement dit, cette réunion l'ennuie.

• D'autres marquent la fin du texte ou introduisent un court résumé : *en définitive, en résumé, bref...*

Le service est rapide et efficace, les plats savoureux. Bref, c'est un excellent restaurant !

L'ESSENTIEL

• Dans un texte, les phrases s'enchaînent les unes aux autres par différents procédés :

– les **progressions thématiques** (à thème constant, linéaire ou à thèmes dérivés) ;

– les **anaphores** (pronominales, nominales, adverbiales, etc.) ;

– les **connecteurs**.

• Ce sont des marques de structuration et de **cohésion** du texte.

L'énonciation et ses marques

Le rhume est une maladie infectieuse qui affecte les voies respiratoires.
« Je ne peux pas te parler maintenant car j'ai encore un patient en salle d'attente. »

Le premier énoncé se comprend de lui-même, mais pas le second. Il comporte en effet des expressions qu'on ne peut interpréter que dans une situation bien précise : *je, te, maintenant*... Ces expressions sont des marques de l'énonciation.

LES MARQUES DE L'ÉNONCIATION

410 Énonciation et énoncé

• L'énonciation →19 est l'**acte individuel** par lequel un locuteur adresse un message, appelé **énoncé**, à un ou plusieurs **destinataires** (ou allocutaires), dans un cadre spatio-temporel précis.

Viens vite, le film commence !

• On appelle **situation d'énonciation** la situation concrète dans laquelle un énoncé est produit. Cette situation comprend :
– le locuteur et son (ses) destinataire(s) ;
– le lieu et le moment de l'énonciation ;
– les objets présents qui peuvent être perçus par le locuteur et son (ses) destinataire(s).

411 Qu'est-ce qu'une marque d'énonciation ?

• Un énoncé comporte souvent des expressions qui renvoient à la situation d'énonciation : *je, ici, maintenant,* etc. Ces expressions sont des **marques de l'énonciation**. L'interlocuteur a besoin de connaître la situation d'énonciation pour les interpréter correctement.

• Les marques de l'énonciation sont :
– les **déictiques** *(je, tu, ici, maintenant...)* ;
– les **termes subjectifs** *(magnifique, effrayant...)* ;
– les **modalisateurs** *(sans doute, peut-être...)* ;
– le choix du **type de phrase**.

412 Les déictiques

• Les déictiques désignent **un élément de la situation d'énonciation**. On ne peut les interpréter que si l'on connaît précisément cette situation d'énonciation.

• On distingue plusieurs sortes de déictiques :

– les pronoms personnels → 248 de première et de deuxième personne *(je, tu, nous, vous)*, ainsi que les déterminants possessifs et les pronoms possessifs qui leur sont associés *(mon projet, le vôtre...)* ;

– certaines indications spatio-temporelles *(ici, là, aujourd'hui, demain...)* ;

– les déterminants et pronoms démonstratifs et l'article défini quand ils visent un objet présent dans la situation d'énonciation ;

– le temps des verbes. En effet, le choix d'un temps passé, présent ou futur dépend du moment où parle le locuteur.

Tu termineras ton travail demain.
Cet énoncé contient plusieurs expressions déictiques : le pronom *tu* et le déterminant possessif *ton*, qui renvoient au destinataire, le verbe au futur de l'indicatif et l'adverbe *demain*.

J'ai bien fait d'acheter ce veston.
Cet énoncé contient des expressions déictiques : le pronom *je*, le verbe au passé composé et le groupe nominal *ce veston*, qui désigne un objet présent dans la situation d'énonciation.

REMARQUE
À la différence des pronoms déictiques de première et de deuxième personne, qui sont des pronoms de l'**interlocution**, le pronom de troisième personne désigne une personne ou une chose qui n'est pas un protagoniste de l'énonciation. Il représente le **délocuté**, c'est-à-dire la personne ou la chose dont parle le locuteur. C'est en général un pronom **représentant**, que ce locuteur utilise pour remplacer une autre expression dans son énoncé.

La cantatrice fait des vocalises. Elle doit entrer en scène dans cinq minutes.
Le pronom *elle* remplace le groupe nominal *La cantatrice*.

413 Les termes subjectifs

• Les **termes subjectifs** traduisent ce qu'un locuteur pense à propos de quelqu'un ou de quelque chose ou ce qu'il ressent : *magnifique, étonnant, détestable, grand, petit*... Ces termes ont une signification floue, étroitement liée aux appréciations ou aux évaluations d'un individu. Ils se distinguent des **termes objectifs** sur le sens desquels, en général, tout le monde s'entend : *rectangulaire, célibataire*...

Je trouve que la table carrée est trop petite.
L'adjectif *petite* est subjectif, à la différence de *carrée* qui renvoie à une caractéristique objective.

• Le locuteur, en utilisant un terme subjectif, peut exprimer :
– son émotion : *étonnant, effrayant*... ;
– une évaluation esthétique, morale... : *magnifique, beau, mauvais*... ;
– une évaluation simplement quantitative ou qualitative : *petit, grand, long*...

• La catégorie de mots la plus directement liée à la subjectivité est l'adjectif qualificatif, mais d'autres mots peuvent être subjectifs :
– des noms : *chef-d'œuvre, délice, plaisir*... ;
– des verbes : *échouer, mériter, risquer (de)*... ;
– des adverbes : *merveilleusement, incroyablement*... ;
– des interjections → **348** : *aïe ! ouf !*...

L'ORAL ET L'ÉCRIT ***Tu as acheté une voiture !***

L'intonation peut aussi exprimer, à l'oral, le point de vue ou la réaction affective du locuteur, en particulier dans la phrase exclamative → **320**.
Il a neigé cette nuit !

414 Les modalisateurs

Les énoncés comportent parfois des expressions indiquant le **degré d'adhésion du locuteur** à ce qu'il dit. Ces expressions sont des **modalisateurs**.

• Ainsi, certains temps de l'indicatif ont une valeur non pas temporelle mais **modale** quand ils servent à présenter le fait comme une hypothèse probable ou simplement possible.

Marie n'est pas encore rentrée : le train aura eu du retard.
Le futur antérieur à valeur modale → **175** signifie que la cause présentée par le locuteur est seulement probable.

L'assassin aurait été retrouvé dans un hôtel du centre-ville.
Le conditionnel nuance la vérité contenue dans la phrase déclarative. Le locuteur ne prend pas à son compte l'information qu'il tient manifestement d'un tiers.

• D'autres expressions peuvent servir de modalisateurs :
– des verbes : *prétendre, s'imaginer*... ;
– des adverbes : *évidemment, naturellement, peut-être*... ;
– des tours appréciatifs : *il est évident / probable / possible que*... ;
– certaines propositions incidentes → **360** : *je le crois, je le suppose*...

Il a prétendu avoir oublié notre rendez-vous.
Le locuteur, en employant le verbe *prétendre*, indique que, selon lui, il est faux qu'il ait oublié leur rendez-vous. Ce verbe est employé comme modalisateur.

Il est évident que les abeilles auront disparu avant la fin du siècle.
Le tour appréciatif *il est évident que* renforce la vérité de la proposition *les abeilles auront disparu avant la fin du siècle.* C'est un modalisateur de cette proposition.

415 Les types de phrases et les actes de langage

• Chaque phrase relève d'un **type** fondamental. Le type de phrase constitue aussi une marque de l'énonciation. Il indique en effet le **point de vue du locuteur** sur ce qu'il dit.

Il fait beau aujourd'hui. (phrase déclarative)

Est-ce qu'il fait beau aujourd'hui ? (phrase interrogative)

Ouvre la fenêtre ! (phrase injonctive)

Quelle chaleur ! (phrase exclamative)

Pour les types de phrases et les actes de langage → 305.

DEUX GRANDS TYPES D'ÉNONCÉS

416 Énoncé ancré, énoncé coupé de la situation d'énonciation

On distingue deux grands types d'énoncés.

• L'énoncé **ancré** dans la situation d'énonciation maintient la relation avec la situation d'énonciation et comporte des déictiques, des termes subjectifs et/ou des modalisateurs.

Puis-je vous inviter à dîner ce soir ?
Cet énoncé contient des expressions déictiques : les pronoms personnels *je* et *vous*, le complément circonstanciel de temps *ce soir* et le verbe au présent. Le locuteur utilise par ailleurs l'interrogation, qui n'a pas sa valeur habituelle de demande d'information, pour inviter poliment la personne à dîner. C'est un acte de langage indirect.

• L'énoncé **coupé** de la situation d'énonciation efface toute indication relative à la situation d'énonciation et se comprend donc indépendamment de cette situation d'énonciation. Relèvent de ce type, en particulier, les énoncés délivrant un savoir scientifique ou moral, les textes scientifiques, les maximes, les sentences, etc.

La Terre tourne autour du Soleil.

POUR MIEUX ÉCRIRE **Désigner le temps et l'espace.**

La localisation spatio-temporelle n'est pas la même dans les deux types d'énoncé.

• L'énoncé **ancré** dans la situation d'énonciation peut utiliser des expressions déictiques du type *hier, aujourd'hui, demain...* pour le temps, *ici, là, ailleurs...* pour l'espace.

Je me suis acheté hier deux chemises. (énoncé ancré)

• L'énoncé **coupé** de la situation d'énonciation, lui, situe les faits dans le temps et dans l'espace indépendamment de la situation d'énonciation et utilise des expressions du type *le 14 juillet 1968, à Paris, la veille, le jour même, le lendemain...*

Il s'était acheté la veille deux chemises. (énoncé coupé)

417 Discours et histoire (ou récit)

• La distinction entre énoncé **ancré** dans la situation d'énonciation et énoncé **coupé** de la situation d'énonciation renvoie à l'opposition mise en place par un linguiste, Émile Benveniste, entre deux types d'énonciation :
– l'énonciation de **discours** (on dit aussi, plus simplement, **discours**) ;
– l'énonciation **historique** (on dit aussi, plus simplement, **histoire** ou **récit**).

• L'énonciation de **discours** se caractérise par une relation étroite avec la situation d'énonciation. C'est le mode de communication le plus fréquent. Un locuteur s'adresse à un destinataire, lui transmet des informations, cherche à le convaincre, etc. Le discours utilise toutes les personnes grammaticales (dont le *je* et le *tu*, qui sont des déictiques), tous les temps verbaux à l'exception du passé simple et du passé antérieur, les temps principaux étant le passé composé, le présent et le futur.

Je suis bien arrivé. Il fait beau. Nous avons prévu de visiter les environs dès demain.

L'ORAL ET L'ÉCRIT ***Je suis à présent à Venise, mon cher Usbek.***

MONTESQUIEU, *Les Lettres persanes*

L'énonciation de discours apparaît à l'oral, mais aussi dans les écrits où un locuteur s'adresse à quelqu'un : correspondances, mémoires, théâtre, livres de recettes, etc.

Faites rissoler les petits lardons dans une grande poêle.

- L'énonciation **historique** présente les faits passés comme des faits objectifs, détachés de toute prise en charge par un locuteur apparent. Le récit, obligatoirement mené à la troisième personne, repose principalement sur le passé simple, l'imparfait, le conditionnel et leurs formes composées.

Madame du Tillet sortit rassurée. Félix de Vandenesse alla prendre aussitôt quarante mille francs à la Banque de France, et courut chez madame de Nucingen : il la trouva, la remercia de la confiance qu'elle avait eue en sa femme, et lui rendit l'argent. HONORÉ DE BALZAC, *Une Fille d'Ève*.

L'énonciation historique se déploie ici à partir du passé simple et du plus-que-parfait *(avait eue)*.

Avec l'énonciation historique, le lecteur a le sentiment que les événements se racontent eux-mêmes.

- En fait, le récit se mêle souvent, à l'écrit, à des moments de discours, notamment quand le narrateur intervient pour livrer un commentaire subjectif.

De son côté, la comtesse, heureuse d'avoir déjà sauvé la vie de Nathan, employa sa nuit à inventer des stratagèmes pour se procurer quarante mille francs. Dans ces crises, les femmes sont sublimes. Conduites par le sentiment, elles arrivent à des combinaisons qui surprendraient les voleurs, les gens d'affaires et les usuriers, si ces trois classes d'industriels, plus ou moins patentés, s'étonnaient de quelque chose.

HONORÉ DE BALZAC, *Une Fille d'Ève*.

Le récit initial, présenté au passé simple, cède la place à un commentaire du narrateur qui relève du discours. Le langage autorise ces passages entre récit objectif et interventions subjectives supposant un lien vivant avec l'énonciation elle-même.

L'ESSENTIEL

- Un énoncé **ancré** dans la situation d'énonciation présente une ou plusieurs **marques d'énonciation** : déictiques, termes subjectifs, modalisateurs, choix d'un type de phrase associé à un acte de langage particulier.
- Le **discours** conserve un lien vivant avec l'énonciation, à la différence du **récit**, qui est un cas particulier d'énoncé **coupé** de la situation d'énonciation.

17 Le discours rapporté

Maître Corbeau, sur un arbre perché,
Tenait en son bec un fromage.
Maître Renard, par l'odeur alléché,
Lui tint à peu près ce langage :
« Hé ! bonjour, Monsieur du Corbeau.
Que vous êtes joli ! que vous me semblez beau !
Sans mentir, si votre ramage
Se rapporte à votre plumage,
Vous êtes le Phénix des hôtes de ces bois. »

JEAN DE LA FONTAINE, *Le Corbeau et le Renard.*

La Fontaine, à partir de *Hé ! bonjour*, rapporte les propos tenus par le renard pour flatter le corbeau. Il utilise le discours direct, qui est une forme particulière de discours rapporté.

LE DISCOURS RAPPORTÉ

418 Qu'est-ce que le discours rapporté ?

• On parle de discours rapporté lorsque le **discours** tenu par un locuteur est **rapporté par un autre locuteur**.

Julie a dit : « Il faut se dépêcher. »
Le locuteur de cet énoncé se fait le porte-parole du discours d'un autre locuteur, Julie.

REMARQUES

1. Le locuteur peut rapporter son propre discours.
J'ai dit : « Il faut se dépêcher. »
2. Les discours rapportés peuvent s'emboîter les uns dans les autres.
Marie m'a dit que Manon lui avait confié qu'elle ne pourrait pas être présente à la fête.
Pour des raisons de clarté du discours, on ne va pas, en général, au-delà de deux discours rapportés.

• On distingue cinq types de discours rapportés : le **discours direct**, le **discours indirect**, le **discours indirect libre**, le **discours direct libre** et le **discours narrativisé**.

⊕ La polyphonie
Le discours rapporté relève de ce qu'on appelle la polyphonie. On désigne ainsi les phénomènes par lesquels un texte fait entendre plusieurs « voix » ou discours.

LE DISCOURS DIRECT

419 Qu'est-ce que le discours direct ?

• Le discours direct **cite les paroles prononcées** par un locuteur sans les modifier. Il est la forme la plus fidèle de la représentation du discours d'autrui.

• Les caractéristiques du discours direct sont les suivantes :
– sur le plan typographique, il est encadré par des **guillemets** ou, dans le cas du dialogue, chaque réplique est précédée d'un **tiret** ;
– les **marques d'énonciation** (pronoms personnels de première et de deuxième personne, indications de temps et de lieu, temps verbaux, types de phrases) sont celles du discours d'origine, et non celles du texte qui rapporte ce discours.

Un jour sa mère, ayant cuit et fait des galettes, lui dit : « Va voir comme se porte ta mère-grand, car on m'a dit qu'elle était malade, porte-lui une galette et ce petit pot de beurre. » Charles Perrault, *Le Petit Chaperon rouge.*

Le discours de la mère comporte des expressions **déictiques** → 412 qui ne peuvent s'interpréter que dans la situation d'énonciation qui est la sienne.
On repère en particulier :
– le déterminant possessif *ta*, qui renvoie au destinataire, le Petit Chaperon rouge ;
– le pronom personnel *m'*, qui renvoie au locuteur, la mère du Petit Chaperon rouge ;
– le groupe nominal *ce petit pot de beurre*, qui désigne un objet présent dans la situation d'énonciation.
La phrase injonctive sert à adresser des ordres au Chaperon rouge *(va voir, porte)*.
On note que ce discours direct contient un autre discours rapporté, un discours indirect : *(on m'a dit) qu'elle était malade.*

REMARQUE
Le discours direct peut reproduire des phrases nominales → 343 ou des interjections → 348.
*Mon père, à 29 ans, tombe, la cuisse gauche arrachée, devant Melegnano. Fournès et Lefèvre s'élancent, le rapportent : « Où voulez-vous qu'on vous mette, mon capitaine ?
– Au milieu de la place, sous le drapeau ! »* Colette, *Sido.*
La réponse du père, reproduite en discours direct, consiste en une phrase nominale.

420 L'insertion du discours direct

Cas général

• Le discours direct est le plus souvent introduit par un **verbe de communication** (ou de pensée). Ce verbe peut être :
– placé avant le discours direct ;
Le valet de chambre répondit : « Madame est dans son boudoir. »
– placé après le discours direct ;
« Madame est dans son boudoir », répondit le valet de chambre.
– inséré dans le discours direct.
« Madame, répondit le valet de chambre, est dans son boudoir. »

Dans ces deux derniers cas, on utilise une **proposition incise**, c'est-à-dire une proposition formée d'un verbe et d'un sujet inversé, et qui sert à attribuer les paroles (ou les pensées) à un autre locuteur.

• Le plus souvent, le discours direct représente le COD du verbe de communication, mais ce n'est pas toujours le cas.

Elle s'emporta : « Je sors tout de suite ! »
Le discours direct (« *Je sors tout de suite* ») n'est pas COD de *s'emporta*.

Cas particuliers

• Le verbe introducteur d'un discours direct n'est pas toujours un verbe de communication (ou de pensée).

Elle eut un sourire très doux : « Demain, je suis en vacances. »

• Parfois, le discours direct est inséré sans verbe introducteur. On évite, en particulier, de répéter ce verbe dans un dialogue.

Le choc avait été si violent que la jeune comtesse, réveillée et tirée de son engourdissement par la commotion, se débarrassa de ses vêtements et se leva.
– Philippe, où sommes-nous ? s'écria-t-elle d'une voix douce, en regardant autour d'elle.
– À cinq cents pas du pont. Nous allons passer la Bérésina. De l'autre côté de la rivière, Stéphanie, je ne vous tourmenterai plus, je vous laisserai dormir, nous serons en sûreté, nous gagnerons tranquillement Wilna. Dieu veuille que vous ne sachiez jamais ce que votre vie aura coûté !
– Tu es blessé ?
– Ce n'est rien. HONORÉ DE BALZAC, *Le Colonel Chabert*.

Les trois dernières répliques sont insérées sans verbe introducteur.

LE DISCOURS INDIRECT

421 Qu'est-ce que le discours indirect ?

• Le discours indirect **modifie les paroles** d'un locuteur pour les intégrer dans une phrase sous la forme d'une proposition subordonnée ou d'une construction infinitive. Le propos rapporté est modifié pour être intégré dans la phrase. Selon les cas, il apparaît :
– sous la forme d'une proposition subordonnée ;

Le valet de chambre répondit : « Madame est dans son boudoir. »
→ Le valet de chambre répondit que Madame était dans son boudoir.

La phrase déclarative présente dans le discours direct devient une proposition subordonnée conjonctive dans le discours indirect.

Il lui a demandé : « Est-ce qu'il reste des billets ? »

→ *Il lui a demandé s'il restait des billets.*

La phrase interrogative devient une proposition subordonnée interrogative indirecte.

– sous la forme d'une construction infinitive.

Il lui a dit : « Entraîne-toi davantage. »

→ *Il lui a dit de s'entraîner davantage.*

La phrase injonctive devient une construction infinitive.

• Les caractéristiques du discours indirect sont les suivantes :

– il n'est signalé par aucune marque typographique spécifique ;

– il dépend toujours d'un verbe de communication ou de pensée ;

– le propos rapporté perd, outre son autonomie grammaticale, son autonomie énonciative : les pronoms personnels de première et de deuxième personne, les indications de temps et de lieu du type *hier* ou *ici* et les temps verbaux sont, en général, **transposés** pour s'adapter à la phrase.

L'inspecteur demanda alors à l'employée : « Avez-vous entendu du bruit hier soir ? »

→ *L'inspecteur demanda alors à l'employée si elle avait entendu du bruit la veille au soir.*

Lors du passage au discours indirect, le pronom personnel *vous* est remplacé par *elle*, l'expression déictique *hier soir* par *la veille au soir* : les expressions déictiques sont transposées en expressions anaphoriques ➜ 401.
Par ailleurs, le passé composé devient un plus-que-parfait pour s'ajuster au passé simple *demanda*.

422 Les transpositions du discours direct en discours indirect

La transformation d'un discours direct en discours indirect provoque souvent un certain nombre de **transpositions**.

Les transpositions de personnes

• En général, les pronoms de première et de deuxième personne *(je, tu, nous, vous)* deviennent des pronoms de troisième personne *(il, elle, ils, elles)*.

• Cependant, lorsque le locuteur rapporte ses propres paroles, les marques de la première personne sont conservées.

J'ai dit à Manon : « Je t'invite à mon anniversaire. »

→ *J'ai dit à Manon que je l'invitais à mon anniversaire.*

• Par ailleurs, lorsque le locuteur rapporte des paroles qui concernent son destinataire, les marques de la deuxième personne sont conservées.

Il m'a pourtant confirmé que tu étais invitée.

Les transpositions de temps et de lieu

• En général, les indications de temps et de lieu du type *hier* ou *ici* sont modifiées. Elles sont remplacées par des expressions **anaphoriques** → 401.

DISCOURS DIRECT	DISCOURS INDIRECT
hier	*la veille*
aujourd'hui	*ce jour-là*
demain	*le lendemain*
ici, là	*à cet endroit, là, y* (ou d'autres expressions)

• Cependant, ces indications ne sont pas modifiées quand elles correspondent à la situation d'énonciation du locuteur rapportant le propos.

Elle m'a confié : « Je ne resterai pas longtemps ici. »
→ *Elle m'a confié qu'elle ne resterait pas longtemps ici.*

La transposition des temps verbaux

• Quand le verbe principal est au passé, les temps du discours rapporté sont transposés dans le passé selon les règles de concordance suivantes.

DISCOURS DIRECT	DISCOURS INDIRECT
Passé composé *Elle a dit : « Je suis allée à New York. »*	Plus-que-parfait *Elle a dit qu'elle était allée à New York.*
Présent *Elle a dit : « Je vais à New York. »*	Imparfait *Elle a dit qu'elle allait à New York.*
Futur *Elle a dit : « J'irai à New York. »*	Conditionnel, qui exprime le futur vu du passé → 180 *Elle a dit qu'elle irait à New York.*

• Cependant, lorsque le verbe principal n'est pas au passé, mais au présent ou au futur, les temps du discours d'origine ne subissent aucun changement.

Elle dit toujours : « J'irai à New York. »
→ *Elle dit toujours qu'elle ira à New York.*

LES AUTRES DISCOURS RAPPORTÉS

423 Le discours indirect libre

• Le discours indirect libre combine les caractéristiques du discours direct et du discours indirect :
– comme le discours direct, il est formé de phrases indépendantes, qui conservent leur type (déclaratif, interrogatif, injonctif ou exclamatif) ;
– mais comme le discours indirect, il subit les transpositions au niveau des marques de personnes, de temps et de lieu et des temps verbaux.

TYPE DE DISCOURS	EXEMPLE
Discours direct	*On lui expliqua alors : « Les rebelles menacent la capitale. Vous devez partir aujourd'hui même. »*
Discours indirect	*On lui expliqua alors que les rebelles menaçaient la capitale et qu'il devait partir le jour même.*
Discours indirect libre	*On lui expliqua la situation. Les rebelles menaçaient la capitale. Il devait partir le jour même.* Le discours indirect libre se présente sans subordination mais les marques personnelles et temporelles sont transposées.

• Le discours indirect libre est fréquent dans la représentation des discours intérieurs, des pensées.

Le concert n'était pas ce qu'il avait imaginé. Il était déçu. Comment pouvait-on jouer aussi faux ?
La dernière phrase représente la pensée intérieure de l'individu au discours indirect libre.

• Le discours direct et le discours indirect sont très employés à l'oral et à l'écrit, mais le discours indirect libre est spécifique de l'écrit.

424 Le discours direct libre

• Le discours direct libre est un discours direct sans verbe introducteur et sans marques typographiques.

J'entre dans le magasin. Vous désirez ?
Vous désirez ? n'est pas dit par le locuteur mais par le vendeur du magasin. C'est un discours direct libre.

• Le discours direct libre est fréquent à l'oral. Il est associé à une intonation « vivante » qui fait entendre celui dont on reproduit le propos.

425 Le discours narrativisé

• Le discours narrativisé ne reprend pas les propos tenus par un locuteur mais les résume à l'aide d'un verbe ou d'un nom. Ce n'est pas un « vrai » discours rapporté.

On se moqua de lui.

Son discours a étonné tout le monde.

L'ESSENTIEL

Il existe différents types de **discours rapporté**.

• Le **discours direct** reprend tel quel le propos du locuteur. Celui-ci est inséré dans la phrase grâce à un verbe introducteur et il se signale par des marques typographiques spécifiques (guillemets ou tiret).

• Le propos rapporté au **discours indirect** est modifié pour être intégré sous la forme d'une proposition subordonnée ou d'une construction infinitive. Il subit toutes sortes de transpositions personnelles et spatio-temporelles.

• Le **discours indirect libre** combine les propriétés du discours direct et du discours indirect.

• Il existe aussi le **discours direct libre** et le **discours narrativisé**.

INDEX

A

Les numéros renvoient aux paragraphes des différentes parties dont ils reprennent la couleur.

B

C

E

F

G

H

I

J

L

M

N

Q

R

S

T

U

V

Y

Conception graphique : Marie-Astrid Bailly-Maître
Mise en page : idbleu
Édition : Évelyne Brossier

Typographie : cet ouvrage est composé avec les polices de caractères ***Cicéro,***
Présence (créées par Thierry Puyfoulhoux) et ***Kievit*** (créée par Michael Abbink)